U0067157

個案管理

王玠・李開敏・陳雪真

合　譯

CASE MANAGEMENT IN SOCIAL WORK

Developing the Professional Skills Needed
for Work with Multiproblem Clients

Second Edition

by
JULIUS R. BALLEW, M.S.W., A.C.S.W.

and
GEORGE MINK, PH.D.

© *1996 by* CHARLES C THOMAS · PUBLISHER

Springfield · Illinois · U.S.A.

作者簡介

Julius R. Ballew, M.S.W., A.C.S.W.

Consultant, Michigan Department of Social Services Part-time clinical Practitioner.

George Mink, Ph.D.

Professor of Social Work at Eastern Michigan University.

譯者簡介

王 玠 (負責序、指引及第五～九章)

學歷

- 國立政治大學民族社會學系畢業
- 美國北伊利諾大學社會學碩士
- 美國哥倫比亞大學社會工作研究所
- 美國休士頓大學社會工作碩士

經歷

- 美國休士頓老人福利機構 Sheltering Arms 在宅服務部主任
- 美國休士頓國際大學社工系兼任講師
- 台北市政府研考會約聘企劃師
- 中華民國紅心字會副秘書長
- 輔仁大學社工系兼任講師
- 慈濟大學社工系兼任講師
- 台北大學社工系兼任講師
- 台灣大學社工系兼任講師
- 社會工作專業督導、諮詢

李開敏 （負責第三、四、十章）

學歷
- 國立台灣大學社會系畢業
- 美國紐澤西羅格斯大學社會工作碩士
- 美國紐約亨特學院碩士後老人學學位

現任
- 台灣大學社工系兼任講師
- 華人心理研究發展、呂旭立等基金會諮商心理師
- 社會工作專業督導、諮詢

陳雪真 （負責第一、二章）

學歷
- 國立台灣師範大學教育心理系畢業
- 美國夏威夷大學社會工作碩士，專攻「直接服務」
- 國立台灣師範大學輔導研究所碩士畢業

經歷
- 國中教師、組長
- 東吳大學社工系兼任講師
- 台北市政府社會局社會工作室專員
- 台北市政府社會局專門委員

作　者　序

　　數年前，本書作者有機會參與一項預防兒童虐待及疏忽的研究與示範方案。在圖書館和資深的實務工作者所舉行之前置作業及討論，使我們深信兒童疏忽及虐待的危機家庭很可能正經歷著多重問題。沒有任何一位助人者，可能具備解決這些龐雜問題所需之各種技巧。無法解決這些問題，令人感到挫折及絕望，也反映出實務工作的困境。我們認為協助解決這些問題就是有效預防之最佳途徑。這意味著我們可能必須運用某種型式的個案管理。彼時，我們所思考個案管理師的工作僅止於轉介案主取得所需之服務、追蹤以確保服務之提供，並協助各項服務之協調整合。

　　調查顯示，這些家庭經歷的問題從文盲到長期藥物濫用，的確需要各類的助人者介入，而協調整合的工作就必須落在個案管理師的身上。我們以最好的個案管理方法，培訓了一批有經驗的社會工作師。然後，我們遇見麥緹，一位需要預防性服務的典型個案：

　　　　三十歲出頭的麥緹有四個孩子。在丈夫拋棄她之後離婚了，從此一直接受政府兒童公共救助（ADC）。她從小被疏忽，未唸完中學，也未曾就業過。麥緹毫

無自尊。她覺得自己一生都很失敗，對未來也無盼望。她眼見社會工作師來來去去，但是她的生活卻鮮有改善，而她對助人者也十分譏諷。麥緹是一個被動、愛抱怨的人，她從不拒絕他人的幫助，但是她也從未真正努力去改善自己的生活。她認為改善是不可能的。當人們建議新的方法時，她會接受，但是很少真正使用它。

很明顯地，在轉介給其他助人者之前，麥緹對自我及對生活的態度必須改變，而且她取得及運用協助的社會性技能也必須調整。通常這種工作是透過專業諮商師或心理治療師來完成的，但麥緹絕不會和這種人合作。因此，我們必須選擇放棄麥緹，或是負起責任幫助她改變內在功能，使得她有能力與其他助人者合作。

個案管理仍然是我們所使用的方法，但是除了傳統的方式之外，必須增加強化案主的內在功能，至少達到可以與其他助人者合作的程度。三年來的嘗試錯誤，一些成功、也有失望，加上再三的對談琢磨，終於使個案管理的模式發展成形，也持續地創造好的成果。此方法即為本書所敘述之模式的先驅。

個案管理的發展圍繞著兩個重點。重點之一是在案主的環境中必須要有可用的資源網絡以協助解決問題。個案管理師的工作之一是發展及協調此網絡。重點之二是增強案主個人的能力以有效地運用此網絡。個人能力包括：動機以及知識和技巧。

本書的誕生是源於和這些個案管理師的共事及合作。

社會工作個案管理

個案管理的歷史淵遠流長。在早期的社會工作文獻中曾被提及。早期的社會工作實務中，個案管理就以服務協調的種種型式出現。

本世紀初期，徙置區運動（settlement house movement）支持自然助人網絡，協助個人、家庭以及整個鄰里，並且爲各種服務的協調鋪路。同時，慈善組織會社（Charity Organization Society）也組織起來以協調慈善募款之運用。當社會工作漸漸脫離義務工作活動而成爲一門專業時，像 Mary Richmond 之類的作家開始編纂這些方法。個案協調和決策過程是基本要素。今天，決策過程、目標計畫以及和案主立約正是社會工作個案管理實務中的重點。

專業人員已發展出助人的新技巧。社會工作文獻中豐富地記載著這些方法。即使許多人早已在做個案管理的工作，然而，當本書初版時，卻沒有一本實務教科書可以提供結合新技術與舊傳統的個案管理模式。企圖回應這樣的需求是我們合著本書的目的。

本書適用對象

本書原意是爲初學者而寫的，然而在我們寫手稿、和資深

個案管理師對談時，發覺他們需要一本概括性個案管理的書籍。我們也發現社會工作訓練課程中大多數的個案管理教材都是從理論出發，鮮少提供個案管理師所需之實務技巧。對新手（無論是學生或實務工作者）而言，本書是一本基礎教材。對較有經驗的學生或實務工作者而言，本書的編排可以讓你快速地查詢資訊及建議，以豐富你的實務工作。

對聘用個案管理師的方案督導及訓練者而言，本書是協導新進員工的有效工具。可以很快地將本書中的資料改編成訓練的任務及習作。因此本書可做為個案管理工作人員發展培訓方案的基礎。

本書是為大專程度之社會工作課程設計的教材。因為個案管理的工作多由專業人員中初階程度的新手擔任，我們認為本書是大學部的個案管理基礎教材，是研究所的補充教材。對有經驗的工作者或實習的社工系學生，均可將本書運用於個案。

J. R. Ballew

G. Mink

譯 者 序

　　第一次和社工界的朋友們談起「個案管理」是十年前，在「社會工作讀書會」（社工專協的前身）的聚會上。在這次非正式的聚會裡，我們發現社區中的實務工作者，多多少少都在使用著此模式。由於美國社工界運用個案管理已行之有年，成效顯著，因此激發我們推展的意念。

　　提到美國的社工界，就不得不想到我曾工作四年的休士頓老人福利機構「Sheltering Arms」。當時我擔任機構的「在宅服務部」主任，而 Ferrell Bivins 擔任「個案管理部」主任，加上我們的主管 Sarah Leslie。我們三人亦師亦友，奠定我在個案管理實務經驗上深厚的基礎。此外包括我的好友 Bonnie Marsteller 在內的「Texas Project For Elders」（全國性長期照護聯結方案——National Long-Term Care Channeling Demonstration 的休士頓示範方案）諸位個案管理師及督導們，更是常常與我就老人個案互相諮詢轉介，進行個案研討，並在專業上彼此切磋支持，獲益良多。

　　社工專協成立後的首次全省巡迴講習就是由蘇景輝秘書長策劃，由我擔綱的「個案管理」。而我的第一篇有關「個案管理」的專題文章則是被郭登聰催生出來，刊登在北市社會局民

國七十七年二月的「福利社會」雙月刊上。這篇文章看來簡短，許多資料還是越洋請 Ferrell 提供的，其中包含他實務工作經驗的結晶，非一般文獻可找到，十分寶貴。其後專協收集相關文章出版「個案管理」彙編，成為專協出版的第一本書。

　　個案管理本土化的濫觴是中華民國紅心字會提供的「受刑人家屬服務」。那是我回國後第一個全力參與的民間機構。感謝理監事會的支持，他們不懂什麼是「個案管理」，卻完全信任我的專業判斷與選擇。這使得個案管理不僅是社會工作的專有名詞，並且賦予它生命，讓它在台灣本土社會活了起來。十年來「受刑人家屬服務」穩定的成長，幫助許多在陰暗角落的家庭，是此模式在民間紮根的最好證明。

　　「個案管理」工作模式真正落實於台灣社會是在我結識陳雪真之後。當時，雪真擔任社會局社工室專員，有感於社工員的素質必須從根做起。於是在民國八十年規劃全市一百多名社工員分兩梯次參加每週密集的個案管理在職訓練，研讀本書的原文版。雖然社工員叫苦連天，卻也同時在課堂上給我們許多正面的迴響。訓練結束後的一年裡，各社福中心每月一次的個案研討會是理論與實務的結合。在個案中，我們面臨許多本土議題的挑戰。衝擊的同時，激發許多省思。

　　另外一位推展個案管理不遺餘力的就是前任社工專協秘書長高永興。他應用個案管理於殘障福利的立法、執行、專業訓練中，其用心與投入是有目共睹的。如今，由北市府社會局委託永興、開敏和我規劃督導的「殘障福利個案管理」方案能順

利推行，再次地證明堅持理念默默耕耘所帶來的影響是深遠的。

三年前，在心理出版社許麗玉總經理的遊說之下，雪真和我接下了翻譯的工作。希望個案管理在被廣泛運用的同時，能有一本合適的專業中文書籍做爲參考資料及培訓教材。此書雀屏中選是因爲從十年前紅心字會的在職訓練開始，本書是我們一再使用的教材。它深入淺出，實務性強，以案例貫穿前後理念。十年來，在台灣社會應用的結果，使我們深信在以人爲主的服務上，有許多理念是共通且歷久彌新的。而雪真和我由相知而共事，由共事而相惜，更是值得記上一筆。

著手翻譯的過程中，我們經歷了雪真的生病，開敏的友情支援，以及雪真痊癒後的再度投入。其間心情轉折的歷程，比起陪伴一位面臨危機的案主，實有過之而無不及。在付梓之前，憶及種種，細說從前，我心中充滿了感謝。本書教導我們的不只是專業的工作模式，而是個人素養的提昇。專業和生活的和諧一致，是可以渾然天成的。

本書第一、二章是由雪真負責；三、四章及十章由開敏負責；我負責的則是第五章到第九章。最初的合約是翻譯本書的第一版。由於我們的延宕，本書原文第二版於一九九六年修訂完畢時，譯稿尚未完成。感謝心理出版社，往來折衝，在毫無損失的情況下，替我們爭取到第二版的翻譯權，使得譯者及讀者能在最短的時間內得到實務經驗的最新資料及統計，一同受益。

雪真、開敏和我三個大忙人，居然能夠抽空攜手合作。除了專業上的信賴之外，友情和默契是最大動力。也謝謝我妹妹，

王玢，替我校對潤筆。我的個案管理啓蒙師 Ferrell Bivins 於數年前因病驟逝。他若地下有知，看到個案管理在台灣社工界十年來的發展，一定會感到驕傲及欣慰。特以此書紀念他。

王 玲 謹識

民國八十七年三月十日

本書指引

　　本書所描述之個案管理是一種模式。我們不聲稱它直接反映「現實」或「真理」。一個模式好比一張地圖，引導探險家走入新地勢。地圖反映地勢，但可能不夠仔細。其任務是從頭到尾帶你走完旅程，但並不負責教導旅途上的一切須知。

　　一個模式的最大考驗就是實用性。它有用嗎？它可以完成任務嗎？我們的模式很實用。密西根州社會福利部在發展家庭預防性服務方案時，我們曾運用此模式來測試，並出版了評鑑的成果報告。

　　在發展此模式時，我們試用了各種技巧。模式中很多技巧是由他處發展而來的，我們在個案管理中借用之。有些技巧在我們的試驗中毫不實用。還有一些我們認為一定管用的，結果證明貢獻有限。當然有些是從頭到尾都十分實用。

　　選擇技巧的條件有三：

・對需要個案管理服務的案主是否實用？

・對一般的個案管理師是否實用？

・學生或新進專業人員是否容易學習並快速使用？

　　本書的素材均符合這些要求。即使不識模式全貌，本書的描述也能讓讀者單獨地了解個別的技巧。我們的目的是希望資深專業、已有自己風格的個案管理師無須閱讀基礎教材，就能

直接獲取所需之素材。

　　然而，技巧的陳述並非不相關聯。它們彼此的連結是透過我們前面所提選擇的條件，以及我們運用它們的目的。我們提供給你的模式是凝聚整合了各種技巧及方法。

如何使用本書

組織

　　本書分成十章。第一章是概論。我們用三章的篇幅來討論評定（assessment）。並將評定及獲取資源各分成兩章來處理。此順序和真正個案管理活動的程序大致符合：那就是評定、計畫、執行及評估。雖然，真實世界並非永遠如此有組織，但是我們仍要鼓勵你在遵循此程序時要儘量有彈性。在最後一章我們討論合適的機構資源、程序及目標之重要性，如此才能支持有品質的個案管理服務。

　　每一章的前言及結語是連結整章前後之內容。個案管理是一複雜的過程，容易迷失，因此我們運用前言及結語來幫助你定位。同時，我們深知很少人可以一次讀完全書，因此我們試著幫助你可以很容易地一次讀完一章。

　　我們在每章討論的議題，都會提供背景資料及可能衍生的問題。大部分的章節會陳述完成個案管理任務的技巧及策略。

陳述中包括許多案例，讀起來更顯具體。這些個案管理服務中的技巧也可以運用於其他服務情境中。資深的個案管理師應該是能夠融會貫通的。

每章結語中陳述的是我們認為最重要的資訊。這可能是你一開始要翻閱的地方，以決定是否是你有興趣深讀的章節。

特殊註解

案例

我們的案例來自於個案管理實務中。當然，我們已經完全隱去任何證明身份的資料。因為我們的經驗專注在兒童福利及心理衛生，所以案例多半取自這些領域。如果你在一個我們未曾描述的領域中擔任個案管理師，我們十分樂意聽聽你的經驗。重要的是，我們深信你將從我們的案例中粹取你需要的部分而運用於你自己的實務領域中。

附註及參考資料

在助人專業中，個案管理有著豐富的傳統，以及急速成長的文獻資料。個案管理師使用許多轉化自其他領域已發展成的工作方法。這些方法的書面資料可在文獻中其他標題中收集到。

基於上述理由，我們僅將直接的引述或個人直接的貢獻加以附註。例如：只有 Hartman 描述過繪製生態圖的技巧，因此在書中特為之註。包括面談技巧在內的某些觀念的來源很模糊，

很難歸功給其中任何一人。在此情況下，我們推薦的作者是我們認為對個案管理的貢獻特別清楚或相關的。這些作者及其著作都列於書尾，以章別及姓名順序排出。

註　解

Ballew, Julius; Ditzhazy, Barbara. A case management approach for preventing child neglect. In Dinerman, Miriam (Ed.) *Social Work in Turbulent World,* Silver Spring, MD.: National Association of Social Workers, 1983.

感　謝

感謝密西根州社會福利部，特殊家庭服務方案（Special Family Service Project）的社會工作師及督導們，我們的許多理念源自於觀察他們的工作。這些盡心盡力的實務工作者，竭盡所能來幫助受虐兒童及其所處之危機家庭，同時要面臨貧窮及所衍生之種種問題。這些問題對個案管理師所形成之壓力，正如案主家庭所承受的一般巨大。然而，他們都走過來了，大多數的家庭更是表現出長足的進步，收穫豐盛。

這些社會工作師真正有別於他人的原因是：他們願意讓人觀察、分析，並且評論他們所使用的方法。他們保存詳盡正確的記錄，並開誠佈公地參與討論其成敗。在過程中，他們修改更新傳統的個案管理方法。他們的心得紮實地替本書打下基礎。

其後，密西根州社會福利部成人服務（adult services）的個案管理師，以及 Washtenaw 郡社區心理衛生中心（Community Mental Health agency）的社區安置個案管理師再次地為此模式的結構加添骨肉。我們也衷心地感謝來自全美社會工作專業人員協會的研討會中專家學者們的寶貴意見，以及全美各地參加我們主辦研討會人士的回饋。

作者謹識

目　錄

第一章

概論

002 個案管理

何謂個案管理

　　個案管理（case management）是提供給那些正處於多重問題且需要多種助人者同時介入的案主的協助過程。個案管理強調二個重點。在一方面，它著重在發展或強化一個資源網絡（resource network）。資源網絡是指一群想幫助某一特定案主的人所構成的鬆散組織，由個案管理師，整合他們對此特定案主所提供的任何協助工作。在另一方面，個案管理除了增進案主使用資源的知識、技巧及態度，更著重在強化案主個人取得資源及運用資源網絡的能力。

　　本書所提出的個案管理模式是使用循序性的助人過程（sequential helping process）。這個循序性的助人過程是指與案主一起工作的、漸進式的自然協助過程。通常這過程包括與案主建立關係、完成一個整體性的評定、訂定服務計畫、取得服務、克服障礙、整合及檢視服務是否有效地被提供，和與案主一起再度評估以決定是否要改變計畫或開始結案工作。

　　個案管理師有三個功能或角色以完成上列工作。它們是整合者、倡導者和諮商者。

個案管理的功能

諮商者（Counselor）

作為一個諮商者，個案管理師的工作是了解案主並教導案主發展及維持一個他自己的資源網絡所需的知識或技巧。有時案主所需學的是有關他自己的一些新的認知。個案管理師與案主建立一個信賴關係，在這信賴關係中，容許案主有機會去檢視他自己功能不佳的行為模式，並協助案主去發展更有功能的行為模式。

在艾德的個案中，他的妻子（凱莉）像案主本人一樣需要諮商。艾德六十歲，是一個努力工作的機械操作師，因為動脈瘤使他的大腦部分受到損壞。透過物理和職能治療，他很快恢復他身體的功能，並且漸漸的恢復他的心理功能。然而，對於他生病的事他失去記憶，並且很少意識到他個人的限制。他短期記憶的功能喪失很多，並有意識混亂的情形，但他常常把這些功能喪失所造成的問題怪罪別人。雖然他的太太和女兒告訴他，他曾經生病，但是他很難相信有這回事。當他可以出院返家時，在身體方面他感覺很好，但是卻會在離家不遠的街角迷路。他是一個老菸槍，但卻常常忘記自己點了菸。他很想開車，但是他的家人擔心他會傷了自己或別人，因此他們把車鑰匙藏起來。因為他病識感的薄弱，造成他自己很大的挫折感和周期

性激烈的發脾氣，這些事使得他的家人難以忍受。

艾德的太太覺得照顧她的先生是她的責任，因此不太願意尋求別人的協助。她擔心在夜裡睡著了，她先生會自己起床，離開家裡。她也常常是他發脾氣的對象。雖然她知道她先生的病情，但她對於他先生如此對待她，仍感到很憤怒和怨恨。對於自己的這種憤怒又感到很罪惡，因此她就更努力去照顧他。她拒絕任何協助，在二星期之內，她已精疲力竭。

個案管理師是艾德的物理治療師，她同時提供諮商給艾德和他的太太。她扮演艾德所有醫生之間的聯絡人。當艾德出院返家時，她為他安排了定期的居家護理照顧。最重要的是，當他留在家裡直到完全康復這段期間，她幫忙把他們的朋友、鄰居和親戚組織起來協助照顧艾德的工作，使他的妻子可以獲得暫時的休息。但是除非艾德的太太改變她的想法，不再認為她沒有做好照顧先生的工作，而願意接受別人的協助，否則所有這些安排都是不可能被接受的。

整合者（Coordinator）

在這項功能中，個案管理師需評定出案主的問題及需從其他助人者得到的協助是哪些。他先擬出一個服務計畫，然後幫助案主與這些助人者作有效的接觸。如有必要，個案管理師也會促進這些助人者之間的溝通，以減少彼此的衝突和增加這個資源網絡的效率。

現在我們以法蘭西絲的個案為例來說明。她是一個私人的特別護士，一直過著非常活躍及獨立的生活。在七十八歲時，

她被診斷為末期癌症。最初她似乎接受的是她生病的事實，而不是她即將死亡的事實。對於她的疾病，她並沒有在生活上作太多的調整。她仍然儘可能的自己一個人住。最後是在她女兒的堅持下，她才搬去與她女兒一家人同住。

法蘭西絲的個案管理師是善終服務的一個社工員。她的工作是使法蘭西絲儘可能留在她女兒家並整合所需的不同服務。法蘭西絲有二個醫生。一個是她長期的家庭醫生，一個是癌症專科醫生。當她的痛苦增加時，必須與她的藥劑師保持定期的接觸以確定藥劑師與她的醫生有很好的溝通。當有需要時，個案管理師也會安排居家護理的服務。

法蘭西絲的女兒和她的丈夫都在工作。他們努力在照顧案主，同時需兼顧他們自己的工作和自己的家庭。當他們夫妻心力交瘁時，個案管理師會安排朋友、鄰居和志工去陪伴案主，給她女兒一家人有喘息的機會。她同時也幫助法蘭西絲去面對她的疾病，並開始計畫面對即將來臨的死亡。

倡導者（Advocate）

有時所需的資源不存在或拒絕提供給某一特定案主。作為一個倡導者，個案管理師需努力使案主獲得所需的協助。有時候，社會對案主的要求會使案主精疲力竭，無法應付。在這些情況下，個案管理師需扮演倡導者的角色，去調整社會的要求或者去協助減輕因無法滿足這些要求所造成的後果。馬丁家庭就是一個很好的例子。

馬丁家庭是一個很混亂，並且問題很多的家庭。馬丁先生

是一個常會在豪飲之後消失好幾天的長期酗酒者。他因常在酒吧間與人打架和酒醉駕車被捕，而在警局赫赫有名。馬丁太太是一個衝動且沒有組織的人。她常會不計任何後果而去做一件讓她覺得高興的事。對她六個孩子，她是非常慈愛和慷慨的。但是對於給孩子設限方面，她一點效率也沒有。

馬丁家人接受公共救助的補助，而馬丁先生本人則領有殘障補助。這對父母不會管錢，且一直是在負債中。他們的個案管理師是服務於預防兒童疏忽的部門。她經常需與社會福利或公共設施部門協商以避免馬丁家瓦斯或電力被切斷。他們家裡亂七八糟，一位來自家庭服務中心的在宅服務員正協助馬太太整理家裏。她的孩子在學校都有問題。即使幾年來召開過好幾次的家長與老師的會議，由於他們都無法配合執行有關孩子的任何計畫，因此，學校人員對馬丁家人的印象是，他們是不願意合作的。

因為提供服務給馬丁家的助人者都懷疑馬丁家改善他們生活的動機及能力，因此個案管理師需把她的一些努力放在使這些助人者願意持續介入協助，並且為這些孩子尋找教育方面特別的協助。

迅速發展中的個案管理

在這本書第一版出版後的十年內，個案管理的使用有明顯的成長。它不只延伸到各種不同的領域，同時也發展出各種不

同型式的個案管理。這裏我們特別要提到四方面：(1)個案管理團隊（case management team）的使用增加，(2)非正式助人者的使用增加，(3)與社區結合，(4)提供給不同狀況的密集服務的各種形式的個案管理。我們將會談到幾個我們所熟悉，或我們提供諮詢的計畫。

密集服務的團隊
（Teams for Intensive Services）

積極社區治療（The Active Community Treatment，簡稱ACT）團隊是社區心理衛生（Community Mental Heallth，簡稱CMH）計畫中所使用的一個團隊。他們是服務從精神病院出院剛返回社區的案主。這個團隊的主要目的是藉著與一位主要個案管理師的合作，使剛剛返家的案主能在社區中有功能的生活著。為了回應案主的危機和滿足案主某些特定的長期性的需要，這個團隊的成員會持續的提供案主密集的服務。這個計畫提供給案主的服務會持續一段時間。

全套式服務（Wrap Around services）計畫是透過一群個案管理師組成的小組，提供服務給危機家庭和犯罪的青少年。一旦一個家庭被篩選成為服務對象並開始接受服務，在某一特定時段，這個團隊會與這個家庭有密切的接觸。這個計畫會把這個家庭所需的各種不同的服務帶入。如同上述的ACT團隊，案家所需的服務隨時隨地都可以提供。通常這樣的服務維持二至四個月。希望在這段期間，這個家庭已經發展好有效生活的能力。

跨機構的團隊工作
（Interagency Teamwork）

　　在某一個鄉村地區，有三個機構一起合作以預防青少年進入或再度進入當地的拘留所。這三個機構包括了社會服務部（Department of Social Service）、社區心理衛生中心和服務家庭和兒童的一個當地私人專業機構。這些機構之所以如此密切的合作，一部分是因為他們共同使用一筆由州政府提供作為預防青少年犯罪的補助款項。這些當地的機構認為：透過他們積極的工作，他們比安置這些青少年在拘留所花費更少，就可以使這些青少年繼續留在社區中。來自這三個機構的個案管理師固定的會面以發展出與這些青少年及其家庭工作的方法。案主的家人是這個工作團隊中的一員。在作一些決定時，他們與這團隊中的其他專業人員享有同樣的投票權。某位家庭成員或這個青少年常被指定為主要的個案管理師，但其他來自機構的個案管理師也同樣會參與工作。根據個案所需的資源，上述機構各會提撥部分預算作為此一計畫的預算。他們非常有創意的靈活運用這筆預算，例如在一棟小房子中騰出一間房間作為備用房，裝設家庭用的籃球設備，補助青少年為了維持某些約定所需的零用津貼。

　　有一個故事也十分有趣。一位發展遲緩的孩子，因為逃學問題正面臨要被送回拘留所的困境。個案管理師發現他不去上學的原因是大孩子會毆打他。這個工作團隊與父母一起決定選擇一個當地社區學院三年級六呎高的學生，作為保護案主上學

的「友善的保鏢」，他每天到案主學校，甚至於案主在特殊教室上課時他也去協助他。這位年青人在學校從此不再受到騷擾。而且也在不必進入拘留所的情況下，順利完成該學期的課。本計畫最後的報告中顯示，這計畫能有效的使孩子留在社區中而沒有重大的犯罪記錄，同時比收留這些孩子在拘留所的花費更少。

另外一個社區心理衛生計畫，也是在鄉村地區進行。本計畫中的個案管理團隊需負責本區域所有非住院病人服務。服務這些病人的工作團隊有五位個案管理師，其中包括一位精神科護士。他們每個星期定期開會，交換有關被個案管理師提出討論之個案的資料。該周被指定的某一案主的個案管理師，須負責書面資料之彙整。然而，其運作方式是每一個案沒有固定的個案管理師。以隨機輪流的方式，在某一特定的星期，每一個個案管理師可能服務到任何一位的案主，這個運作方式的目的是為了增廣案主的連結關係，避免案主只與一個人連結。另外一個好處是因為案主會與不同的個案管理師接觸，所以我們比較容易從不同的角度去了解主。

具有特殊專業技巧的個案管理師
（Case Managers with Special Skills）

在一個相當大的城市中，在同一個督導領導下的社區心理衛生工作的個案管理師，他們會被鼓勵去發展一些特殊的專業技巧。每一位個案管理師去發展一些與他的案主群的需要相關的知識。有的人會對低價住宅（特別是第八區的住宅）掌握很多的資訊。有的人會對職業及職業訓練掌握較多的資訊。有的

人會對社會服務部的相關規定了解較多。有的人會對精神科的藥物了解較多。幾年下來，每個人都會接受許多有關他們特別專長的領域的許多訓練。他們的督導幫助這個團體成長並且鼓勵他們在彼此之間分享一些新的知職。這樣的工作方式，使得這些個案管理師能夠在案主的某些特別需要上，運用彼此作為諮詢者。

以前的案主作個案管理師
（Former Clients as Case Managers）

在一些幫助藥物濫用者的計畫中，他們會選取一些已經痊癒的案主加以訓練，使他們擔任目前的藥物濫用者的個案管理師。他們經過嚴謹的篩選及接受密切的督導。據與他們一起工作的工作人員對他們的描述，他們認為這些以前的案主較能與目前的案主溝通，並且也較能夠直接面質他們。他們被視為這個工作團隊中正式的一員。

家庭成員作個案管理
（Family Members Case Managing）

有些個案的家庭成員被訓練來擔任個案管理的角色。這乃是因為了解到家人對案主的關心是長期的，因此把家人視為是協助案主的工作伙伴。在我們的經驗中，這種家人擔任的個案管理師通常是一位婦女。他們需學習如何與社會服務部門合作以協助解決一些比教養方面更複雜的困境。專業的個案管理師首先要評定這位家庭內的協助者是否有足夠能力來成功扮演好

這個角色。通常會鼓勵他們參加個案管理的訓練,並且讓他們在事情變得很困難時,能夠尋求到協助。這類特殊的個案管理成功與否取決於我們是否能正確評估出適用的某一特定時間及超過家人能力可處理的一些狀況。顯然的這種型式的個案管理是比雇用一個專業人員花費還少。

成本(Costs)

目前在個案管理這個領域中,成本已逐漸成為大家關心的議題。常常所謂成本因素的考量代表著去雇用較沒訓練或較沒經驗的個案管理師。此乃因為購買式的服務被嚴格管控,而且在很多例子中,可用的資源是在削減當中。在某些例子中,我們看到完整的個案管理過程已經被東削西減了。

社會工作之根
(ROOTS IN SOCIAL WORK)

從專業社工發展之初,即把個人與環境同時視為工作的重點。在個案管理中,個人與環境亦同時是重要的工作介入點。早期的社工先驅如幫助移民發展適應新環境技巧的珍妮亞當斯(Jane Adams),和強調案主與社會連結關係的瑪麗理查曼(Mary Richmond),他們二人均強調如何幫助案主發展有效適應環境能力的重要性。這些傳統社會工作必備的工作重點與方

法是深受社會工作的價值理念所影響。這些社工理念包含以案主的福祉為依歸、尊重個別差異、保密原則、案主自決和尊重案主與生俱來的價值與尊嚴等。

　　社會工作的養成教育提供了有效能個案管理所需的重要知識。這些知識來自不同的來源。從心理學中獲得有關人類成長與發展、心理能量、心理障礙以及人類需要支持和滋潤的相關知識。社會學提供了我們對團體、人生角色和組織的了解。人類學增加了我們對文化、階級及不同人性的影響力的敏感度。最後，系統理論提供了有關系統內、系統間各部分回饋體系交互影響及個人與環境間關係的相關知識。

　　社會工作者所秉持的價值信念和知識體系融合成了社會工作的工作技巧。作為一個通才社工人員（generalist social worker）所需的工作技巧與好的個案管理所需的工作技巧是非常類似的。這些技巧包括了諮商、使能（enabling）、危機與衝突處理、網絡建構與合作關係的建立、倡導和協商、連結與取得資源的技巧、計畫與追蹤和評估等的技巧。上述這些技巧並沒有包含作為一個通才社工人員所需的所有技巧，也沒有包含像社區發展、團體、家族與個別治療、心理衛生、老人工作、藥物濫用、緩刑和家庭暴力等專才社工的技巧（specialist skills）。上述社工技巧範圍的描述，說明了一位有效的個案管理師是需要特殊的養成教育，使他成為一個這方面的專業人員。

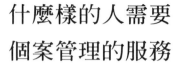

什麼樣的人需要個案管理的服務

　　在本書中所舉的二位案主他們都有二個共同點：第一，他們都同時面臨好幾個問題，且這些問題的解決需不只一位助人者的介入協助。大部分的我們在生活中有時也需從不只一位的助人者處獲得協助。但是這些服務是按照時間的先後順序提供給我們的。我們決定哪一個問題是最重要的，在處理下一個問題之前需優先處理的。

　　當一些問題同時發生且需要同時解決時，情況就真的較複雜了。我們不只要把我們的精力分散在不同的問題上，同時也必須花精力與解決的每一問題有關的人協商，以獲取對服務內容的共識。

　　事情會變得更糟糕的是：這些助人者中有些人的專業領域有重疊的地方，而這常會引起一些界線不清的爭端。我們可能會從這些助人者處得到互相衝突的建議或指示，同時他們所設立幫助案主的目標也可能彼此抵觸。我們可以在馬丁家的案例上看到這一點。因他們需同時朝向不同的方向去解決不同的問題，以至於沒有一個問題得到充分的注意，同時也完全無法注意預防未來可能發生的問題。由於一些需要資源馬上介入協助的問題同時發生，使得個案管理師需具有獨特的訓練，以便能

有效的處理這種狀況。

　　另外一種需要個案管理的人是他們在有效的使用資源方面遭遇特別的困難。這個困難可能由於缺乏到何處去求助的資訊，或由於個人本身的一些不合宜的態度使他無法獲得協助。不管是什麼原因，結果都是：一些可能的協助者被推開，而個人在無外援的情況下獨自處理自己的問題。我們可以在艾德太太的身上看到，由於她的責任心、驕傲心太重，以至於無法往外求助的例子。

　　有時候，我們也可以看到，有些人同時面臨多重問題，在沒有個案管理師的情況下，把問題處理得好的例子。只要他們對資源掌握足夠的資訊，具良好的社會性技巧及足夠強的求助動機，使他們能有效的運用助人者。只有在上述這些能力都缺乏的情況下，個案管理才成為對個人的協助是不可或缺的工作模式了。簡言之，對於那些同時面臨多重問題而又缺乏使用資源能力的案主而言，個案管理是特別有幫助的。

個案管理師的角色

　　一提到「個案管理師」這個名詞，會使人浮現出許多概念，而且想到他似乎要進行各種不同的活動，如從最簡單的資訊提供、轉介到最複雜的直接介入行動或倡導策略的進行。然而有一點是大家都有共識的：個案管理師必須試著去整合所有提供相關服務的工作，以達到個案管理師和案主想達到的目標。

　　然後，疑問產生了：個案管理師應提供直接服務給案主到何種程度，並且整合其他服務提供者的工作到何種程度？這些疑問的答案是本書將提出的工作模式的重點之一。

　　個案管理師的工作是：與案主一起工作以確認案主需要哪些類型的協助，確認及克服阻礙有效使用該項協助的障礙，提供直接服務以克服那些阻礙，嘗試使案主與可能的協助者接觸，並且提供間接性的整合服務以維繫這些接觸直到問題獲得解決。

　　本書提供的工作模式，目的是要告訴你：要成功地與這一群的案主工作，需要多少及何種類型的直接與間接的服務。它將告訴你：為了要克服使用資源的障礙及使案主與資源連接，個案管理師所需提供的直接服務，以及為了使案主能獨立的維繫與資源的關係，個案管理師所需提供的足夠的間接服務。

　　有一點需特別注意，那就是上述所提的個案管理師的工作內涵，並不表示你須自己一個人去對案主所有問題的解決負責。這是一個想法上的陷阱；這種想法會使你像你的案主一樣很快就變得心力交瘁。你的工作只限制在使你的案主能與其他助人者連接上，當這個目標有效的達成後，你就可以考慮結案了。

個案管理有何特別之處

　　個案管理是在助人服務中唯一以同時遭遇多重問題，並且在取得及使用資源上有困難的個人和家庭為其案主群的工作方法。其他許多工作方法有的是為協助兒童與成人、協助個人、

家庭和團體，和協助那些像心智發展遲緩和藥癮等有特殊問題的人。也有其他一些工作方法是把焦點放在內在功能、溝通及社會性技巧的提升上。所有這些及其他未提及的工作方法中，只有個案管理是以這一群面臨多重問題的案主為其工作焦點。

　個案管理也是強調「全貌」的工作方法。它的二個工作重點：一個是在找出面臨多重問題的案主所需的服務網絡，另一個重點是這個網絡中各項服務提供者彼此的互動關係上。它當然關心每一項個別服務是否有效的被提供，但是它所採用的工作策略及技巧是把焦點放在整組的服務網絡是否有效的在解決案主的問題，和網絡中的每一份子彼此之間合作關係的品質如何，而不只是把工作重點放在每一單項的服務上。

　在這個服務網絡中最重要的一部分是案主本身。一般而言，個案管理師直接提供給案主的主要服務是**根據一份對案主問題及克服案主使用資源的障礙所需其他協助的評定所擬定的計畫**。在後面章節中，我們會看到對這項原則的一些例外的例子。但在目前，我們只要了解到個案管理的主要工作重點是放在整體的服務網絡上（在後面章節我們將稱為資源網絡）和案主與其互動的關係上。

　因為個案管理特別關心網絡中助人者彼此間的互動關係，所以把工作焦點放在機構間的互動關係是他（她）的正式的責任之一。有的工作模式也使用提供資訊、轉介服務。有的提供調停（mediation）和倡導的技術，但是這些並不是他們的主要工作目標。只有在個案管理的工作項目中，這些工作方法被提升到是個案管理師的正式責任。

在個案管理中沒有太多是真正新的工作方法。我們可以從社會工作和公共衛生的傳統中找到它的根源。它很廣泛的沿用了許多其他工作方法的技術。大部分在本書中將提出的技術和策略都不是新的。它們在其他地方或許說明的更為詳細。在適當的時候，我們會介紹給你相關的閱讀資料。在本書中比較新的是要呈現這些技術如何被選取及如何組合而運用到案主身上。

個案管理是特別設計給前述的案主群。根據我們的文獻探討和與在不同工作領域的個案管理師的討論，我們的結論是，現代所使用的個案管理必以使用者的需要來決定其工作內涵。通常他們會需要個案管理的服務是基於二個理由。第一，他們同時面臨多重的問題。第二，他們在有效的取得及使用資源上遭遇到困難。

工作模式概論

建立服務輸送工作模式的目的是：提供一套工作方法，以協助你能順利的與案主工作。個案管理師被看成是一位旅行的伙伴而不是旅行社。因此服務輸送的工作模式就像是一本旅行指南。它提供一個架構使你和你的案主可以一起朝向預定的目標工作。

這個工作模式就是一個計畫或一種型式，作為你與案主工作的參考架構。它只是一種工具；就像其他工具一樣，不是在任何情況使用方法都是同樣的。如何使用它，就全憑個人自己

的創意。它只是給你在工作過程中的一個指南，但是如何使它適合你的每一位案主，則需靠你去作些調整了。

在這段，我們要介紹這個服務輸送模式的全貌。在以後章節裏，我們會分段，詳細介紹每一個步驟。在這之前，我們希望對全貌有一個較清楚的概念。知道我們的目標在那裏，如何到達那裏。這一段的目的，是要提供一個較寬廣的旅行指南的全貌。

這個工作模式包含六個階段：(1)建立關係（engagement）(2)評定（assessment），(3)計畫（planning），(4)取得資源（accessing resources），(5)整合（coordination），和(6)結束關係（disengagement）。在下面的篇幅中，我們會對每一個階段和為使案主能與所需的助人者連接上所採取的行動加以描述。這些階段被歸納在圖 1-1。

個案管理的階段

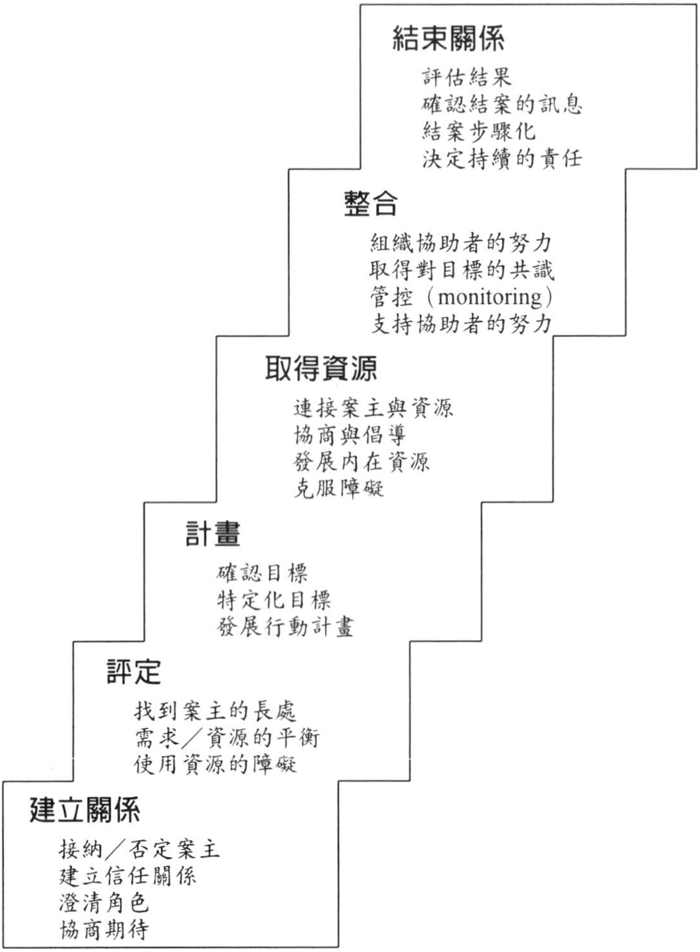

結束關係

　　評估結果
　　確認結案的訊息
　　結案步驟化
　　決定持續的責任

整合

　　組織協助者的努力
　　取得對目標的共識
　　管控（monitoring）
　　支持協助者的努力

取得資源

　　連接案主與資源
　　協商與倡導
　　發展內在資源
　　克服障礙

計畫

　　確認目標
　　特定化目標
　　發展行動計畫

評定

　　找到案主的長處
　　需求／資源的平衡
　　使用資源的障礙

建立關係

　　接納／否定案主
　　建立信任關係
　　澄清角色
　　協商期待

圖 1-1　個案管理的階段

在我們開始說明這個工作模式之前，我們先來看看一個典型的案主。然後我們以這個例子來說明這個模式。

案例

史達巴克家原來是被一家便宜的旅館經理轉介給兒保機構。五歲的布萊恩和二十三歲的媽媽琳達正住在這家旅館。在某個深夜，這位經理打電話給警察局，因為他認為布萊恩已經被單獨留下好幾個小時之久。他說他所關心的是這件事以前也發生過，並且他也無法提供保母的服務。警察最後發現，布萊恩的確是自己一個人在家。當被問話時，布萊恩說他媽媽已經出去，他不知道她去那裏。警官注意到布萊恩穿得很乾淨且很合宜。他們把他帶至警察局並且打電話給兒童保護人員。

琳達大約與兒保社工人員同時到達警局。她被嚇壞了，也滿頭霧水。因為她很擔心布萊恩會被帶走，所以一再強調她是多麼愛他，也一直照顧著他，並且永不會再讓任何事發生在他身上。大概經過半小時，她情緒才平穩下來，說明她為什麼把布萊恩單獨留下而與她二十五歲男友亞特出去。她說布萊恩常搞得亞特心神不寧，所以她擔心當天晚上如沒有單獨與亞特見面，亞特可能不會再願意見她了。她保證不會再留布萊恩一個人獨處了。

兒保工作人員知道琳達和布萊恩被趕出他們先前住

的公寓，所以才會住進現在這家旅館。琳達談到她在支
付帳單方面有許多困難。政府的福利補助 ADC（adult
with dependent children）（對有依賴子女之大人之補助）
從來都不夠用。她一直在尋找另一間公寓，並且希望亞
特能搬進來與她同住。她沒有自己的交通工具，而且對
如何使用大眾運輸工具也不熟悉。她通常是依賴亞特載
她到她想去的地方。

最後的決定是讓布萊恩與母親一起返家。雖然有許
多的家庭問題尚未解決，但事實上布萊恩並沒真正的被
疏忽。琳達同意她需要協助，因此她被轉介給預防服務
中心的個案管理師，繼續追蹤輔導。

個案管理師與琳達和布萊恩有幾次接觸。她甚至於
與亞特見了幾次面。在這些接觸過程中她知道了下列的
事情。

琳達是天真的、困惑和害怕的。她的智商可能比一
般人低一點，但是她幾乎無法讀和寫。她至少已經好幾
個星期沒有工作過。自從布萊恩出生後她一直是接受政
府ADC的補助。琳達在布萊恩出生前不久與布萊恩父親
結婚，但是他在幾個月後就遺棄她了。這件事並沒有讓
她太驚訝。因為即使他們住在一起時，他除了喝酒及與
其他女人鬼混外無所事事。然而她仍然認為假如不是因
為布萊恩，她可能已經改變了他，並使他能安定下來。
布萊恩是一個很愛哭、需投注許多精力去帶的孩子。假
如孩子一直哭時，琳達的丈夫會因此而責備她。有時候

他會打她；有時候他就去酒吧。最後，他離開了，並且再也沒有回來過。雖然他已經離開快五年了，她也還無法與他離婚。

在丈夫離開後，布萊恩變成是琳達生活中的重心。她覺得除了布萊恩外她的生活已無所依靠。他是一個在各方面都需要多加照顧的孩子，並且很容易闖禍。但是如果以堅定的方式管教他，他有時也是滿可愛的。因為他是如此的頑皮，所以琳達覺得布萊恩需要規律的管教，而且她認為每隔幾天給孩子一點體罰（如打打屁股）是恰當的。她堅定的表示她的體罰頂多只是用手打打他。她對於自己控制脾氣的能力深以為傲。她說她過去一向脾氣很壞，但現在已不太容易發脾氣了。

琳達認識亞特有六個月之久，雖然他與父母同住，但與她不固定的同居已有四個月了。她並不覺得她愛他，且他們之間相處並不融洽，所以她也沒希望要與他結婚。但是她覺得身邊有個男人是不錯的。在她認識亞特之前，她深受寂寞之苦，並且隨之感到恐慌。自從她遇到亞特後，發生這種情況的機會已沒有像以前那樣的頻繁。

除了亞特，琳達沒有一個可以在她需要時伸出援手的朋友。她說她很討厭向別人求助，因為她求助的朋友本身也都很脆弱。她與危機處理中心的諮商員見過幾次面，但是她沒有再回去，因為她不認為有任何幫助。當她在支付帳單方面有麻煩時，她會與社會福利部門的個案工作者聯絡，這位社工人員曾轉介她去作財務諮商。

然而她從來沒有接受過這個轉介，因為她覺得她可以處理自己的金錢。

琳達與她的父母有定期的接觸。她覺得他們仍然像對小女孩一樣的對待她。他們常會批評她養育布萊恩的方式。當與他們在一起時，她常會覺得自己很愚昧又笨拙。然而她也承認他們對布萊恩很慈愛，而布萊恩也喜歡他們。有時候，當她在外過夜時，他們會照顧他。琳達擔心當她的父母知道她在警察局的這些麻煩時，不知道會怎麼說。當她知道布萊恩有可能被安置到寄養家庭時，整個人陷入恐慌之中。她堅持說，對她而言，在這個世界上，布萊恩是她最重要的一件事，她無法失去他。

個案管理的階段

現在我們來看看個案管理的六個階段，以及這六個階段如何用來幫助琳達史塔巴克。

階段一：建立關係

建立關係是指建立一個有效工作關係的過程。這個關係之建立乃植基於案主對於你願意協助他，你有能力協助他，和很清楚你們彼此期待的這份信心上。我們已經說過需要個案管理

的人們很可能在取得及使用資源上有困難。這些問題在他與你的關係中也會出現，並且你必須在作為他與其他協助者之間的橋樑之前，找到克服這些問題的方法。

琳達對於提供給她的協助願意接受。與她建立連結關係的過程只是在澄清誰要做什麼。在另一方面馬丁這個家庭，在形成助人關係的過程中出現較多微妙的問題。他們對於提供給他們的協助表面上願意接受，但是事實上，他們的許多態度使他們無法有效率的使用資源。

建立關係的方法包括了介紹你自己及你的工作角色，收集有關問題的資料和處理你的案主對於接受幫助所產生的負向感覺等的唔談技術。同時也包含了建立信賴關係和澄清彼此角色期待的其他一些特殊程序。

階段二：評定

評定階段需要你確認三件事：(1)案主需要解決的問題，(2)案主可能認為對於解決這些問題有用的資源，(3)案主使用這些資源的障礙。需要解決的問題可能由案主自己提出來，或根據你自己的觀察所列出的問題清單。

在你和你的案主羅列出待決問題的清單後，接著你們一起排出這些問題被處理的優先順序。通常，在初期，案主可以意識到的問題都只是一些相當表面和具體的問題。常常需要經過一段長時間後，他們才能承認他們與別人關係上的問題，或自我價值感方面有些問題。在我們所舉的個案中，琳達遭遇了有

效運用她的社會福利救濟金的問題和住屋方面的困難。這些都
是很典型案主在一開始時會認為是她待解決的問題。而你在與
她關係之初，也接受案主對問題的這種認知。用這樣的方式，
你接受任何案主願意與你分享的問題，開始與他（她）一起解
決這些問題，並以此作為與案主建立關係的工具。隨著與案主
工作的進行，再完成更詳細及更精確的問題評定。

對問題的評定，以幾種方式來協助達成整體的目的。在最
基本的層次上，這些問題的存在提供了你介入案主生活的理由。
假如沒有問題，則你的協助也不需要了。確認了待解決的問題
也提供了我們選取工作目標的基準。同時這些目標也變成了我
們評估工作是否有進展的指標。同時有些問題也將成為我們進
行到資源和障礙評定時，我們與案主接觸時的工作焦點。

在你確認了重要的關鍵性問題後，下一步工作是要確認協
助解決問題所需的非正式與正式的資源。你的角色職責不是個
人去解決這些問題。但是使案主與解決問題有關的資源連接上
卻是你的工作。在這個初步的階段，很多案主無法積極的參與
資源的評定。此時，你通常需獨立進行。此乃因過去案主遭遇
許多取得和使用資源的困難的經驗使然。除非在取得資源方面
的相關障礙被排除，否則案主不會主動積極地參與使用可能資
源的計畫過程。雖然如此，你仍必須開始進行確認所需資源的
評定工作，因為這是個案可以繼續往前進行的關鍵性的一步。

我們知道整體的目標是使案主能與他（她）所需的資源連
接上。資源評定的目的是要具體化那些類型的助人者是我們所
需要的。在琳達史塔巴克的個案中，她需要改善與男友、與原

生家庭和與社會福利部門的關係。她需要找到永久性的住屋，發展一個適用的孩子照顧計畫，或許包括一位可以提供日間照顧兒童的人。她可能可從接受諮商、參與父母團體和與一位父母助理員（parent aide：某些社區的家庭服務中心除了設置專業人員外，亦有協助父母處理家庭內的各種事務的人員）合作中獲益良多。她也需要增加與鄰居、朋友的接觸，以降低她的孤立感。在某一階段，或許她也希望完成她的學校教育或準備就業。她可能也需要學習如何對她的社會福利ADC之補助費用作有效的運用。

雖然琳達在她的一生中，可能會與上述所有的資源有所接觸，但是在可預見的未來，她可能只會與其中的一些資源有所接觸。透過發展一份資源的清單，你可界定出案主所需的潛在的資源網絡的範圍。這個網絡是需要一次一個慢慢地建立起來的。

在這個階段，你要問自己：「假如案主有這些問題，這些資源也都存在並可協助解決這些問題，為什麼案主沒有與這些助人者連接上呢？」事實上，影響案主無法取得和使用資源是有三類型的障礙：外在障礙、恒久性失功能和內在障礙。

外在障礙（External Barriers）

這些障礙是存在於案主的環境中，至少它們是以下列方式存在者：

1. 某項資源不存在，或它不足以滿足需要。
2. 大致說來，該項資源存在，但不適合某一特定案主。
3. 某項資源是存在，但是缺乏取得該項資源所需的次級資

源（secondary resources）。所謂次級資源，包括訊息、
交通和孩子托育。

在我們所舉的案例中，某些資源是存在可用來解決琳達的
問題。但是，她可能缺乏這方面的訊息，她需要有交通工具前
往和解決好她孩子的照顧問題，她才可能去使用其中的某些資源。

恒久性失功能（Inherent Incapacities）

恒久性失功能是指超過個人可控制的一些因素。這些因素
會降低或消除一個人有效地與助人者溝通的能力，或主動積極
參與整個助人過程的能力。這些因素最常發生狀況是：

- 心智遲緩（Mental retardation）。
- 嚴重的心理疾病。
- 某些生理狀況如年老、大腦病變和中風。
- 酗酒與藥物濫用。

雖然琳達看起來智力上有些限制，但是她不是心智遲緩，也沒
有上述的其他情形。

內在障礙（Internal Barriers）

此是指案主個人的信念、態度和價值觀念，導致案主某些
特定的行為模式，因而妨礙了案主尋求或接受他（她）所需要
的幫助。我們以下列常見的四種內在障礙型式，作為例子來說明：

悲觀論者（Pessimism）——這些人認為自己是無價值的，
並且需對所有錯的事情負責。他們表現出來的樣子，好像他們
的問題是如此的困難，以至於沒有人可以幫忙或想幫忙。這導

致他們表現出無助、心力交瘁和經常是沮喪的狀況。他們不願意求助乃是因為他們覺得那是沒有用的。

批判論者（Criticism）——這些人是批判者及挑剔者。他們把自己看成是一個優越者。當事情有任何差錯，一定是由於別人的錯誤所引起的。

他們認為他們的問題是因為別人做了某些事所引起的。因為他們不認為自己需要協助，因此他們也不會尋求協助。他們認為是別人需要協助，不是他們。

宿命論者（Fatalism）——他們生活所呈現的是混亂不堪和無法掌握。他們認為事先作計畫沒什麼意義，因此他們的生活也一再發生危機。他們常常是很衝動的和不會作計畫者。他們因為太忙於處理危機，以至於無暇去尋求或取得協助。

犬儒論者、嘲諷者（Cynicism）——他們表現得與人非常疏離。他們的行為表現得似乎非常得體、正確和合理的。他們不是否認他們有問題，就是表現得好像事情都在他們的掌握中。他們表現得好似他們不需要任何協助。

有上述四種行為或思考型式的人，他們較不會主動尋求或有效率的使用提供給他們的正式或非正式的協助。

琳達史塔巴克像是一個悲觀論者。她因為常常被批評和責備，以至於使她變成隨時都預期這種事情會發生。她認為她自己是一個心力交瘁、無助且對自己的生活無法掌控的人。她之所以抗拒幫助，是因為她認為接受幫助是一個人失敗的象徵，別人也會因此而批評她。除非琳達這些感覺和態度能改變，否則，即使所有外在的障礙都被排除了，她也永遠無法有效的使

用資源來解決她的問題。

階段三：計畫

　　作計畫是我們這個工作模式的轉捩點。計畫是評定工作與採取行動之間的中介步驟，個案管理要採取的所有行動都由此展開。作計畫是一個理性思考的過程。它把在評定過程所累積的資料轉換成使案主可以得到協助的一系列行動。最後，作計畫亦將幫助案主發展出滿足自己需要及環境要求的能力。

　　作一個正式有結構性的計畫有四個步驟。第一個步驟是，**形成目標**。在這過程中，形成了案主與個案管理師共同承諾要努力達到的特定的、實用的目標陳述。第二個步驟是，**在各目標中排出優先順序**。使一些關鍵性的需要可以優先被注意，而問題可以有順序的解決。這樣才可避免你和你的案主疲於奔命。第三個步驟是，**選擇達到目標的方法**。這些方法有時稱爲技術、策略或介入處遇（intervention）。它們是你和案主爲了造成一些改變所採取的行動。最後一個步驟是，**確定評估成果的時間及程序**。評估（evaluation）的結果可能導致需要作更多的評定（assessment），並且透過作計畫的過程，使整個個案管理的過程有時候需回到較前面的階段。

　　作計畫的努力是具體的表現在書面表格上。通常這份書面表格因個案管理師工作部門的不同而有不同的名稱。有時稱爲服務計畫表（a service plan），治療計畫表（a treatment plan），或者稱爲照顧計畫表（a care plan）。

　　計畫的撰寫提供一個機會，使你在評定階段所收集的相關資料，組織成前後連貫的行動計畫。把你的想法寫下來，應可幫助你去除一些不必要的資料和使你未來的工作更有焦點與系統。計畫記錄了你評定的結果，並且提供給你後續採取的所有個案管理的行動的合理性基礎。在這個階段的計畫當然是暫時性的，隨著你對案主了解的更多，計畫內容隨時可能改變。透過定期的檢視和資料的更新，這些改變的內容會被記錄下來。

　　接下來，我們提供一份為我們所舉的案例所作的服務計畫，給你們看看一個計畫過程後的結果所呈現的風貌。我們也會利用同樣的例子來說明我們的個案管理模式後面的幾個階段。希望在你們讀完這本書時，你也可以寫出像下面所舉的例子一樣的詳細及深入的服務計畫來。

服務計畫

I. 一般性資料

　　案主姓名：琳達史塔巴克

　　家人的名字及出生日期

　　　　琳達　　10-17-58（1958 年 10 月 17 日）

　　　　布萊恩　　12-12-76

　　　　亞特（男朋友）未知

　　轉介來源：兒童保護機構

　　派案日期：4-15-96

　　首次聯絡日期：4-17-96

　　服務計畫撰寫日期：5-22-96

Ⅱ. 聯絡日期

A. 與案主之聯絡

電話　4-15-96

家訪　4-17-96

家訪　4-22-96

電話　4-23-96

電話　4-24-96

家訪　4-27-96（不在家）

家訪　4-28-96

B. 與相關人員之聯絡

馬姬梅森，經濟扶助工作人員，4-16-96, 4-23-96,

艾莉屯姬，兒保工作人員，4-23-96

賽蒙比爾，危機處理中心，電話聯絡 5-7-96, 5-8-96,

5-11-96

艾爾史麥爾，快樂之家旅館經理，4-17-96

Ⅲ. 問題之評估

琳達和她的兒子正面臨許多問題。這些問題以易造成兒童虐待與疏忽的程度按照順序排列。

A. 情緒問題

由於所面對的生活壓力，琳達常覺得害怕和心力交瘁。她不相信自己有任何優點或技巧。並且也不敢期待有人會比她的男友或前夫對她更好。她在表達憤怒上有問題。她稱她過去一直脾氣不好，但是現

在幾乎沒有表達過憤怒的情緒。這個部分需要作進一步的評定。

B. 社交孤立

琳達沒有朋友也不認識她的鄰居。她對父母的感覺很矛盾。因為感覺他們常常批評她，所以她幾乎不向他們求助。她非常努力的使自己獨立，並且認為從機構獲得協助是一項個人的失敗。她對機構不熟悉，並且或多或少有些害怕與他們接觸。唯一一個她固定求助的對象是她的男友──亞特普林斯頓。然而亞特只有在他心情好時，或他們二人相處不錯時，才會幫助她。

C. 親子關係

琳達是極端依賴布萊恩去滿足她情緒上的需要。她把他看成是她「生活的全部」。她期待他在肢體上和情緒上，都能照顧到她的需要，這是有些不切實際的。當布萊恩達到他母親的期待時，她就對他和自己感覺很好。當他無法達到母親的期待時，她就會把他看成是一個不可愛的壞小孩，並且也把自己看成是一個失敗的母親。因為她的期待是如此的不切實際，所以她就無可避免的常掉入不好的情緒中。當布萊恩使她失望時，琳達就會變得很生氣並且開始管教起他了。通常是用她的手打他，偶爾會用皮帶。有時她也會要求她的男友管教布萊恩。

D. 居住問題

他們這一家，因為沒有付房租和其他一些帳單，包含公共設施費（如水電、瓦斯等）而被趕出去。他們目前正住在一間旅館房間，只用一個熱盤子在煮東西。琳達一直無法找到一間她付得起的公寓。

E. 與伴侶之衝突

琳達與她男友亞特之間的關係忽冷忽熱。當一切順利時，亞特與琳達和布萊恩住在一起。但是他們也經常吵架。結果是亞特會離開數日。當這種情形發生時，琳達剛開始會很生氣，並且感覺受到傷害。但是當她的孤獨感襲上心頭時，她所能想到的只是如何使亞特再回到她身邊。雖然她認為她不愛他，也不想與他結婚，但是她也不想過著沒亞特的日子。

F. 與原生家庭的衝突

多年來，琳達一直感覺父母常批評她。她一直把自己看成是家裏的那一隻黑綿羊（譯者：害群之馬之意），並且相信父母對她是非常失望的。她現在知道她過去懷孕和結婚是為了要脫離父母家。她非常不願意去向父母求助，因為她擔心他們會批評她或者會設法把布萊恩從她身邊帶走。

G. 嚴重的學習障礙

琳達的智力有些障礙，在功能上可以說是文盲。在十年級時她覺得功課太難而輟學。她想她自己是一個「笨小孩」，並且認為她不可能找得到一份工作。

H. 托育問題

兒保人員之所以會介入，乃因琳達把布萊恩單獨留下。她堅稱說她只有這一次這樣做。然而，事實上，當她有需要臨托時，她也沒有資源。

Ⅳ. 資源評定

問　題	資　源	目　標
A.情緒問題	家庭服務 (Family Services)	接受諮商以提升其自我價值感及學習以恰當的方式來表達憤怒
B.社交孤立	父母團體 鄰居 原生家庭 社區中心 父母助理員	給琳達一些可能的資源使她在危機狀況需協助時可支持她
C.親子關係	家庭服務 兒童輔導 父母團體	學習適當的期待和體罰以外的其他替代方式
D.居住問題	國民住宅 住屋安排專家	找到適當的低費用的房子
E.與伴侶之衝突	家庭服務 心理衛生 亞特普林斯頓 （男友）	二人接受諮商以降低爭吵或琳達接受諮商以降低對亞特的依賴

F.與原生家庭之衝突	家庭服務 心理衛生 原生家庭	作些改變使她的家庭可以變成她的支持來源
G.學習障礙	高中就業班 高中同等學歷準備計畫 （G. E. D Prep. Program） 志願性家教 閱讀訓練	增加琳達的工作技能、就業可能性和自我價值感。
H.托育問題	鄰居 原生家庭 日間托育 亞特普林斯頓	提供一個除了把布萊恩單獨留下的其他替代方式。

V. 障礙評定（Barrier Assessment）

A. 外在障礙：所有資源目前都存在可供琳達使用，但是她沒可靠的交通工具或孩子臨托的資源。

B. 恒久性失功能：沒有

C. 內在障礙：琳達因已習慣於當事情有任何差錯時，她永遠是那個被批評和指責的人，所以她非常害怕去要求別人的幫助。她認為自己已是心力交瘁和無助的。在生命中所經歷的事情，都是超過她可以掌握的。她傾向認為沒有人會關心到想幫忙她。她主要

的行為模式是屬於悲觀主義者。

VI. 服務行動

　　整體服務的目標是使琳達與先前提到的資源連接上，特別是諮商、父母成長團體和鄰居。在完成這些事之前，琳達必須先找到新的住所。一旦她住進新的地方，她可以學習一些與鄰居交往的方法。我們可以安排由志工來提供交通工具、安排孩子臨托的問題以便她能去接受諮商或參與父母成長團體的聚會。琳達同意上述這些都是優先要解決的。以下所要提到的行動也都是根據琳達和我一起決定其優先順序的。

　　第一步要教琳達如何接受我的幫助。在以後的四個星期中，我將協助她找到新的住所，利用這個機會來建立與琳達的信任關係，並且要展現給她看的是：並非所有可能的協助者都會批評她。

　　下一步，我將提供直接諮商給琳達，以便幫助她能看到自己的優點和技能、提升她的自我價值感和自信心，並且增加她對生活的掌握感。我們可能會討論到一些方法，使她可以運用她的優點來增加她對每日生活（像煮飯、打掃、與鄰居交往、孩子托育、預算的計畫等）的掌握感。我們知道只有當琳達至少願意討論接受諮商的事，所有上述的事情才可能順利完成。我預期這些事情的完成大概需要六至八星期的時間。

　　我們將會用以後二至三個月時間繼續與她直接諮

商、計畫加入其他諮商機構、父母成長團體、安排交通和托育，使琳達能順利與諮商機構和父母成長團體的資源連接上。我預期從現在算起六個月內，她與每一個資源至少有一至二次的接觸。

如同你所看到的，本工作模式本身提供了服務計畫的撰寫方式。在Ⅵ.「服務行動」一項，讓你有機會先預估一下那些介入行動和那些連接資源的行動可能將是有效的。在後續定期的檢視中，你將可看到你所採取的這些行動之成功處及為了維繫資源網絡所採取的行動報告。

階段四：取得資源

現在是把服務計畫完全付諸行動的時候了。你能開始採取介入行動以克服與資源連接的障礙，並且使案主與所需的可用的資源連接上。針對每一類型的障礙，我們有一些方法可以克服。

克服外在障礙所需的工作方法是，一般大家所認為的個案管理的工作內涵。它運用了三個主要的策略：

- 連接（Connecting）：與助人者開啟一個新的關係所採取的所有行動。
- 協商（Negotiation）：為了改善案家與助人者之間現存的連接關係所設計的行動。
- 倡導（Advocacy）：當外在環境中某些因素看起來與案主處在衝突狀況下、對案主具脅迫性、或有所保留不提

供出來時，個案管理師站在案主的立場替案主提出請求所採取的行動。

琳達目前所遭遇與外在障礙有關的問題是交通與托兒的問題。當需要這些資源時，你可能須與琳達一起工作，運用連接的工作方法建立一個由鄰居、朋友和家庭所構成的網絡以提供所需的協助。或許你也可以運用志工來提供交通服務並且轉介她到一個托兒中心。

恒久性失功能的障礙是如此的嚴重，使一個人無法與可能的助人者溝通，最後會需要一些特殊性的、非案主自願性質的服務。因為案主的狀況糟到使他（或她）無法具備表達同意該項服務之能力。通常對於恒久性失功能障礙之處理方法，包含三個要素：

- 從一位合格的專家處取得一份診斷證明書和服務計畫的諮詢建議書。
- 發展一個不需案主積極參與而能自行運作的支持系統（這系統中的成員扮演案主或案家與外在環境的聯絡人。這支持系統是站在案主或案家的立場與外在環境溝通。）
- 當這個支持系統無法協助案主，而案主須被轉介至非自願性的服務如兒童保護和精神病院時，對所有服務的過程要詳加記錄。

在我們所舉的案例中，琳達並沒有這方面的障礙。

我們利用心理諮商的方法來增強案主個人使用資源的能力。以此來克服她的內在障礙。它包含了四個步驟：

- 找出內在障礙的本質。

‧找出案主可以對抗內在障礙的內在資源。

‧找出一組可以動員案主內在資源的過去經驗。

‧把所需要的過去經驗濃縮成一組可行的行動任務。

當這些行動開始產生效果，案主取得和使用資源的障礙慢慢被克服後，你需要開始想到使案主與其他的助人者連接上。這些過程需以案主的腳步一步一步慢慢的進行。你須謹記在心的是，案主建立一個新關係的能力如何、在克服內在障礙上的進展如何、和為了使每項資源發揮最大的功效，其使用上的優先順序為何。你在先前所設立的工作上的優先順序，對這個階段的工作將有莫大的助益。

以我們前面所舉的案例而言，你可能會從琳達最迫切的居住問題開始工作。因為這個問題是如此的急迫，以至於在協助克服案主的內在障礙的同時就要開始工作。在找房子和與房東協商的過程，琳達需要一些協助。這些是屬於連接和調停（mediation）的行動。下一步你可能會考慮幫助她改善與原生家庭的關係或發展一個包含朋友和鄰居的資源網絡以解決托育和交通的問題。最後，她將會需要被轉介到諮商服務和教育／訓練的機構。

階段五：整合

一旦與資源連接的工作完成，個案管理師有責任隨時檢視協助是否持續被提供和有效的被使用。有時候，是助人者無法履行他們的承諾；有時候，是案主的動機逐漸的減弱。必要時，

你可使用調停的策略以確保案主與資源保持有效的接觸。有時你或許會使用約定（contracting）和任務達成順序化（task implementation sequence）的工作方法作爲增進案主動機的技術。

任務達成的順序化是一種用來增加案主完成他自己所承諾要完成的任務的動機及可能性的一種技術。它是一種簡單易學的晤談程序。

約定是一種技術，以此方法來澄清和具體化在達成既定目標的過程中案主與個案管理者二者所要擔負的責任。只有在目標夠清楚，案主也有動機要完成的前提下，與案主在約定過程中所達到的共識的所有約定才可能是有效的。基於這個理由，這些共識只有在前述的各種障礙被克服後，才可能是有用的。通常在案主的動機開始減弱時，我們會以此方法來增強它。

階段六：結束關係

當案家能取得協助且有效的使用它時，早先被確認待決的問題就開始有一部分會被解決。當你觀察到問題已經陸續被解決，也觀察到案家具備了取得和有效運用協助的能力時，你可考慮把這個個案轉成較不須積極介入的狀態。

當案主能不在你的協助下，成功地與資源連接；或者當他爲了維持與某一助人者的關係而解決了存在於那關係中的問題時，你就可以判斷出案主已經具備有與資源連接的能力了。就如前述琳達史塔巴克的案例，既然她常傾向自己保有問題，而不向外求助，如果她有一天能意識到自己的問題且在問題沒有

變得很嚴重之前即往外求助，這將是一個非常有意義的訊息。再繼續發展下去，假如有一天她開始不帶任何被批評的感覺接受協助，那將是她進步的重要訊息。

　　你可看得出來，我們提供的這個工作模式，包含了與案主第一次接觸到最後一次接觸的所有行動。在我們進一步去探討這些行動的詳細細節之前，我們先簡略的來看看個案管理應用在那些服務上。

個案管理過程中持續性之行動
（CONTINUOUS ACTIVITIES IN THE CASE MANAGEMENT SEQUENCE）

　　先前我們所描述的個案管理的六個階段，好似它們是以一個很清楚的先後次序進行著。這種直線式的思考，對於了解像個案管理這麼複雜的事情是有幫助的，但是事實上，在個案管理的過程中，很多行動是同時在進行的。接下來要說明的是：在個案管理中會同時進行的四種過程。

　　再建立關係（Reengaging）：透過不斷的與案主和助人者的溝通，使助人關係可以繼續維持和更新的過程。

　　再評定（Reassessing）： 與案主和助人者一起確認和評估哪些事情進行順利，哪些事情無法突破。

　　持續性的作計畫（Ongoing planning）： 透過對案主狀況

改變之評定，與案主一起決定那些計畫需繼續進行，那些計畫需修正。

付諸實施（Implemeting）：利用修正過的計畫來促使案主生活有正向的改變，作出與資源新的連接和修改整合的方式。

欲了解這四個過程的關係，你可想像一個利用螺旋狀匝道連接各個樓層的四方型停車場。在每一樓層有四個角落。每一個角落有一個指示牌：再建立關係、再評定、持續性作計畫、和執行。每一個角落都在有像它一樣指示牌的較低層次的角落之上。從最高層的某一角落，你可往下窺視到所有相似的角落，但是你無法看到這棟建築物的另外角落。

這個停車場結構的比喻，代表個案管理的過程。你和你的案主從最低層慢慢往上爬升到最高層。在這過程中，你必須經過每一樓層的四個角落；即再建立關係、再評定、持續性的作計畫和執行。在你到達最上層之前，你須走過多少樓層是決定於你的案主及其問題的複雜性。你可能須走過很多樓層並且在每一樓層都完成上述個案管理的四個過程。

如你想檢視一下在這四個過程中某一過程的進展如何，你只須走到某一角落往下看即可。但是如果你想窺得全貌卻必須完全走到整棟建築的外面才有可能。

這就是我們為了要描述個案管理所作的比喻；我們必須走到建築物的外面，才能夠對全貌有一個概括性了解。如此，事情看起來好似滿有組織和合乎邏輯。然而當我們進入這棟建築物並想在其中工作時，事情會變得更複雜。記得這種對全貌概括性的了解，將可預防當你在裏面工作時不會迷失方向。

螺旋狀模式

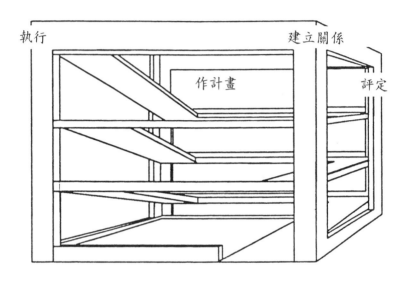

執行　　　　　　　　　　　　　建立關係

作計畫　　　　　評定

圖1-2　螺旋狀模式

　　為了分析方便的緣故，我們有時會把這四個個案管理的過程分開來看。然而要記得：這些過程像液體一樣，是無法切割且是相互交錯的。這個觀點很重要，所以我們會定時的再回來討論。

運作過程中的基本主題

為了能提供有品質的個案管理，我們認為有些信念和價值觀念是非常重要的。這些重要的主題貫穿全書。在這裏我們對每一主題提供一個簡短的說明。這些貫穿每一階段的主題包含：強調長處的觀點、雙方共同決定、專業技巧和知識、臨床技巧在個案管理中之運用、文化因素的考量和目標導向之計畫。

強調長處的觀點

作為一個助人者，我們會發現我們常在案主的生活中，尋找到底哪些事不對勁，而不會以一種更寬廣的（我們相信是比較有效的）方法，除了評定案主的問題和目前未被滿足的需要外，也同時評定案主的能力和潛在的資源。透過引導出案主的長處，幫助案主對自己有較正向的評價。這些被發現出來的長處是案主朝向更正向改變的跳板。透過對案主資源網絡的了解，我們可以了解哪些資源對案主有幫助，哪些資源可以重新建立。這些長處及資源的開發，對於障礙及未被滿足需求具有正向的平衡作用。

雙方的決定

當案主參與作決定時，他不只對要期待些什麼有較清楚的了解，同時他也較能感覺得到這些決定是他自己作的。這可以提供給案主積極參與的動力和增加他對自己的鼓舞作用。當個案管理師和案主有不同的意見時，我們傾向建議；除非有明顯的危險，否則應聽從案主的決定。

專業技巧和知識

如果要使個案管理成爲協助案主的有效方法，個案管理師應是一位在助人服務領域中受過訓練的實務工作者。我們已經提過的有受過專業訓練的社工人員，但是護士、職能治療師、心理師、助人服務領域的研究生和研究社區的社會學者，也可以被訓練去擔任個案管理師許多任務。即使一個人擁有專業的學歷，他們也需要有關個案管理進一步的特殊訓練。

臨床技巧在個案管理中之使用

對於個案管理師是否應該提供諮商給案主，仍然有許多爭論。但是對於我們和其他在個案管理領域中的工作者而言，顯而易見的，一個個案管理師無可避免的須使用一些臨床的工作技巧。譬如，在建立關係階段，同理心的使用、技巧性地發展

信任感、角色的澄清，以及給予回饋等都是屬於臨床的技巧
（clinical skills）。相同的情形，利用評定所蒐集之資料來確定
工作目標、了解案主的狀況和確認影響改變產生的內外在障礙
等，也都是需要臨床諮商技巧的能力。

　　下面列舉的是在個案管理其他階段，亦常會使用到的、具
有臨床諮商特色工作方法的一些例子：譬如設立優先順序、評
定已完成工作的成效、確定誰做什麼、對案主的支持性行動、
危機處遇、評定和準備結案、支持案主邁向獨立自主等等。有
品質的個案管理，需與案主建立一個信賴的關係，在此基礎上，
去幫助案主發展其潛藏的能力和克服內在的障礙，使案主能有
所改變。在稍後幾章，我們會直接討論這些技巧，特別是在第
三章的評定資源、第四章的資源、和第七章的獲取內在資源。

文化因素的考量

　　作為一個有效的個案管理師，其中一部分特質是能了解案
主的文化背景。這點在評定過程中尤其重要。從只是對文化的
了解，跨到對文化因素的考量的過程，包含了很重要的一個觀
念：即尊重多樣化。這個不只包含對案主的價值觀念和行為模
式的尊重，也包含對存在於案主所處社區中的一些特殊機構、
資源及多樣化之林林總總之尊重。有一點是非常重要的：即一
個助人者固然需清楚了解自己的文化認同，但也能以更適合案
主文化背景的方式去提供協助。

目標導向之計畫

因為個案管理是一個結構嚴謹的過程，所以在整個過程中都需要作仔細的計畫。我們相信目標導向的計畫，特別是案主所選擇的目標，能給案主方向感和希望感。假如有案主認為需要馬上完成的目標，計畫也可能早在第一次晤談即已開始展開。既然在改變的過程，本來就具備有充滿不確定的本質，因此不管是長程或短程的計畫，在必要時都需作適度的修改。計畫也可作為將來評估目標已達成多少的基礎。

使用個案管理之服務領域
（CASE MANAGEMENT SETTINGS）

個案管理是不同專業間一起工作的橋樑。有心理學、輔導與諮商、護理、社工和老人學訓練背景的人，都會引用這個工作方法。它也適用於不同類型的案主群。個案管理是如何廣泛地應用在各種不同的專業領域上，從下面的舉例中，你可得到一些概念。

社會服務

有二個常被提到的社會服務的領域與個案管理有關：兒童

福利和老人服務。虐待和疏忽兒童的父母通常都面臨著他們無法應付的壓力。通常會衍生許多問題的貧窮問題是造成壓力的重要因素。在兒童虐待預防中心工作的個案管理師，試圖與這些仍舊完整的家庭工作，以避免他們的問題最後惡化到需要保護法庭介入的地步。另一個與此機構相關的是兒童保護中心。他們除了也是與整個完整的家庭工作外，他們有權利把父母移送法庭，把兒童從有害的情境中暫時移開，交給寄養服務的工作人員暫時照顧這些從家庭被移開的孩子，並且提供個案管理的服務給父母，以達到家庭重整的目標。

也有一些相類似的預防性、保護性和寄養的服務，提供給那些無法獨立生活的依賴性成人（dependent adult）。這些成人因為年老、疾病、心理疾病或心智遲緩而殘障。由於這些問題使得他們無法獨立生活或自己處理事情。在晚近幾年，已開始發展針對老人需要的服務。即使老人有許多待滿足的需要，但如果他們可以得到個案管理師的協助，他們仍然可以相當獨立的生活在社區中。

雖然學校社工員以不同的工作方式在推展他們的工作，但是，他們是處在作個案管理的絕佳位置。透過他們在學校系統的職位，他們常常可以在很早即可找出有問題的家庭，並且以一種不帶威脅性的方式來提供協助。

健康服務

傳統上，公衛護理對於疾病與社會適應問題之間的互動關係有相當的了解。它對預防的特別看重，擴展了他們工作興趣

的範圍，涵蓋除了疾病以外的許多家庭生活的層面，譬如營養、運動、特別的產前照顧和家庭溝通等。由於介入家庭更廣的層面，使得公衛護士常需扮演個案管理師的角色。

在護理界，目前正在發展的一個專業領域是善終照顧（hospice care）。善終服務是提供給末期病人和他們的家屬，使病人能儘可能的在舒適及尊嚴中死去。很多提供善終服務的部門會整合一個團隊來提供所需的服務。這個團隊的成員可能包含醫生、藥劑師、居家照顧護士、牧師和家屬、朋友、鄰居、親戚和志工也可能被組織起來提供協助。善終服務的個案管理師使這個工作團隊組在一起，並且是有效率的工作。

心理衛生服務

個案管理在心理衛生機構的服務對象可分為二類：一類是心理疾病的案主；一類是心智遲緩的案主。在過去十年中，心理衛生的服務方案已有傾向把案主從大型機構移至小型社區治療服務方案的趨勢。另外，與此相似的趨勢是：透過提供各種不同的替代性服務，使案主在一開始就避免被安置在大型的機構中。許多患有心理疾病的案主，無法在支持性很高的環境外作良好的適應。然而，如果他們可以得到許多不同種類的服務，他們可留在社區中並生活得不錯。而整合這些服務的是心理衛生的個案管理師。

提供心智遲緩案主的服務方案，也有類似的發展趨勢。雖然，他們所需的服務項目與心理疾病的案主所需的服務不同，但是二者所需完成的個案管理的任務是一樣的。其目標是要使

案主能留在社區中；通常是在一個小型的團體之家（group home），並且儘可能使案主維持最高的獨立自主性。服務心智遲緩案主的個案管理師，除了需與案家和團體之家的工作人員一起工作外，也需與醫療、教育和心理方面的資源一起工作。

執法機關

通常，對於青少年的犯罪者，個案管理的服務是緩刑服務中的一部分；這是透過少年法庭來提供此項服務。個案管理師服務的不只是那些被定罪的少年，他也可能提供青少年犯罪預防方面的服務。

藥物濫用（Substance Abuse）

集合醫療、心理衛生、社會工作和執法等專業介入，而需要實施個案管理的領域是藥物濫用。酗酒或嗑藥影響一個人生活的各個層面。它不只影響一個人的個人功能，同時也影響一個人的人際關係和在工作或學校方面的表現。它亦會造成經濟、警察和法庭、交通和醫療照顧方面的相關問題。對藥物濫用案主所提供的完整的服務，通常也就是個案管理的服務。

並不是所有的地方都使用個案管理。但是上述的例子說明了：個案管理可適用於許多不同的服務領域。

結　語

　　個案管理是幫助那些同時面臨多重問題，且長期以來都無法有效使用資源的案主的一種工作方法。這個方法的目的，是幫助案主發展或增強一個資源網絡；並且培養案主自己運用這個網絡的能力。社會工作是個案管理發展的根源。其角色包括整合者、倡導者和諮商者。

　　個案管理有六個階段：

- ・建立關係
- ・評定
- ・計畫
- ・取得資源
- ・整合
- ・結束關係

　　這些階段伴隨著四個持續進行的過程：再建立關係、再評定、持續性的計畫和付諸實施。

　　貫穿全書的重要主題是強調長處的觀點、雙方共同決定、專業技巧和知識、臨床技巧在個案管理中的運用、文化因素的考量和目標導向。五種使用個案管理的服務領域之介紹，說明了個案管理在助人服務中被使用的範圍。

　　在下面的章節中，從建立關係開始，六階段中每一階段將會有更詳細的說明。

第二章

建立關係

　　在第一章，我們對個案管理模式的各個階段作一個概論。同時也簡潔的說明了個案管理的角色、使用的領域和適用的案主群。現在我們開始來談談細節。現在我們正在個案管理過程的起始點，回憶一下我們想像中的停車場，我們現在正通過大門，站在標示著「建立關係」的第一層樓入口的角落。

　　在這一章，我們將討論那些與案主建立關係之初即會發生的事情。你在此時所做的事，將成為你未來工作的穩固基礎。我們將看看你可採取哪些行動來與案主建立一個有效的工作關係。因此，在這個階段，我們所討論的評定、計畫和執行是就如何達到此目的而言。在這一章，你將學到有關：

- 在個案管理之初存在的普遍性問題
- 建立信賴關係的晤談技術
- 澄清角色的進行程序
- 建立初步服務共識的方法。

個案管理中關係的建立

　　關係的建立是有效工作的基礎。任何一位在服務業工作的人，如銀行員或不動產仲介都必須注意與服務對象的關係。助人專業基於三個理由，更需要注意與案主關係。

　　第一，我們的工作非常私密化（personal），在某些方面甚至比醫生與病人的關係更私密化。因為我們的工作常會使我們觸及到案主之所以成為這樣子的個人自我認同的核心部分。通

常人們只允許他們信任的人進入如此親密的部分。

　　第二，為了有效的幫助案主，你必須能從案主那兒蒐集到正確的資料。因為你將使用這些資料，以有效的方式來影響案主的生活，因此你必須確定這些資料是可靠的。也只有在一個開放和坦誠的關係中，才可能確定這些所蒐集的資料是可靠的。

　　第三，有些案主初期做到的改變，是因為案主對於個案管理師的判斷有信心；有時，案主之所以願意嘗試某件事，一部分原因是受到你對他可以做到的信心所鼓舞。因此，你與案主建立的信賴關係，對案主的改變是有莫大助益的。

　　要建立一個有效的工作關係，你的案主必須感覺像人一樣的被關懷。這並不表示你必須和每位案主成為最好的朋友；然而，這表示你必須努力去把每個案主看成是一個具有長處和短處，值得你去關心的獨特個體。你不一定要感覺與你的案主很親近或甚至喜歡他們，但是你必須有意願，盡你最大的能力去為他們工作。冷漠是一件很大的罪惡；假如你表現得好像這只是你的另一項工作，每一位案主與其他案主沒兩樣，你的工作將無法成功。在這裏，所謂關懷，是指你的案主可以感受得到：你所採取的任何行動，都是以他的最佳利益為依歸。

　　既然我們已經談到一個有效的助人關係所包含的因素。我們現在就來談談，通常會妨礙這種關係建立的二件事：對於接受幫助所產生的負向感覺和不切實際的期待。這些問題在個案管理師和案主初期接觸時，是普遍存在且可預期會發生的。

負向感覺

　　案主和個案管理師，可能二者都帶著許多負向的感覺進入他們的關係，這些感覺是我們的文化對於施與受不同評價的結果。助人者通常對於自己的角色有一種正向的感覺；助人者覺得自己是有影響力的，很高興能提供協助，感到被尊敬和被看成是有價值的。在另一方面，接受幫助的人常會對於自己接受幫助這件事產生負向和不舒服的感覺。他（她）可能會覺得自己是無助的、有罪惡感、硬纏著別人、沒有價值的或常覺得害怕。

　　說真的，在我們的文化，施是比受得到更多讚揚。在我們的價值觀念裡，我們並不寬待依賴的人。任何接受社會福利的補助者、住在機構內的老人、長期生病的人，他們與協助提供者之間的不舒服經驗即是例證之一。他們以前的負向經驗所產生的憤怒情緒，可能會發洩到個案管理師身上。這些都是預期會發生的情緒，甚至於在你與案主初次見面時就會出現。

　　假如你對案主一開始就有負向的感覺，則問題會更複雜。讓我們來面對它；通常，我們不見得會喜歡我們每一位案主，直到與案主工作關係建立後，個案管理師才會把案主視為一個真正擁有問題的真實人物。假如個案管理師已經處理過很多有類似問題的案主，他（她）在工作上的行為可能變得很機械化或官僚化。在少數例子中，個案管理師對案主的行為感到厭惡或噁心而以憤怒去回應。

　　施與受之間的困難在很多狀況下是普遍存在著，然而在需要個案管理服務的人們中，這種情形更是明顯。其理由有二：

第一，需要個案管理服務的人，他們通常已面對多重問題很長一段時間了。他們迫切需要個案管理的服務，卻又是如此的脆弱，這使得他們變得更加敏感。第二，他們過去不愉快的生活經驗，也腐蝕了他們有效取得和使用協助的能力。

由於過去的經驗，我們的案主可能會：

- 已經認知到問題，但對於接受幫助的負向感覺只會間接表達，或
- 認知到他需要幫助，但只是那些表面上的問題需要幫助，或
- 認知到嚴重的問題，但感覺他們應該自己可以獨自應付得來，或
- 在接受幫助的過程中並不主動配合，並且無法完成對他（她）的建議、忠告和轉介。

有一點須謹記在心的是：雖然人們需要幫助，但接受幫助的感覺並不好受。作為一位個案管理師，你初步要達成的任務之一是克服這些普遍存在的負向感覺。

澄清期待和不實際的期待

在助人關係中，除了會產生負向感覺外，還有另外一種會造成混淆和衝突的來源，那就是對**誰要負責做什麼**的誤解。案主可能非常不清楚，他自己、你和其他有意義的他人，到底被期待些什麼。假如無法澄清這些誤解，案主可能因為對服務過

程的不清楚和不滿意，很早就結束了服務。舉例來說，你拿你的車去修理，修車人員對於他是否可接這工作、問題出在哪裡、他是否可修好、要花多少時間和多少錢都不確定。在此情況下，你可能會不給他修、自己修，要不然就找另外一個人修理。但是，即使一些非自願性案主如接受AFDC（Aid to Dependent Children，對有依賴兒童家庭的補助）補助而無其他資源可選擇的案主，他們雖然必須繼續來見個案管理師，但角色混淆的問題，仍會阻礙達成服務目標的進度。

除此之外，有些案主的期待似乎非常不實際。她也可能對於你對她該負那些責任有不同的看法。一個期待你提供給她非法毒品的案主，即是其中的一個例子。這類認知上的衝突需要解決，否則你是不可能與案主建立一個有效的工作關係。在本章稍後我們將介紹澄清彼此角色的一種技術。

我們將介紹二種可以奠定你與案主工作基礎的方法：它們是晤談技術和服務內容協定（service agreements）。透過這些晤談技術，你可幫助案主更自在的與你在一起，對於你們各自的角色也更清楚。所謂服務內容協定，是你與案主正式表示了解你們在一起的工作性質。在整本書中，我們將會討論其他的晤談技術。在上一章中，我們把服務內容協定看為是計畫過程的具體表現。在本章中，我們將包含那些在你與案主建立關係之初，通常是第二或第三次接觸時，即會使用到的方法。

晤談技術

晤談技巧是專業化的溝通方法。作為一個專業人員,你的溝通應是受過訓練和目標導向的。為了對案主提供最大的幫助,你會慎選溝通的內容和方式。我們假定大部分的讀者,已經學過或正在學晤談的技巧。我們將提供在個案管理之晤談過程中,一些可遵循的原則和某些需特別注意的事項。

晤談內容

我們從與一位新案主第一次接觸開始談起。你的案主以三種方式成為你的案主:某機構中的某一個人轉介給你的、案主自己主動要求個案管理服務、或你的機構提供此項服務作為外展服務之一部分工作。在很多情形下,經過受案工作人員,利用標準化的表格來蒐集一些可以決定案主是否符合接受服務資格的資料。經過這個篩選過程,我們已取得有關案主的一些基本資料。最好的狀況是:由將來可能成為案主的個案管理師,來進行第一次的篩選工作。然而,既然你與案主已經在一起了,在你的初次晤談,你必須做二件事:你必須經過自我介紹的過程,並且對案主的需求有些初步的了解。

自我介紹

　　你將主動的介紹你自己，包括對你工作內容簡短的描述。至於如何介紹你的工作內容，取決於你工作部門的性質及你為什麼要與案主見面的理由。假如是案主主動求助的，你需要確定案主是否清楚了解你的服務類型；假如是別人轉介的，你必須修正案主原先對你工作內容的誤解，或補充說明他（她）對你工作內容不清楚的地方；假如案主是你的機構主動找出的，你必須向他（她）說明為什麼你們要這麼做。雖然隨著初步晤談進展下去，案主對你的工作內容會越來越清楚。但是，我們認為在你的自我介紹中，包含對你工作內容和工作方法的簡介，我們認為仍是很好的作法。

　　我們之所以推薦這樣做，是因為它可以澄清你的角色，並且是一個很有效的建立關係的方法。透過你主動的自我介紹，表達給案主看：在你期待他做些什麼之前，你可以為他做些什麼的意願。這對一個對自己不太有信心，也不太願意求助的案主而言，將是一個讓他（她）較安心的訊息。通常一個需要個案管理服務的人，較不容易答應與一個助人者一起工作。這種初期的破冰工作，對於使案主自在的與你工作，有很大的幫助。

　　這種初步的工作描述，不應是太詳細。必須是在一至兩分鐘內可以說完的內容。一些簡單可行的說詞，像「我的工作對象是那些在他們生活中面臨不只一個問題的人。我發現一個問題會影響另外一個問題。而同時面臨許多問題，使每個問題的解決更加困難。我的工作是幫助釐清這些問題的性質，並且找

到合適的人，來幫忙解決每一個問題。然後，我可以試著提供幫助，了解你是否可順利的從這些人得到協助。」你的實際工作比這樣還複雜多了，但是你不必在剛見面的一至兩分鐘內，告訴案主你工作的所有細節。

　　在上一章，我們說明一位個案管理師如何告訴新案主有關他（她）以前案主的故事，作為他（她）介紹自己的方式。假如我們能對案主的隱私做到保密，我們認為這是一個介紹你角色的好方法。它不只提供有關你工作性質的具體事實，而且藉著讓新案主能有機會認同以前成功的接受協助的案主，你傳達了一種樂觀的感覺。

　　另外一種介紹自己的方式是：尋找與案主的共同點。假如你能找出你自己與案主相類似的生活經驗，你就可以向案主分享這部分。就如同兩個陌生人開始彼此熟識，他們通常會尋找彼此的相似點，譬如：他們共同認識的人、他們都曾去過的地方、他們都曾做過的事和他們共同的興趣。這是一種在最基本的人性層次上，人與人互相連結的方法。

　　對於有關你個人的一些事情，案主可能不太敢問。你應該保持比較開放的態度。這不是要你公開你的私人生活，而是要你在你的生活經驗中找到與案主相同的部分，並且很簡短地與案主分享。當案主知道你與他（她）有類似的經驗時，他（她）比較容易覺得，你可以了解他（她）和他（她）的生活。

　　在初次接觸時，第二件要做的事是：對於案主需要何種類型的協助，你要有初步的了解。你隨時可問案主他（她）的需要是什麼，以取得這方面資料。有些案主可以說得出他（她）

的需要。但是在第五章，我們將會討論到有些案主，就是沒有能力說出他需要幫助的是什麼。即使是如此，你總得從某個地方展開你的工作。

另外一個好的談話起點是：他（她）被轉介來接受你服務的原因。你之所以會與他（她）談話，表示有人認為他（她）需要協助。假如是你主動聯絡案主，那表示你一定有聯絡他（她）的理由，那現在就是說明的時機了。不管在那種情況下，你與案主在一起的事實，隱含著一定有需要存在，而這就可作為你與案主談話的內容。

案主的初步反應

如同我們前面已說過，大部分需要個案管理服務的案主都面臨了多重的問題。雖然這是真的，但不要期待在初次會談時，你會聽到所有的問題。很少有案主會立刻把所有問題都拋出來。對案主而言，通常的情形是：他會承認的是一些較明顯和表面化的問題，並以此試探你的反應。假如你的反應是他喜歡的，他會進一步與你討論一些更嚴重的問題。有些案主則會盡力表現得好像他們一點問題都沒有。

在建立關係的開始，你對案主的態度，或許比他（她）選擇什麼問題與你分享來得更重要。對於案主所提出的需要，不管它是多麼的表面化，你必須做兩件事：第一，你必須認同案主的需要是真實而合理的。第二，你必須傳達你對案主和他的問題的接納態度。

你把案主的需要看成是真實而合理的，這表示你是很嚴肅

的在看待這些需要。你或許不是很同意案主敘述他需要的方式。但是務必謹記在心：這是案主在分享他對生活認知的一部分。在這個時候，你對他的生活毫無所知，你也不是站在糾正或批評他認知的位置上。假如他提到某件事是他的問題，你沒有不同意的理由，你必須非常嚴肅的看待它。在助人的專業裡，有一個被沿用很久的定理，那就是案主在哪裏，你就從那裏開始展開你的工作。或許你可以對案主問題的本質作一些明智的猜測，但是，你是從案主所定義的問題，作爲你的工作起點的。在後來，假如有需要，你可以擴大和補強對這些問題的定義。

接受案主和他的問題，包括使案主覺得與你在一起很安全。在與你的關係中，他需要感覺自己是還不錯的。他想要知道你不會認爲他是邪惡的、怪異的或噁心的。他需要感覺即使他有問題，你仍然像接納別人一樣的接納他。這表示你對他的問題或需要的反應，必須是不具批判性的。在這個時刻，去批評或糾正不是你的工作；你的工作是去了解。假如，你能盡每一分的努力，去了解他和他的生活，你就能讓他感到你的接納和不批判的態度。

第一次晤談需談些什麼，我們還有最後的一個提醒。你工作的部門或服務的性質，對你可能會有一些要求。這些工作上的期待，可能會影響你在與案主第一次接觸時，所要問的問題及評論的內容。舉例來說，假如你在兒童保護機構工作，你就必須談到兒童疏忽和虐待的一些指控。假如你是在醫院或居家健康照顧（home health care）的部門工作，你可能會談到有關疾病的事情。你對你工作角色的認知，會引導你去探詢案主生活

中，某些特別的部分。案主可能會期待這一類的問題。假如由你主動提出，而不是等待案主提出，則案主承受的壓力可能會得到舒緩。

上述這些對晤談的建議，我們將用在下面的例子中。這是由一位很有技巧的個案管理師，所進行的相當費力的第一次晤談。

佩蒂（二十七歲），由於不斷被鄰居抱怨她沒有好好督導小孩，而被警察轉介到兒童疏忽預防服務部門。她有四個孩子，二個男孩（八歲和六歲）和二個女孩（三歲和二十個月大）。雖然她一直有男友與她同住，但是她從來沒有結婚。她的男友似乎是每三至四個月換一個。她的男友們在警局都很有名。警察甚至懷疑，在她的公寓內，有相當數量的非法毒品交易。佩蒂在維持與男友的關係上有相當的困難。過去，她還一直被他們毆打。

當個案管理師拉提莎拜訪佩蒂時，是一次沒有預約的家訪，因為她家的電話一直是斷話的。整個屋內混亂不堪。好幾個鄰居小孩跑進跑出，並且和佩蒂的孩子們玩非常吵鬧的遊戲。當個案管理師在那裡時，有一些大人在這間公寓吼進吼出。也沒說明他們為什麼會進來這裡，也沒對佩蒂打招呼。佩蒂對所有這一切也沒多大的注意。

個案管理師首先說明她是來自家庭服務中心，她是在一個專門協助對小孩管教上遭遇困難家庭的部門工作。她對佩蒂說，警察認為她可能需要她們所提供的服務，

因而轉介給她們。佩蒂知道警察會轉介她，但是她說她
並不知道真正的轉介原因。她說她是一個單親媽媽，雖
然有時候在掌握孩子方面有些困難，但除此之外，一切
都很好。

　　個案管理師幾乎很難聽清楚佩蒂說的話。因此，要
求她是否可移到屋外較安靜的地方談話。她同意了，雖
然在談話過程中，她仍然經常被孩子干擾，至少晤談較
容易進行。個案管理師告訴佩蒂，她自己也是一個離了
婚的單親媽媽，她了解那種困境。她分享她自己在安排
托育及與孩子相處上有問題時，無法找到人商量的困難。
佩蒂認同這樣的困難，但並沒有表示她需要任何協助。

　　個案管理師觀察到整個屋子顯得相當的忙亂不安。
她告訴佩蒂說，她猜佩蒂一定渴望自己偶爾可以去渡個
假。佩蒂同意地說，她真希望能離家幾天，但是很難找
到人幫忙她照顧孩子。個案管理師此時點點頭，並沉思
了一會兒。

　　然後，她問佩蒂如果再有人去警察局抱怨她，她是
否想過後果會如何。當佩蒂說她不知道時，個案管理師
問她，是否聽說過兒童保護服務。佩蒂知道那是一個專
門帶走小孩的機構。此時她馬上變得相當的防衛。個案
管理師向她強調，她不是兒保工作人員，她願意幫助佩
蒂，以避免有一天她須與兒保工作人員接觸。佩蒂非常
堅定的表示，沒有人能帶走她的孩子。個案管理師此時
同理她的感覺。她說同樣作為母親，她與她的感覺一樣，

會盡一切可能以避免失去孩子。

　她接著問佩蒂，是否改天等家裡安靜一些，她可以再來看她，與她談談。雖然佩蒂聲稱，她不了解為什麼有此需要，但仍然同意：當兒子們在學校時，她可以再與個案管理師見一次面。

這是一個困難的晤談，因為案主不是主動求助。在確認案主問題的過程中，案主並沒有特別的合作，並且整個狀況都不適合嚴肅的談話。在這種狀況下，個案管理師作了相當多的突破。她很快，而且很清楚地說明她是誰和為什麼會來拜訪。她運用佩蒂身為單親媽媽的感覺，作為建立她們二人之間關係的連接點。根據她自己的經驗，她對於佩蒂可能遭遇的困難，作了一些的推測。

雖然在當時，佩蒂並沒有意識到她有任何的問題。但是，個案管理師使自己成為一個對單親媽媽所遭遇到任何問題，能同理及了解的人。這個工作方法的效果，展現在後來佩蒂自己也承認在想離家幾天、安排孩子照顧上，的確遭遇到困難。在此次晤談中，個案管理師並沒有解決這個問題。但是在未來某一個時候，她可以協助佩蒂，安排孩子照顧的問題，並以此作為與她建立關係的方法。

在這個時候，個案管理師並沒有批評或責備佩蒂過去的行為；但她明確指出，與警察局之間的問題沒有解決的可能後果。當佩蒂防衛性的反應出現時，個案管理師利用一個母親了解另外一個母親的心情，作為與案主建立連接點的機會。最後，個

案管理師建立關係技巧所展現的效果，顯現在一個原本漠不關心、且潛存著敵意的案主，同意在一個更適合嚴肅談話的時間，與個案管理師再度見面之決定中。

如何建立信賴關係

在建立信賴關係的早期晤談中，你呈現自己的方式至少與你晤談內容一樣的重要。能與案主建立一個有效的工作關係，你必須先確定案主是否能坦白的對待你。你想要確定，你不會因為錯誤的假設，而採取一些浪費時間和精力的行動。在另一方面，案主也需要知道你是可以信賴的，你不會利用他們或故意傷害他們。只有在案主相信你時，你才可能相信案主。

需要個案管理服務的案主，對於接受幫助，常常是非常怯懦的。他們過去與助人者之間的負向經驗，或既成的態度和信念，使他們在與助人者一起工作時，遭遇很大的困難。即使是在他們似乎已經同意接受協助時，他們也可能會在自己與潛存的助人者之間，架設各種類型的障礙。

你如何開始與這種案主，建立高度的信賴關係？我們認為早期與案主的互動中，藉著傳達關懷和能力，你可達到這個目的。不管你們談話的內容是什麼，這兩件事你都可傳達給案主。

我們這裡談到的關懷，是指一個人對另外一個人付出的那種。你可能不必變成你案主的最好朋友，而那種類型的關懷也沒有必要；你所必須傳達給案主的是，你了解和接納他（她）的那種感覺。為了能做到這一點，你必須具備同理（empathy）

的能力。那是一種能想像自己處在案主的情境中，並且能設身處地去體驗案主的感覺的能力。

同理心將幫助你了解案主的遭遇，然後把這份了解傳達給案主。可達到此效果的一個有用的工作方法，被稱為反映式的傾聽（reflective listening）。進行的方式是你每隔一段時間就歸納案主所說的和所感覺到的。儘量使用與案主相類似的字，這會使案主覺得你正在聽她說話。反映式的陳述可以像這樣：「聽起來你感到很挫折」或「你似乎在說你一再嘗試，但都沒有成功」。它們可能會更複雜和特定，像：「我聽到你說，你認為你的丈夫會離開你，是因為你太挑剔了」。在你作了這樣的陳述後，你應允許案主有機會回應你的說法。特別是讓他有機會修正你對他的錯誤印象。

下面的例子，是說明這個反映式的傾聽是如何進行的。

　　　案主：當珍娜（他的妻子）那樣對待我的時候，我眼前一陣發紅。我是如此的憤怒以致無法思考，我必須趕快離開她。否則，我擔心我將會傷害她。

　　　個管師：（點頭）當你生氣時你就離開，你去那裡？

　　　案主：通常是去酒吧。喝了幾杯後，我會平靜下來。然後我開始覺得寂寞和為自己感到可悲。我想到我的婚姻是一個多大的錯誤，我當時太年輕了。

　　　個管師：如此，你的憤怒轉成了寂寞，並且你開始想到過去，嗯？

案主：是的。

個管師：然後呢？

案主：我通常決定給她另外一個機會，然後我就回家了。其實她的生活也不好過，大部分的時候她也很努力。

個管師：很有趣的是，你在事情發生時，趕快離家，以此種方式來保護珍娜，免受你的憤怒所波及。

案主：是的，我擔心我會傷害她。

個管師：她知道這點嗎？

另外一個可以傳達你對案主同理的技術稱為鏡子法（mirroring）。這是一種採用與案主相似的姿態、手勢和臉部表情的非語言技巧。你不是模倣案主的動作；但是，你調整你自己的非語言風格與案主的相配合。鏡子法的效果是；它可以傳達給案主，你與他是同類的人。大部分這些肢體語言，都是在個人不自覺中表現出來，並且你與案主也都不會去討論這部分。你是否能表達你的關懷，取決於你是否有同理的能力，並且透過反映式的傾聽和鏡子法來傳送給案主。

第二件你必須傳達給案主的是：你的能力。你的能力如何傳達給案主，讓他（她）感覺得到？在所有傳達的方法中，我們認為有兩個方法，對個案管理師是最重要的：組織能力（organization）和展現提供具體協助的能力（concrete demonstrations）。

在生活中經歷多重問題的人們，很容易認為生活本身在某

種程度上是混亂和亂七八糟的。爲了這個理由，他們有必要去相信，你是一個有組織的人。因爲他們不可能去信靠一個與他（她）一樣糟糕的人。假如，你是一個夠溫暖的人，人們可能會原諒一些你的雜亂無章。但是讓我們面對現實，沒有人會有信心，去與一個瘋狂而毫無章法可循的教授工作，不管他是多麼好的人。

透過明確的工作目標和工作方向的擬定，案主可以感受你是一個有組織能力的人，這些事情都需要透過審慎的計畫來達成。在本書的後面章節，我們將會討論到作計畫的相關議題。記住，在現階段帶著案主與你經歷作計畫的過程是非常重要的。

第一，不要把你的計畫變成一項秘密；讓你的案主知道，你正在想些什麼，並且允許他在整個過程中參與和影響該計畫。你不必完全掌握所有的過程，才能讓案主相信你是一個有組織的人；你只須懂得發展一個計畫的方法，並且能夠說明這種方法即可。我們現在正在說的重點是：能夠清楚的說明作計畫的過程，本身即是一項很有用的建立關係的行動，因爲這會增加案主對你的信心。

第二，另外一個傳達給案主你是有組織能力的方法，（雖然看起來是自相矛盾的）就是你要非常清楚，那些是你做不到的事情。無法完成對案主的承諾，最容易腐蝕案主對你的信心了。事先告知案主，那些事情是你做不到的，總比你對案主承諾了某些事，但事後卻做不到要好得多了。每個人都有他的限制，最好是在一開始，就讓案主知道你不是一個超人。

另外一個向案主傳達你是有能力的方法，是提供具體的協

助。所謂提供具體的協助，是指用一種看得見、很實際且是立即的方式來提供協助。譬如說，給一個飽受飢餓之苦的家庭一些食物、把漏水的屋頂修好、安排交通、幫忙清掃房子等。這些都是看得見的幫助。代表你有意願幫助他和有能力幫助他的無可否認之證據。通常這些具體的協助，對於案主的主要問題而言，都是一些表面化的小事。但是，它們對案主而言，是非常有意義的。

這種實際的協助，是個案管理付諸行動階段（implementation）過程中的一部分。雖然，這些都是在個案管理初期，建立關係階段，用來增進與案主關係的行動，但是，與後面階段所要採取的行動一樣，要經過審慎的計畫。這些行動，是根據評定的結果而決定，訂定一個具體的計畫，然後評估其效果。我們此時說明的重點是為了與案主建立連結的關係，你不必等到個案管理的全部計畫都完成，在初期階段，你就可採取各種有效的具體行動去改善案主的生活。

曾經有一次，本書的作者之一接到一位非常驚慌的案主來電。她那正處青少年的兒子，因擁有毒品而被警方逮捕入獄。她沒有其他人可以求助。他馬上回應案主的需要，而與她約在警局見面。雖然，警察可能早就釋放那男孩。但是，個案管理師的出現，仍給這位母親很大的安慰。雖然，這個兒子從此也沒再惹過這種麻煩。而整個個案管理過程，要處理的是其他問題。但是，這位母親永遠不會忘記，個案管理師對她求助的立即反應，以及願意為她而外勤的那份心意。

這些看得見的具體協助行動，將會比千言萬語更能增進你

與案主的關係。有經驗的個案管理師，在個案管理的初期，即在尋找這種機會。他們尋找一些容易，且很快可以完成的任務，以便可獲得初期的成功。他們要讓案主知道，與他們合作，將會是一個成功的經驗。提供具體的協助，將是對案主頗具說服力的作法。這些方式的協助，都是建立關係的絕佳工具。當然，就它們本身而言，也是非常有價值的解決問題的方法。

處理負向情緒

在這章前面，我們曾經指出接受協助的人普遍存在的負向情緒。這些情緒，可能包括無助、罪惡感、憤怒、焦慮和沮喪。假如，這些情緒出現了，你能做些什麼克服它們，並且繼續進行與案主的工作，以建立一個好的工作關係呢？

當這些情緒出現時，覺察並處理它們，是你的責任，並由此開始你與案主的工作。你不能期待你的案主擔負這個責任。要成功的處理負向情緒，對個案管理師而言，有二項特質是非常重要的：第一項是覺察到案主微妙的感覺表達，並且幫助他（她）把一些感覺清楚地表達出來的能力；第二項是接納這些負向的感覺，而不是把它們當作對你個人的人身攻擊來回應的能力。

如果你有心理準備，在與案主第一次接觸時，很可能馬上面臨到案主強烈、且多種的負向情緒，這對你將很有幫助。當案主對你發洩這些負向情緒時，不要變得防衛自己或反擊回去。你有必要在此時，去覺察並接受這些情緒。對案主而言，處在

目前的狀況下，這些都是合理且實際的反應。

在此時，你不必立刻去處理所有的事情，因此你不必去深究或挖掘那些你推測，可能潛存在案主內在的感覺。而你要做的是，當這些感覺產生時，鼓勵案主表達，並且把它們視為是合理的。一旦，你幫助案主表達這些感覺，你就是在向案主表示：你了解並且接受他（她）的這些感覺。你也應該清楚的讓案主知道，你了解他（她）的感受，並且仍然願意與他（她）繼續工作。

一位與被法院判緩刑的犯罪青少年工作的個案管理師，告訴我們有關吉寶的故事。第一次與吉寶接觸時，他是十五歲，剛從郡立的拘留之家釋放出來。他是因長年的一些輕微犯行，到最後因竊盜罪被捕，而被收押。他很兇悍且在街頭混跡已久。在許多封信、許多電話聯絡和二次爽約後，他終於出現在個案管理師的辦公室。他坐下，兩手交叉抱在胸前，且滿臉怒容的說：「你們這些人，現在到底要怎樣？」

「你可能不想來這裏，是嗎？」個案管理師說。

「你是怎麼猜到的？」吉寶以嘲諷的語氣回答。

「我也不是特別想待在這裏。我寧願到外面去享受一番。但是這是我的工作，我必須在這裏，你呢？」

「你們這些大人，告訴我，我必須來這裏。」吉寶回答。

「不是我，是法官叫你來的。」個案管理師說。

「那還不是一樣。」吉寶說。

「不，那不一樣。」個案管理師說，「既然我們兩個都必須在這裏，我們何不看看，如何使我們的見面，能有最好的結果？」

上述例子，說明了個案管理師，不以敵意或批判的態度，來回應吉寶的敵意。他了解當一個人被強迫去做某件事時，心裏的感覺，並且，他進一步去尋求他與案主之間的共同點。就某一層面而言，他說他也是被迫待在那裏的。他這樣說，是希望吉寶能體驗到，工作就是，你去作一些不喜歡的事，以得到報酬。同時個案管理師也不要吉寶認為他們的見面一定都是不愉快的。在另一方面，他也指出吉寶現在所表現的只會使他們的會面變得不愉快罷了的事實。指出這樣的事實，對他們關係的建立，並沒有什麼妨礙。最後，個案管理師嘗試去接觸吉寶的感覺。事實上，他是在告訴吉寶，他了解並接納他的感覺。他有那些感覺是可以的，但不管如何，他們是可以在一起工作的。

澄清期待

在前面已談到，由於對彼此期待的誤解，所造成的角色定位的問題。這些誤解，可能在案主和個案管理師身上都會發生。但如果能在個案管理初期階段，即進行角色澄清的工作，則這些誤解就可避免了。研究顯示，角色澄清的工作，可以降低過早結束服務案主的比例，並且可以增進服務的成果（註一）。

角色澄清的目標，就是要使案主和個案管理師彼此的期待可以更趨一致。

　　什麼是角色澄清？你如何使用在案主身上？當你和案主開始接觸時，有二種角色定位需要澄清：你自己的角色定位，另外一個人的角色定位。這二種角色定位來自二個人的看法：你的看法和案主的看法。你和案主雙方，對每一種角色定位所要擔負的責任，都有一些期待。因此，如圖 2-1 所示，作角色澄清時，需評估四組的期待。

	自　　　己	他　　　人
案　　　主	案主對自己的期待	案主對個案管理師的期待
個案管理師	個案管理師對自己的期待	個案管理師對案主的期待

圖 2-1　案主和個案管理師的角色期待

　　在圖的左上方，代表案主對他（她）自己在服務過程中的期待。因為在服務剛開始時，大部分案主，都不太清楚，那些事是可能改變的。因此這部分的期待，通常都很難具體化。有時候，案主只會單純的否定，在整個服務過程中，他（她）有任何責任；並且把所有的責任，都放在個案管理師身上。由於過去的求助經驗，和長期以來他們的問題都難以解決，使得有些案主，變得冷漠和被動。有些案主，覺得自己是一個受害者，並且對於自己的無望感、無能感，感到非常生氣。

　　右上方的那一格，代表案主在工作初期對你的期望。假如

案主過去接受的是有效的幫助,那麼,這一部分的期待,可能是相當符合實際的。假如他(她)過去接受的協助是無效的,則這一部分的期待可能是較悲觀的,且無法反映你能真正提供給他(她)的服務的品質。假如案主過去沒有求助的經驗,則案主有的只是他自己的希望。通常,他(她)會比你實際可提供的期待更多。

左下方那一格,代表的是個案管理師,對自己角色責任的期待。這些期待,很像一份工作說明。它們包括,像評定問題、確認資源、提供建議、提供支持和掌握進度等。

右下方那一格,代表你對案主的期待。通常,案主不一定知道,你對他(她)的期待。通常,個案管理師對案主的期待,是希望他(她)能夠分享感受、與你討論問題、參與作決定、準時來赴約和有時候他(她)須自己支付某些服務費用。

角色澄清有三個步驟:(1)詳述各種期待,(2)辨認有衝突的期待,(3)協商取得共識。

步驟一:詳述期待

在這個步驟,我們要案主說明或寫下他(她)對個案管理師和對他(她)自己的期待。你可以開始問像這樣的問題:「當我們第一次見面時,對於我可能會如何幫助你,你閃過哪些念頭?」或者:「當他們轉介你到我這裏來時,他們告訴你什麼?或你早就已經了解我的工作性質?」然後,你可以問:「假如我們一起工作,你認為,你要做的是那些性質的事情呢?」

當這二組期待完成時,你開始說明(或寫下)你認為你和

案主的責任。讓案主先分享他的經驗是很重要的。因為如此，你的期待才不會影響案主初期的期待。

步驟二：辨認衝突的期待

在這個步驟，你比較你與案主的期待是否一致。這樣的過程，使你與案主在觀點上不同或混淆不清之處表露無遺。所有衝突的期待都應提出來，並且你與你的案主都需認知到它們的存在。

舉例來說，你可能會說：「有一件事，我們現在應澄清清楚。我們任何的會面，我將會儘量到你家來。但是，如果你不在，你要事先讓我知道。我不想白跑一趟。很顯然的，過去與你工作的人，當他們到你家附近時，會順道到你家。我不會這樣做，只要是，我們事先約好的時間，我一定會準時到這裏來。」

步驟三：協商、妥協、取得共識

在這個最後的步驟，你和你的案主要在彼此不一致的一些觀點上達成協議。你應避免威脅或強迫你的案主接受你的觀點。但是，你同時也必須對於哪些是你做得到的，哪些是你做不到的要實際一點。你的目標是：說明所有的觀點，嘗試去達到最好的、可能的妥協。

我們以下列發生在兒保工作人員與莎拉帕迪第一次晤談的例子，來說明這個過程。

莎拉（二十四歲）有二個小孩（三歲和五歲）。三

年前她的丈夫遺棄他們。兩天前,二個小孩被安排在寄養照顧。因為警察發現他們單獨在家,沒有大人照顧。鄰居也常抱怨那二個孩子被疏忽,和常常被單獨留在家。莎拉此時,感到孤單、無助、害怕和憤怒。她不知道她的孩子在哪裏,或如何把他們要回來。她已經打過電話給發放兒童救濟金部門的社工人員,但沒有得到任何協助。當她第一次見到兒保工作的個案管理師時,她認為兒保工作人員主要的工作是把小孩帶走和準備讓孩子接受別人領養。

個案管理師發現莎拉很有敵意,並且很防衛。她說警察沒有權利把她的小孩帶走。她只是離家幾分鐘,並延遲一點回家而已。不管怎樣,她認為孩子可照顧自己一下子。她談到要請一位律師,並且要提出告訴。她非常不願意談到孩子或她生活的其他部分。

當這種狀況進行了幾分鐘,個案管理師突然意識到莎拉把她當作是敵人在看待,而不像她自己認為她是莎拉的朋友。她要莎拉想想看,並且說說看,她認為個案管理師的工作是做什麼的。莎拉說,她不必想都知道,她的工作是偷人家的小孩並使他們被別人領養。個案管理師說,這一點,她不同意,並且說,當孩子在寄養照顧中時,她的工作是找到最好的方法,使他們能儘快的與父母團聚。

她接著問莎拉,就考慮到孩子而言,她(莎拉)的工作是什麼。莎拉說,她的工作是趕快使小孩回家。個

案管理師同意,這是莎拉工作的一部分。並且進一步問,
她還有沒有別的工作。莎拉說,照顧小孩也是她的工作。
個案管理師也同意這一點,並且問,是否在養育孩子上,
有時候,她需要一點協助。莎拉說,在這方面,她不需
要任何協助。個案管理師此時提出一個交換條件,她說,
假如莎拉同意,個案管理師定期與她見面,談談有關養
育孩子的事情,她願幫助莎拉要回她的孩子。莎拉同意。

　　很明顯的在這個例子中,莎拉和個案管理師之間,仍存在
著一些需再工作的問題。但是,至少兩人都達到一個暫時的協
議,他們願意一起工作。這比晤談剛開始時的狀況,已是向前
邁進了一大步。個案管理師接納莎拉的負向情緒,並且沒有要
她放棄這些感覺。她意識到,此時最立即的問題,是角色的問
題。因此,她把工作重點移到角色澄清上。他們兩人都同意個
案管理師是為莎拉和孩子二者工作的,不是與莎拉敵對的。在
工作初期階段,這已經很夠了。她也允許莎拉去定義她自己的
母親角色,並支持她的這個定義。她不只是支持她的這個定義,
並主動提供願意協助莎拉增強她的母親角色。

　　這個例子中,另外一件美妙的事是:它顯示角色澄清不是
一次即大功告成的。它不是你做一次,然後就把它擺在一旁。
它是你每次感覺有需要時,每次都做一點。

服務內容的協定

　　到目前為止，在討論到如何與案主建立一個工作關係方面，我們談到介紹自己的方法和幫助案主討論他（她）需要協助的方法。我們談到這樣做的重要性；因為透過這樣的方法，你傳達給案主對他（她）的關心，和你幫助他的能力。而服務內容的協定，就是把你和你的案主所形成的共識正式化的一種方法。如果你不花點時間，把這些共識摘要下來，有時候，它們很容易就消失不見了。

　　有時候，服務內容的協定稱為契約。它是你和你的案主，對於須完成工作的共識。它大部分是以口頭說明的方式來呈現。但有時候，也會以書面方式來呈現。服務內容的協定不像法律契約那麼僵化；它是動態的、具有彈性的。為了適應不同的需要和變動的狀況，我們隨時會修改它。在個案管理的初期，你與案主正在建立工作的基礎，服務內容的協定就是一個澄清雙方責任和承諾的有用工具。因為透過這樣做，你向案主更加呈現了你的關心和專業性。

　　在早期的階段，服務內容的協定通常較一般化（general），並且局限在有限的範圍內。當你與案主彼此較認識和信任時，這些協定內容的範圍會更擴大。當你能準確的指出：為了滿足某一需要，哪些事情需要完成時，它將變得更加特定（specific）。假如，此時你對案主的了解，似乎只是一些表面化的問

題，好像接觸不到「真正」的問題，你也不必擔心。因為，此時你正要開始一段相當長時間的評定過程。在此過程結束時，你將會取得一份相當特定、實用和有實質內容的服務協定。

然而，你的案主在整個評定過程的幾星期中，將不會是靜靜坐在那裏。假如要她能相信你對他（她）的關心、相信你有幫助他（她）的能力，他（她）必須從與你工作的過程中，看到一些實際的結果。這表示你需要立刻找到一些你要開始工作的目標。你更詳細的評定過程，必須與這些工作同時展開。記得，我們前面所描述的停車場的架構；關係的建立、評定、作計畫和執行四個工作是同時在進行的。

把這些謹記在心。我們現在要對早期服務內容的協定提出說明。我們知道隨著工作進展下去，你可能會隨時修改它們。下面二章，我們將會處理評定的相關議題和方法。

服務內容的協定過程，有三個步驟：第一步驟，是把截至目前為止所有評定內容作一摘要；第二步驟，是根據評定的資料，發展了工作目標並排定其優先順序；最後，找出達到目標所需的任務和行動，並且在第三個步驟中，完成了誰該做什麼的責任指派工作。這些步驟，看起來應該很像是在上一章所描述的作計畫的過程。這是因為服務內容的協定，是計畫過程的具體呈現。它同時也是很重要的建立關係的行動。在上一章中，我們談論到的作計畫比較抽象。在這裏，我們將把它變成實際的項目，呈現給案主。

步驟一：評定結果的摘要

在這章裏，我們介紹的只是一些幫助案主說出他（她）的問題和需要的晤談技巧。到底你需處理何種類型的問題，取決於你服務何種類型的案主，和你服務於何種性質的工作部門而定。舉例來說：有發展障礙的案主所面臨的問題，和接受善終服務的案主所面臨的問題，可能大不相同。為了這個理由，我們在這裏將不會替你列出某一個問題（需要）的評定過程。然而，在後面的章節中，我們將會說明在個案管理中，所採取的一些獨特的評定活動。在本書的最後，我們會列出與這個主題有關，且涵蓋較完整處遇方法的參考書籍。

在下一章「評定資源」，我們將會介紹一種如何看待人與環境關係的思維方式。我們將會談到人們的需求，而這些需求，要由環境中的資源來滿足。我們也會談到外在環境對人們取得資源的一些要求條件；是否能符合這些要求條件，決定於案主個人的能力。案主的需求與外在環境的要求條件之間，須取得平衡。解決問題所需的資源，與案主取得資源的能力，也須達到平衡。假如無法達到這樣的平衡，個人的生活將是不滿足、有壓力、甚至於是痛苦的。

這個平衡的概念，是我們評定方法的中心思想。**個案管理的目標，是建立案主自己取得這種平衡的能力。**

到底個人那些需要，與外在那些要求條件之間需取得平衡？到底是要靠那些資源和案主那些能力之間達到平衡，上述的平衡才有可能？此是評定階段要回答的問題。然後，你和案主，

將在所有需要和要求條件中，決定需要被處理的優先順序。

　　所以，你的工作是決定案主有那些沒被資源滿足的需求，和那些外在的要求條件是案主缺乏能力去達到的。做完這些決定後，你能開始計畫如何去滿足需求，和如何修改外在要求條件或如何增加案主的能力以達到外在的要求條件。

　　有一些案主，可能一有機會就談他們的需要。然而，大部分的案主，很可能都不太願意一開始馬上討論他們內心深處所關心的問題。有一些案主，甚至於否認他們有任何嚴重的問題，對於你有興趣幫助他們，表現得很驚訝的樣子。其他案主也可能對環繞在他們身邊的問題視而不見，只把焦點放在某一個具體的問題上，以此方式來抗拒參與整個協助的過程。

　　不管你的案主在評定階段如何抗拒你的各種努力，你仍然可以堅持幫助他去探究和認知到他們所面臨的各種的需要和要求條件。一個容易進入評定過程的方法，是把焦點從環境外在的問題，移至個人內在的問題。那就是：從環境中存在的問題（譬如說，案主達不到的要求條件、缺乏可使用的資源等問題）作為開始工作的起點。然後，慢慢把工作重心移至案主個人的內在功能、案主比較個人化的需要，和目前案主仍然不足的使用資源的能力。

　　在第三章，將會介紹的生態圖（ecomap），是使存在於案主環境中的問題，浮現出來的絕佳工具。它在一頁中就可顯現：案主與他（她）的環境的所有重要的關係。生態圖是有結構的評定程序；它把焦點同時放在案主的需要和能力上。對早期晤談而言，它是一個很好的解凍工具。生態圖可幫助你和你的案

主，辨認出在環境中增強或減損案主個人功能的因素。

　　舉例來說，一個生態圖可能可以顯現出在附近的社區案主所需的健康照顧服務是缺乏的；它亦可顯現出一個沒有親戚支持的家庭的孤立狀況和與朋友鄰居的不良關係；它亦可顯現出因收入不足以付舊債的案主，所承受來自催討機構的壓力。

　　當生態圖繪製完成時，影響案主生活的外在環境及各種情境所產生的問題都會浮現出來。此時鎖定某些問題或所有問題的某個特定範圍，作為你展開協助工作的起點是有其必要的。

　　運用生態圖成功的經驗，會使一個案主開始去看他（她）正面臨的其他問題。並且對環境因素的評定可引導案主願意開始討論他（她）個人和人際方面的問題。舉例來說：一個案主從生態圖中認知到，她很少從環境中得到支持時，可能會引發作為一單親媽媽的她，表露她內在是感到多麼的寂寞和孤獨。接著，她也可能會分享她因無法應付她的孩子的需求所感到的無能感和挫折感。在另外一個個案中，由於討論到家庭的經濟問題及此經濟壓力對婚姻關係的衝擊，將引發案主進一步去討論她緊張的、有衝突的婚姻關係。

　　第一個步驟的目的，是要探究案主所有不同種類問題的涵蓋範圍，以及確認案主自己覺察到的問題的涵蓋範疇。這當中有些問題，案主認為快解決了，他（她）自己可以處理，不需要幫助；或者有些問題，還沒重要到目前需去處理的；而有些問題，他（她）覺得需要接受幫助。這裏的重點是你要先發展出一份完整的問題清單。然後，從這當中去選擇你工作的目標。雖然你的評定工作仍然繼續進行著，然而你開始展開幫助案主

解決一些問題的工作，卻也成為你與案主工作關係的基礎。

把評定過程作成的決定列成一張清單，可以使你的工作更有組織。這也可使當你需為案主和其他人作一份摘要報告時，較為容易。從現在開始，我們將稱這一份清單為需求／要求條件目錄表（needs/demands inventory）。你應與案主一起檢視這張目錄表，以確定其準確性。你可以把這樣的一份目錄，放在你的大腦中。然而，最好是把它寫下來。有了這張目錄，你現在可以準備好開始找出你的工作目標了。

步驟二：發展目標

在需求／要求條件目錄表完成後，下一步就是對每一個被確認為待解決的問題，轉換成明確和特定的目標敘述。這些敘述很可能是書面的；但更可能的狀況是以口頭的方式傳達給案主，當作是你與案主討論的一個摘要。此時我們也將每一個需要或要求條件轉換成正向敘述的目標。

對一個經驗較少的人而言，個案管理過程中，沒有多少部分是比目標的設立還困難的。直到你有較多的工作經驗後，你才能知道自己的限制，也才能準確的評定案主的能力。最常犯的錯是高估你自己和你案主的能力。

沒有經驗的個案管理師，很容易去設立不切實際和不實用的目標。經常他們所敘述的目標，是如此的模糊、不具體，以至於未來也無法評估是否已達成。像這樣的目標，你根本無法看得出來，事情是否有所進展。這種目標的敘述如：「瑪麗將學習對自己更滿意。」當然，這是我們所期待的，但我們又如

何知道，何時瑪麗對自己夠滿意到不需要我們協助？一個比較好的目標是：「瑪麗將有足夠的自信在下個月內去申請一個工作。」這個目標，對瑪麗和個案管理師的期待有所設限，而且是比較實用的。

假如，你能用清楚、特定和不模糊的語言來敘述，你將會發現你在把需求和要求條件轉換成目標的過程會較容易。同時你的敘述越接近實際的行為，你轉換的過程則越順利。

你如果能把對描述行為時，所謂特定性（specificity）和分割性（discreteness）的區別常記於心，則對你的幫助會很大。特定性是指，一個敘述，不同的人對它的解釋的一致性的品質而言。舉例來說，「史密斯太太的醫生將會給她作一個身體檢查」這是一個相當特定（specific）的敘述。「喬依將學會更負責任」這是不特定的說法。分割性指的是一項任務或行為，可細分成幾個更小的部分的程度而言。舉例來說，史密斯太太作一次身體檢查，她可能需要：打電話約時間、安排小孩臨托事宜、她要能起床和穿好衣服、到達醫生診所所需的交通等等。所有目標的敘述都應非常特定。除此之外，對有些案主，我們需要把一個目標細分成幾個如上述的小目標。

現在，我們將提供敘述目標時，用字遣詞的注意事項：

- 避免使用形容詞和副詞，因為它們給不同的人不同的解釋空間。舉例來說，「茱莉將在七點二十五分以前到達工作地點」（Julie will arrive at work by 7：25.）是比「茱莉將更努力嘗試準時上班」（Julie will try harder to get to work on time.）的目標敘述更清楚。

- 避免使用代表不特定事項的名詞。舉例來說，「喬將停止批評凱蒂」是比「改進婚姻問題」來得更好的目標敘述。
- 動詞儘量以主動語氣，而不是被動語氣來呈現。我們應多使用如「莎莉每個星期四的四點鐘將去作 Prolixin 注射」（Sally will go for her Prolixin shot at four o'clock each Thursday.）的主動語態敘述，而不是「注射將每星期被提供。」（The shot will be given weekly.）的被動語態的敘述。

當需求／要求條件的敘述夠特定和清楚時，它們就很容易轉換成正向敘述的目標。我們來看一些例子。

需求：瑪麗生病，需要馬上看一位醫生。

目標：媽媽將在二十日以前打電話給醫生，約一個看病時間。

要求條件：因為艾德沒有交回該填的審核表，他的補助案子即將被結案。

目標：艾德明天將去見補助案的社工人員並且完成審核表格的填寫，使他的補助案可以繼續開案。

目標的敘述，最好能寫上預定完成的時間，和完成結果的評估指標。舉例來說：「麥克將在下星期以前，完成一張有五個可能的工作機會的清單。」

步驟三：設定優先順序

當你把想要達到的目標羅列出來後，你需要選擇，從哪一

個目標開始進行工作。記得，在這個工作的初期，你只是把你的精力放在那些立即和具體的事情上。你之所以如此做，主要是你把這樣做，當作是與案主建立關係的策略。你試圖使案主相信，你是有能力的、關心他（她）的。因此，你必須作一些事情，來讓案主看到你的能力。重點是，雖然你現正在進行一個更全面性的評定工作，但你仍然需選擇一個需求或要求條件，開始展開你改善案主生活的工作。（譯者：即不是等所有評定工作完成，才開始展開問題解決的工作；一面在評定，一面已開始著手解決案主的問題。）

因為你無法每件事都做，所以你必須把目標清單上的目標，縮小到一個或二個目標範圍。實施的方法是，幫助案主把所有目標，依照他（她）自己認為需立即處理到目前他（她）認為比較不重要的，按順序排列出來。排優先順序的一個標準是：案主感覺哪些需求是他（她）目前最關心的。案主的看法不容忽視，因為好的個案管理師會使案主積極參與作決定，使案主在未來願意投注較多的精力去執行這些決定。如果被徵詢意見，大部分的人都很樂意去分享他（她）對哪些事件需要優先被處理的意見。除了案主的意見，設定優先順序還有另外一個標準，那就是「生死攸關」的議題。這類問題即使是在案主不同意的情況下，你仍然需單方面的採取行動。舉例來說，假如有一位家庭成員似乎有自殺的傾向，或一個小嬰兒腹瀉不已而都沒得到任何醫療照顧，這些具有高度危險的需求，是絕對輕忽不得的。所以，這些需求自然的先於其他需求，需要優先被處理。

另外，一些在優先順序的排列上，也會被排在較前面的目

標，是那些投入合理的時間和努力後，成功可能性很大的目標。有些案主的生活，一直都充滿著許多的失敗及失望，以至於要他（她）將精力集中在某一個單一問題的解決上，是非常困難的工作。因此，在開始時，嘗試使案主從很快可以達成的目標，作為開始工作的起點。在成功經驗的鼓舞下，他（她）可能較有動機，去展開其他目標的工作。有些案主甚至於需要你在一些問題的解決上，展現你助人的能力後，他（她）才願意在更敏感，更有意義的問題上，接受你的幫助。那些需要大量時間、精力和資源投入的困難問題，除非是與前面提到的，案主自己的決定和高危險的這二個標準有關的目標，否則，被處理的優先順序，都排在較後面。

　　運用這些標準，選擇一或二個問題，開始展開你的工作。不要在太短的時間內，同時進行太多的工作。你與案主，需要一些時間來彼此認識。一或二個立即的、重要的、可達到的目標，在這個階段已經夠多了。

步驟四：確認任務和分派責任

　　假如，你的目標敘述夠特定和清楚，它們應該是很自然的、很合邏輯的，使我們能決定採取什麼樣的行動，以達到該目標。在前一章，我們已經詳細的討論過，如何決定採取何種行動的過程。當你已經完成評定工作，並且已經發展出一個完整的個案管理計畫時，你將需要用到這個過程。在這個早期階段，放心去採用那些自然浮現在你腦海中的一些步驟吧！對於那些簡單和看起來合理的事，就放手去做吧！

在這個階段，你選擇的工作目標，應是相當的具體和立即的。因此，要達到目標的步驟，對你和案主而言，應該是很清楚的。至於，那些你將來會發展出來的、較複雜的長程目標，與它們有關的步驟，在這階段可能還不是很清楚。在本書後面章節中，我們會在這方面提供更多的幫助。在此時，比較重要的是：你和你的案主，要確定你們知道為了要達到那些立即的目標，你們每一個人，必須完成的事情。決定需要完成的事情，然後，適當地分派給每一個人該完成的工作責任。

儘可能讓案主在整個服務過程中，參與最多。如此，他（她）才能感受得到，自己在那些成功目標中的貢獻。即使大部分的工作，需要你完成，你仍然需要使他（她）參與作決定的過程。

你可用一份服務過程的摘要，來作為你與案主對於服務內容所達成的協定。此協定可提醒案主他未滿足的需求和取得資源所需的要求條件有哪些，以及與這些有關的工作目標是什麼。隨時檢視我們所選擇要馬上完成的目標的理由。並且把計畫好的、要完成的任務、要採取的行動、和每人擔負的責任作成一份摘要。你或許也需要選一個評估的時間。因為在這個階段的目標是需立即完成的，所以評估的時間應該是很快才對。此時，你可以提醒案主，你的評定工作仍然未完成，因此你仍然必須與他（她）見面，以繼續整個服務的過程。

現在你已完成了初步服務內容的協定。這份協定就是你與案主已經建立工作基礎的最具體的表現。它代表了你與案主同意在一起工作。它也暫時的確認，哪些需要是要被滿足的，和

由誰去完成這些事。雖然這不是最後的協定，但是達成這個初期協定的過程，可作為你與案主要完成的整個服務過程的一個很好的典範。

結　語

　　本章，我們從上章所提到在個案管理中的四個平行過程——建立關係、評定、計畫和執行開始談起。在本章中，我們描述了四個過程中所進行的活動。但是我們把討論的焦點放在建立關係上。成功的關係建立，會使案主覺得個案管理師，是關心他（她）的和具有幫助他（她）的能力。在此過程中，我們會遭遇到的二個困難是：案主對於接受幫助的負向情緒和不符實際的期待。

　　為了克服這些困難和成功地與案主建立關係，我們提出了二個工作方法——特殊的晤談技術和系統化的服務計畫。

　　在晤談技術方面，我們的建議包括了如何向案主介紹自己、如何找到可與案主談論的問題、如何傳達你對案主的關心及你幫助他的能力和如何作角色期待澄清的工作。

　　關於服務計畫的討論，我們介紹了服務內容協定的概念，和完成這樣協定的四個步驟。這四個步驟是：

　　　1. 摘要評定的結果，

　　　2. 發展目標及排定其優先順序，

　　　3. 列出任務和責任，

*4.*分派任務和責任。

這份服務內容的協定，通常是口頭的，但是有時候是書面的。

在下兩章，我們將對評定環境、案主與它的關係、案主內在長處和短處等的工作方法作深入的探討。

附註

1. Perlman, Helen Harris: Persona: Social Role and Personality. Chicago, U. of Chicago Press,1968, pp.162-176.

第三章

評定資源

如同前述立體停車場的隱喻，目前我們在上層，往下看「評定」是由兩大支柱支撐——資源評定以及障礙評定，分別在本章及下章詳述。

進行評定時，希望我們和案主之間已建立了信任關係，此刻我們要開始了解案主的內在、外在資源，首先找出潛力所在；案主內、外在蘊藏的潛力，至於案主未滿足的需要則是下一章的重點。

評定過程中，雙方的互信十分重要，案主是主要的資料提供者，也決定後續的改變方向。

本章的學習包括：

- ‧案主與環境的關係。
- ‧資源的類型。
- ‧個案管理師在資源評定上的角色。
- ‧資源運用計畫摘要，以蒐集相關資源並與案主需要結合。
- ‧可有效了解案主以往使用資源經驗的會談方法。
- ‧一套了解案主與環境關係的會談工具。
- ‧簡便的資源檔案管理格式。

資源評定

評定通常意味案主和個案管理師的一連串行動，第一步先根據個案管理機構的申請條件決定案主是否符合服務，一般的條件包括案主有多項未被滿足的需要，或因資源的欠缺或因案

主能力所限，未能有效使用現有資源，故資源有內、外在的意涵。

　　資源評定通常在個案管理過程之初就要開始，它是管理師的首要活動，唯有周詳的評定方能使工作有順序、有效率、有效能地展開。

　　這些活動不一定都涉及案主，許多案主在參與或求助上有很大的困難，也可能有些案主尚未意識到問題的存在。無論如何，我們仍應儘可能鼓勵案主完全參與這個過程。

個案管理的評定

　　評定是一套有目標、有系統的方法，協助了解案主及他的環境。評定必須簡要清晰，個案管理師也須了解自己工作的限制，執行評定時，通常會更清楚自己的受限處。評定的用途可從三方面視之：(1)確定服務條件。(2)指認資源以及未被滿足的需要所在。(3)界定日後評估個案進展的指標。

　　1.確定服務條件：多數機構都有一套篩選方式，決定哪些轉介符合個案管理服務的目標群，使有限的資源能運用到依法、社區或經費來源所訂定的對象身上。

　　　機構應有服務對象條件的書面資料，一般初次篩選多由書記人員或指定的工作員進行，登記申請者的姓名、地址、問題，最理想的狀況是由將接案的個案管理師做資料蒐集，不過實際上不易做到。

　　2.指認案主資源及未被滿足的需要所在：我們建議找出

案主能力、潛在資源與未被滿足之需要、對別人造成的壓力兩者間的對照表，以了解平衡或失衡狀況，而後者會為案主帶來不適及痛苦。

3. **界定評估個案進展的指標**：有助於了解個案管理師努力改善案主情境的效果，過程中管理師及案主都投注相當心力，應定期**檢討**進展，雖然第九章會詳談，但評估的基石應在評定時就建立。

上章曾討論到，需要個案管理的案主常是處在多重問題之中。評定時我們不只注意個人問題，更要看問題間的交互影響以及對案主環境中他人的影響，因為加權作用，整個問題通常大於個別問題的加總。

許多案主的**內在問題**十分微妙，甚至干擾使問題無法獲得解決，如案主無動機或不合作，我們很容易擱下這些內在問題，然而個案管理的終極目標正是激發案主有效地尋求及使用協助，因此這些問題不能等閒視之；案主可能拒絕討論或堅持都是別人的問題，這樣的態度必定形成工作上的阻力而必須面對處理，詳情見下一章。

評定**案主潛力**極其重要，案主內在的技巧、能力、正面態度、資源等均屬之。我們堅信協助案主認識自己的潛力是首要工作，這在六、七章都會再說明。

▦▦▦▦ 個人與環境關係的重要性 ▦▦▦▦

　　對今日生活在複雜都會環境中的我們而言，要完全獨立生存幾乎不可能，對他人或機構的依賴在所難免。以往的農業社會，人較容易做到自給自足；今日社會的多元複雜，沒有人具備所有必要的知識或技術來因應，各種專業也因此逐漸成為大眾依賴的對象。

　　家庭健康照顧即為一例，醫療科技的擴展，今日的家庭醫師無法萬能地提供全面性照顧，而仍須依賴醫療體系內的各種專科。**協調這些複雜的專業人員儼然成為生存的必要技巧。**並非所有人都熟悉這樣的協調技術，比如一個成長在孤立環境中的孩子，可能從沒有學習和社會上不同資源打交道的機會。或是孩子學到某些技巧，卻未必能適當地運用，比如過分攻擊。有些發展出對自我、他人扭曲的看法而不利於面對自己需求並勇敢求助。這些人在需要靠複雜的互賴關係生存時都出現障礙，他們或受挫或不滿，但仍不致影響生活。若一旦需要過鉅或嚴重造成生活影響，則這些人必須向外求助，個案管理師的角色之一就是提供這種服務：協助個人發展知識與技巧，以獲得資源。

服務的類型

無論人或社會機構,可提供物資服務,以維繫生活或成長發展者即稱為資源。我們可將之分為內在與外在,其下又分二類,下圖旨在說明分類。

資源

	內在		外在	
個人	家庭		正式	非正式
			公部門	志願性
			民間	自然

圖 3-1 資源的類型

內在資源

一般個人潛力可謂之,如人格特質或家庭中的某些有助於解決問題或滿足需要的特性;對個人而言,知識、能力、態度均屬之。

家庭

如忠誠度、同理及提供情緒支持或清楚溝通的能力,均屬

內在資源。此處家庭指同居者。擴大家庭的成員一般被視為重要外在資源，即非正式的助人者。

　　平時重要的內在資源往往被視為理所當然，就像屋漏時才會感受到能動手修理多麼重要，同樣的自信、忠誠、自我表達通常也不被看重，直到需要出現。因此當你請一位家屬列出他個人的內在資源時，通常他顯得乏善可陳，但如果提出具體問題，對方可能較易回答。有需要方能突顯資源，個人及家庭能力才得以浮現。

個人

　　有些內在資源自出生就存在，如智力、體力、健康狀況。但後天發展的資源也不少，多半可由個人或家庭的生命經驗中去找尋，有些技巧在後面章節會提到。

　　即使進入中老年，我們仍能協助鼓勵案主發展個人技巧，舉例如下：

1. 了解自我需要並能對人表達。如「我要住在自己家中以靠近兒孫輩，我唯一需要的協助是家事和有人替我打針。」

2. 有效傾聽並在訊息不清時要求澄清。如「當別人所說的令我困惑時，我會請對方換個方式敘述直到我了解。」

3. 了解自我處境。「看著生態圖，我意識到以前的支持逐漸離我而去，當時我不了解酗酒是肇因。我的朋友不應局限在戒酒協會，只要我願意，我還是可以恢復昔日之交。」

4.行動得宜。「就業輔導的人沒什麼具體協助，我自己到一家店中詢問做收銀員的可能性。」

5.決定目標。「我想得到購物、清掃、協助服藥方面的服務，好使我能繼續留住家中。」

6.作具體的計畫。「為了拿到社會安全津貼，我必須到郵局拿表，請個案管理師協助我填寫，然後再寄回社會局。」

7.明瞭不同的選擇。「我知道成人寄養照顧之家與護理之家的不同，前者我可以來去自如，但沒有健康照護服務。」

8.做聯繫工作。「當我在工作面試後，我寫了封短箋給對方告知我同意他的工作條件，我可以下週上工。」

9.克服內在障礙。「我心理準備了一個月，個案管理師給我信心以及實際和我預演可能發生的情況，我終於鼓足勇氣到就業仲介公司。雖然困難重重，但我知道我可以自己跨出這一步。」

10.認識並運用自我力量。「我向來自己開伙，從不知很多人不會做飯，在活動中心我幫忙作午餐，別人驚訝誇我，我逐漸不怕和人說話。」

11.對別人的協助表達謝意。「只要別人伸出援手，我都會致謝並說明心中感謝的是什麼。」

12.願意為自己的利益採取行動。「為了知道為何我的低收入資格未通過，我請他們安排時間當面解釋。」

13.與支持網絡共事並運用成員的協助。「我很清楚知道張先生、李小姐（助人者）可以協助我的範圍，當事情拖太久或進行不順時，我較能體諒他們的難處。」

14. 適應情境的變化。「當上個工作未談成，我在較遠處找到一份工作，須每天多花半小時車程。」

15. 與助人者合作。「當我寫信向國宅處陳情環境中沒有供輪椅通過的斜坡，個案管理師說此舉有效，委員會決定興建一個供殘障者使用的坡。」

16. 為自己倡導福利。「有時受理單位不熱心，我就一再打電話，如果仍沒下文，我則直接找督導，通常這招有效。」

有些方法案主曾經使用，個案管理師只須提醒他們並鼓勵多用，當然也可協助發展上述不同的技巧。

外在資源

外在資源指可以提供物資或服務的人或機構，使個人／家庭維持合理的生活品質；又分正式及非正式兩種，正式資源指有經費來源或收費的機構或專業人士，他們依據規定明列出**案主符合申請的條件**以及**服務的內容種類**。比如低收入生活補助條件須經資產調查，也要視戶籍所在地。

我們通常知道資源所提供的協助，有些是具體服務，案主可得到直接的協助，如醫療照顧、食物、住宿等，也有一些是間接服務，比如交通（送醫）或安排訓練等服務，經濟補助可能是現金或支票，也有可能是食品券。

資源的另一特徵是它相對的**要求或交換**，換言之，每一個資源都有其代價：有時是錢，有時只是「謝謝」。這種交換時而微妙，時而明顯，下面再詳細介紹。

正式資源

　　機構、組織、專業人員都屬正式資源，他們透過政策、法令提供服務，他們也可能受法規行政命令的約束。這些有關資源的規定常是書面且可索取的。

　　正式資源分政府和民間，前者由稅收支持，也受法律規範，一般案主無須直接付費，如政府的失業安全委員會，對失業人口提供經濟協助，即為一例。

　　民間資源多由募款捐助，但也可能收費，並有正式的政策或程序，如家庭服務、救世軍、青年／女青年會等，營利團體或獨立執業者也屬此類。

　　案主和營利機構間的交換多半是明顯的財務，和政府資源間則較不明顯，民間機構常介於這兩者之間，用依收入等級付費的彈性作法。

　　案主申請正式資源的條件如果過於僵化會帶來問題，如某些有需要的人不一定符合低收入條件，一般來說，正式資源較非正式資源更缺乏彈性及個人化。

非正式資源

　　親戚、朋友、鄰居、志工均屬之，非正式資源沒有明文的申請條件，服務也涵蓋很廣。因為限制少，相較之下，比正式資源更能自發且彈性地滿足案主個別需要。

　　案主和非正式資源間通常無合約關係，甚至不待言宣，對案主而言，得到的無非是情感上的滿足，而這種滿足不見得低

於實質協助。

　　非正式資源可能要求案主表達謝意，有時在協助他人之前，我們期待對方承認失敗，就像宗教團體要求民眾認罪或父母要求成年子女認錯，另一個常見的要求是提出指示或建議，而對方必須遵從，上述的期待非常真實且對案主與非正式助人者間的關係有很大的影響，個案管理師須對這種資源的附帶條件有所認識。

　　非正式資源可能是志工或**自然助人者**，也會因此使他們對案主的介入有所不同，後者與案主的關係通常並非以問題的出現作為前題，他們多以親友鄰人自居，其次才想到是助人者，志工多半對案主是全然陌生，直到問題出現有待協助時，才被引介來照顧案主之需，任務達成後，關係也就結束。

　　非正式資源所滿足的需要以情緒支持為首，這是人類共通之需，故在個案管理計畫中不能忽略，遺憾的是其中也有風險。有時這些資源製造的問題不少於他們解決的問題，這和上述服務的交換條件有關，如果他們的期待多到案主無法達成，新問題自然產生，本章對個案管理師的提醒將書之於後。

　　我們不妨將非正式資源想成結合一個鬆的網絡，支持網絡和案主的關係，就如同輪子的輪條和中心輪軸。這個輪軸四周的輻條之間各自獨立，只是透過輪軸作用而產生牽動配合。案主支持網絡中的人彼此未必相識，只要案主能有效運用這些助力，他們就會發生同心協力的作用。

　　網絡中可能包括各種自然助人者，其中常見的是有血緣的親人，家族的責任感使他們的力量不容忽視，特別在長期的需

要上。朋友亦然，不過多半是短期的協助，當然也要看友誼的親疏而定。

鄰居有時是特別的朋友，即使是點頭之交，緊急時的護送等工作仍能託付。

很多個人支持網絡是透過我們參加的團體而來，雖然團體往往另有其目的，但社會支持常成為此類組織的副產品，如：

- 教會或宗教組織、聯誼會、主日學、讀經班等。
- 職場團體、工會等。
- 休閒團體、運動球隊、登山會、晨泳會等。
- 社會團體、姐妹會、鄰社組織、單親家庭協會等。

除了滿足我們社會性的需要，此類團體讓我們結識朋友，無形中擴大了我們的支持網絡。

志工和其它非正式資源的差別前已提到，志工服務通常附設在教會或其它社會福利機構之下，有時提供的服務很有彈性，但也視個別志工的狀況而定，一般限短期服務，某些如協助暴力／忽視家庭的志工可能持續一年，但並不常見。

有些志工領部分補助，但基本上是無酬。志工的訓練不一，多半是善心人士，但他們對自己卻有期待，和自然助人者一樣，他們也需要成就感，雖不像親友常將不滿或失望表露，以致衝突較少，但他們不似親友穩定，遇挫時較易放棄。

資源的生態觀

　　前面就資源的特性作說明，現在介紹從生態觀點來做資源評定，也就是強調人與環境的平衡。這可從兩方面探討，一個是**需要**與**資源**的交換，每個人都有其生理及社會心理的需要，賴外界滿足。一個單親的青少年媽媽，可依賴父母協助照顧幼兒，以得到喘息獨處的機會，即為一例。

　　另一方面是**社會要求**和**案主能力**的交換，我們不能對環境只取不予，所謂社會要求常出自好的意圖，如負責家計、照顧小孩、守法等，這些要求交換的是居所、家人團聚和自由，若違反這些要求，通常會受到資源／機會撤回的不良後果。

　　透過這兩種方式，個人和環境間試圖維持一個平衡，若其中之一失衡，某種強制行動就會緊隨而至，一般案主的狀況是需要及社會要求過重，遠超過資源和能力，個案管理師的任務則是協助案主獲得平衡。

圖 3-2　資源與能力和需要與社會要求間平衡與失衡圖

全面評定

　　評定時，所有的元素均須考慮，並檢驗上述兩方面的狀況，才可看出案主與其環境關係的全貌。Charles　Cowager（1992）曾就此四元素提出圖表來說明，圖 3-3 是我們將其延伸，加入助力阻力的向度來考慮。

　　圖上半部顯示的是潛在的**支持**，可助案主改善現況，上左方是正向的外在資源，上右方是案主及其家庭的內在資源，整個上半部代表改變的助力。

　　圖下半部是案主生活中的**阻力**；左下半是目前的要求，使用資源的阻力，右下半是案主未滿足的需要，以及案主使用資源上的內在障礙。藉由增加案主的能力、資源，減少案主的內外在阻力，個案管理師的工作於焉開始。

維持聯繫

　　要了解案主的支持，我們必須探視他和環境間**聯繫**的本質。持續有效的聯繫有四項特質：

1. 資源存在**可用**。若否，則無聯繫可言，如同失業的人沒有就業機會。
2. 資源**可信賴**。好的聯繫是穩固且持續的，短暫偶發式的資源對滿足需要而言是不足的，如兒童不固定上學。

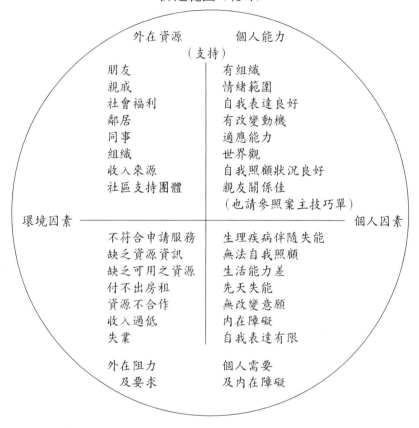

評定範圍（範例）

外在資源　　　個人能力
（支持）

朋友　　　　　　有組織
親戚　　　　　　情緒範圍
社會福利　　　　自我表達良好
鄰居　　　　　　有改變動機
同事　　　　　　適應能力
組織　　　　　　世界觀
收入來源　　　　自我照顧狀況良好
社區支持團體　　親友關係佳
　　　　　　　　（也請參照案主技巧單）

環境因素 ——————————————— 個人因素

不符合申請服務　生理疾病伴隨失能
缺乏資源資訊　　無法自我照顧
缺乏可用之資源　生活能力差
付不出房租　　　先天失能
資源不合作　　　無改變意願
收入過低　　　　內在障礙
失業　　　　　　自我表達有限

外在阻力　　　　個人需要
　及要求　　　　　及內在障礙

圖 3-3　資源評定

3. 資源妥適。聯繫應儘可能免於壓力，家長為了孩子的行為問題與校長的聯繫可能充滿壓力而談不上舒適。

4. 資源平衡。兩者間的交換是相互平等的，親人長期辛苦的付出若不被珍惜，如此的聯繫失衡終將難以為繼。

個案管理師在資源運用
上的角色

　　個案管理的目的在協助案主有效使用資源，我們可以透過找尋上述圖中適當的平衡來執行。有些初學者尚未具備所需的技巧獨立完成，個案管理師的角色是評定環境，找出資源和機會所在，協助案主與之聯繫，再爲案主調節，使環境中的要求不致過度。

　　步驟一是指認案主的需要，在第二章中已有說明，第二步是找資源，發展資源運用計畫，也就是一份書面計畫，除了列出需要資源外，還需列出資源運用的目標，包括計畫及資源使用的優先順序。

　　上章建議的服務計畫很重要，可使工作有序有效，也可避免雙方在與目標無關的一些枝節上耗時耗力，資源計畫是整個計畫的一部分。

　　圖 3-4 的綱要即爲資源運用計畫中的要素。

A. 為每一個重要問題找出資源

　1. 需要／能力

　2. 要求／資源

B. 為每一資源說明使用的目的

　1. 界定個案管理師角色

　2. 澄清其它人角色

C. 建議優先順序及資源運用的順序

圖 3-4　資源運用計畫

　　計畫開始須先交代你和其它資源的介入，有時個案管理師會忽略自己也是資源，而不予計畫；有時則承接過多問題，超過實際處理能力的範圍。

　　從頭仔細計畫可預防低估自己或過度介入，有時個案管理師以為「我盡量將大部分問題轉介出去，其餘自己包辦」。除非你確定這是唯一可行的計畫，否則要小心這樣的陷阱，最終會弄得無法管理而使自己和案主都受挫。

　　請記住，到目前為止所談的資源計畫都是紙上談兵，實際上不一定會照計畫完成。一方面是因為對案主更了解後，原來的想法可能改變，某些資源要加或減，也可能有些問題已獲解決，故對計畫，我們須保持彈性。

　　發展資源計畫時應鼓勵案主參與，雖然有些案主未準備好，因此你的條理和彈性就更重要，以備日後他們參與度增加時仍有改變計畫的空間。

　　計畫務請寫成書面，除了對工作負責，爾後亦有助於別人接手。這個習慣也會強迫你思考有緒；通常記錄時我們已經過濾並摘取重點，一個清晰有效的計畫常這樣完成，無論你的經驗有多豐富，如果養成書寫計畫的自律習慣，你的個案管理會更上軌道。

關於資源的會談

　　與案主會談蒐集的資料幫助我們發展資源運用計畫，從案主以往使用資源的經驗，我們可以了解他對資源的想法及行為模式。

　　我們將從四個步驟討論會談技巧：第一步先決定會談內容，也就是你須得到的背景資料和要問的問題；第二步是資料分析，將所得的資料過濾，針對會談目的予以分析整理；第三步採取行動；第四步是對特殊會談問題保持警覺。

步驟一：會談內容

　　評定會談涵蓋面甚廣，所以最好準備綱要，做為會談的架構，圖 3-5 即是綱要之例，很多機構有自己的評定表，但表格多半有所不足，因此你可自行增加。

　　下列的綱要並非一成不變，會談的流程及對案主的跟隨遠較死守表格更重要，這只是一個釐清思緒的工具，你可以心中

有表格引導，最後再歸納。而不是逐一問答填寫，這樣既可完成一個周詳有序的會談，也不致一味堅持自己的方式要求案主配合。

Ⅰ.提供滿足需要的資源

　　A.審視問題清單

　　B.案主的資源能力為何？

　　C.外在需提供的資源為何？

Ⅱ.目前所用的資源為何？

Ⅲ.過去曾用過的資源為何？

　　A.案主內在資源

　　B.外在

　　　1.非正式助人者

　　　2.正式助人者

Ⅳ.需要但尚未使用的資源

Ⅴ.案主對過去資源的印象

圖3-5　資源運用會談綱要

問題

　　上章我們曾列出相關問題表，當然一開始必須從案主最迫切的問題著手，問題要一一擊破，並逐一找出可協助的資源。舉例來說：案主主要問題是幼兒，可建議他和小兒科醫師或輔導員談，在這階段的資訊不必過於具體，如指名某醫院某醫師。

同時勿忘案主及其家庭的資源，可問案主他對解決自己的問題能有什麼貢獻？家人呢？他無須全部負責，但須展現某些內在力量，至少部分負責。比如可鼓勵他和孩子談，這些分工都請記錄下來。

討論問題的另一個方法是從需要著手，可用生態圖進行，如此可減少陷入問題的負面及洩氣感受。

資源

案主通常不會主動告訴你他現有的資源，除非你問。他也很可能熟悉現今專家式的狹窄問題，就如同當我們告訴醫師胃痛時，不會主動提到家中或工作上的問題，前述那位女士多半不會主動告訴妳，她有位阿姨可以為她看小孩，所以我們必須掌握先機，主動地問。

最容易被忽略的是自然助人者，即親友、鄰居，他們如何提供援助值得了解，接下來過去曾遭遇的問題以及誰協助解決；如個人或家庭的危機，長久以來的困境，誰提供支持？不論結果有效與否，都值得討論。

多數人很難有條不紊地列出一張資源清單，無論是問題清單或生態圖都可作為參考的架構，但若案主抗拒或溝通能力有限時，可用生態圖做會談的工具。

蒐集案主現今與過往的資源時，個案管理師可找出案主知悉但從不使用的資源。如前述的那位媽媽可能經濟困窘，聽過貸款輔導卻不曾用過，這和完全無資訊來源的個案處理不同，同樣案主也可能有許多個人與家庭資源，卻未想過將之列為助力。

　　最後要了解案主以前使用資源的經驗，可以對所提的特定資源多作了解，或就列出的資源逐一詢問，先從優點開始，盡量建立一個正面的討論架構。否則一旦陷入負面的內容，則很難改變，可詢問案主是否願意和原來的工作員持續，爲何是個好的合作經驗等。

　　即使好的助人經驗也可能有負面的部分，這是可以接受的。每次的接觸，案主都會形成某些印象，也可能進一步概化到一切的助人者身上，你需要找出這些概化，好明白案主不能有效使用資源的困難所在。

步驟二：留意事項

　　蒐集資料時，同時進行整理工作，可使用圖 3-6 的表格將案主問題／需要列於左，目前使用的資源列在中間，仍需要的資源在右，這和第一章個案所用的格式相同。

　　案主態度部分的資料也很重要，因爲影響到他未來和資源連結的意願，這是個案管理中重要的有利或不利因素，案主以往的模式呼之欲出，你會留意到他的感受及態度看法是重複出現的，在第四章將有更深入的討論。此處請記得如果案主的感受再三出現，則可留意其思考模式，我們會舉出某些常見的模式，但還有許多是案主獨特的方式，一般來說可由內在、外在資源來分辨模式。

　　內在資源是幫助解決問題的個人或家庭特質，它並不容易指認，最好是由以往的問題切入，較易顯現。如果案主敘述一

個成功的往事，而這些特質及模式反覆再現，幾乎可確定這是一個可靠的資源模式。通常勇氣、腳踏實地、堅持、韌性、自信、壓力下沉著應付都算是內在資源，案主可能擁有這些但不自我肯定或在眼前的問題上未發揮內在潛力。即使失敗的往事中也可見資源，輸了戰役卻得到勳章的勇士舉世皆有。

　　外在資源來自正式資源提供者及非正式助人者。務必留意案主的非正式資源，他找誰傾訴或迴避誰？有無模式可循？實際上，非正式資源較正式資源存在更久且和案主聯繫更深。

案　主　需　要	內　在　資　源	外　在　資　源
1.		
2.		
3.		
4.		

圖3-6　需要和資源表

正式資源是提供服務的專業人士和機構，我們要了解案主和他們的關係，有沒有和哪個機構或專業關係特別良好？比如有些人寧可和社會工作人員或輔導人員談而不肯去精神科，有些人卻只相信後者才能了解他們問題的複雜性。助人者的年齡、性別、種族背景有時也會影響，留意案主的模式；包括正負兩面，下一章再詳述。

步驟三：善用資料

有三種方式可運用案主以往正向求助的記憶，以協助他轉換到當前或未來的求助經驗。

1. 可轉介案主到口碑不錯的資源，昔日的好經驗有可能再次轉換。
2. 可強化某類資源本身即具有的助益性，例如雖然當年的輔導員離開，但只要案主帶著正向積極的態度求助，輔導過程較輔導員更重要。
3. 過去經驗可發揮橋樑功能，轉換到不同的資源上，例如親職教育有效，則可類推婚姻諮商也可能有所助益。

由上可知案主以前的正向經驗是很好的踏板，邁向一個對資源更開放與接受的心態。

步驟四：察覺會談中的問題

會談中隱含很多問題是不能輕忽的，沒經驗的個案管理師

常認為是他們的錯，使得會談冗長或偏離主題，實際上多數的案主都有這種傾向。

很多案主不會有效使用助力，其中當然包括個案管理師。如果案主對你的努力無反應，別擔心，這是正常的。第四章我們會分析背後的原因，要有心理準備，我們的案主很可能不主動也不熱衷參與有關資源的討論，亦可能暗示他們的問題無解或沒人幫得了忙，所以談也無用，甚至否認問題存在或聲稱是別人的問題。

資源評定其實主要是多了解案主，生態圖往往能不帶威脅地完成資料蒐集，你可請案主談談可能存在的助人者，不管他是否會去求助，你可以解釋你的目的只是在了解這些人對案主的重要性。對堅決不談的案主，你只有耐心等待時機，或許會在閒談中提到親友的狀況。

運用自然助人者

親友、鄰居類的資源有些特別的評定問題，這些人不以資源自居，他們對自己或案主的期待也異於正式的助人者，其它如服務類型、頻率、接觸時間、案主需付出代價等，自然助人者和正式助人者都顯著不同。

個案管理師很容易忽略自然助人者，除了個案管理師訓練不足外，自然助人者常讓人覺得他們帶來的麻煩多於協助，這種態度很可惜，因為事實上無論個案管理師要不要運用非正式資源，他們都是存在的。

本書作者所作的研究發現：在抽樣的家庭中，四分之三都

有自然助人者的介入，這些對象還是傳統上被視為社會孤立的一群（註一）。故正視這些自然助人者的存在，我們不妨善用其力。無論質或量上，自然助人者的協助與正式來源不同，他們接觸**頻率更多**、**時間更長**、最常見的是喘息照顧（對兒童、老人或生病的家人）、交通服務、借貸（錢、車、家中所有物等）。當然情緒支持更是居冠，你可以建議案主尋求非正式資源的介入，並將之結構化。

非正式資源協助的代價前已提過，經我們研究發現其功過有時相抵，最常見的問題是衝突、對案主的支配、批評或利用案主的依賴，如鄰居可能在案主去見輔導員時為她看孩子，然而代價是他要知道輔導員所說的一切。這些代價都須包括在評定中，你和案主應先預期可能的代價，再決定是否願意接受，或討論是否有可能和對方協商將代價減至最低。

我們的研究指出多數**自然助人者願意和個案管理師聯繫**，這表示你可以對案主付出的代價發揮調節功能。因為自然助人者，是案主支持網絡中的積極成員，他們的努力是個案管理師要協調整合的。在這階段，先不必決定你要如何協調，重要的是找出這些潛在資源，並且評定案主可能付出的代價。

要了解現存的網絡最直接的方法是詢問案主，問他在危機狀況時向誰求援？以及所需之援助為何？是貸款或幫忙照顧小孩？比如案主突然需要住院，他想通知誰？對方可做什麼？此類的問題幫忙你了解現存的非正式資源。

長期問題方面也要問，有些研究發現對慢性病、智障或精神病的家庭，往往自然助人者較正式資源出力更多，更有貢獻。

（註二）部分案主雖有危機中的短期助人者，但對長期持續的介入卻無人可靠。

最後討論情緒支持，我們都會碰到低潮期，需要有對象讓我們哭訴、傾吐、談心，或提供意見。這種情緒支持是非正式資源最大功能，評定中不要遺漏。

評定完後，列出未來最可能協助的對象；案主最親近最信任的是誰？最樂意接受案主請求的是誰？如此好決定潛在的助力所在。當然不要忘了代價的部分，非正式資源對他們的投入有各種不同的期待，這些是評定及計畫中要正視的。

生態圖

由 Ann　Hartman（註三）所發展的生態圖是一個了解案主與環境要素間互動性質的工具，可幫助個案管理師及案主對主要環境要素如助人機構、雇主、學校、鄰居、親戚、健康照顧者、教會等有更清楚的看法。這圖就像將案主與資源的聯繫作瞬間快照，圖相也反應關係的持續、舒適與平衡。

生態圖描述的是一套交換，無論能量或實質物品都會在人與環境間流動，生命若要安適滿足，如此的交換連結必須存在，而且較無壓力且平衡，就像我們生病時需要近便的醫生、診所、急診服務，服務者也需要獲得合理的給付。

有時案主與環境中某部分的聯繫充滿壓力，比如一個人在工作場所與其上司交惡，或憎惡其工作，他的壓力會帶給家人

影響。

平衡的聯繫，指當個人與環境中有相當均衡的能量和資源交換。就像一個人得到合理的工作，購物有合理的價格，或投資在工作和休閒的能量相當。一旦聯繫成為單向流動，不平衡於焉而生，比如家庭中母親全心全時地照顧家族，卻只換來批評。

多數的人都有某些聯繫是緊張且不平衡的，這是生命中的不圓滿，但若這些聯繫過於強勢而無其它可靠及滿足的聯繫予以平衡，案主的問題就非比尋常了，他們的生活將困難重重，挫折苦難不斷。

生態圖一張紙即可呈現所有聯繫的狀況。該工具提供一清晰有效且具體的方法，來圖示案主與環境中重要元素的聯繫。通常一次會談就可完成，一般案主的回應也很正向，他們明白這圖反應出他們對環境的看法，也因參與這個過程而創造出自己的生態圖。案主越投入完成自己的圖，這份資料的參考性自然就越高。空白的生態圖如 3-7。

完成生態圖的六個步驟

1.於圖中央圓圈內畫出案主家係圖。女性用圓形，男性用方形代表。獨居者，只有一個圓或方形，有時一個家庭可能有好幾位同住一處。共同居住者，請用線圍示。若有友人或寄住者在一戶內，可將之畫出但無須用線將他們圈在家係圖中。圓或方形中請標示成員之姓名及年齡。

2.和案主談環境中的重要元素。若案主是一個家庭，則每位成員都可表示意見，但不必要求鉅細靡遺，只要列出重要

生態圖

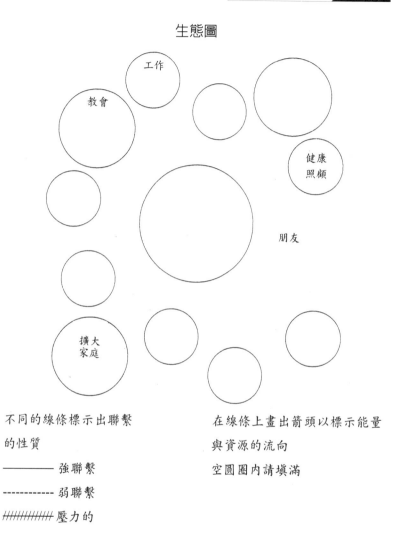

不同的線條標示出聯繫
的性質

———— 強聯繫

------------ 弱聯繫

//////////// 壓力的

在線條上畫出箭頭以標示能量
與資源的流向

空圓圈內請填滿

圖 3-7　空白的生態圖

的元素即可。這可能包含正、負兩面，比如案主被告並判罰鍰，他的律師和法院都很重要，但未必是正面因素。現階段不存在但卻應有聯繫的也要包括；如一位失學、失業的青少年，這兩個圓圈仍要畫，只是和案主間是沒有線聯繫的。

　　下列元素都可放在生態圖中，你也可以自由增加。

擴大家庭	教會
朋友	娛樂
鄰居	工作
公共安全	個人服務
司法部	商店
健康照顧	教育
社會服務	幼兒照顧
公用設施	交通

　　3.和案主談論他與各元素的接觸經驗。可了解聯繫的情況是持續或短暫、舒適或壓力、平衡或失衡，切勿直接用關閉式的問題問案主，通常從對方的經驗描述或故事中可以整理出一模式。若是家庭，則須要在各成員的描述中找到共通點。

　　一旦聯繫的性質清楚後，可用下列圖示來代表。

　　　　　連續的————
　　　　　薄弱的------------
　　　　　壓力的//////////////
　　　　　資源能量流向
　　　　　流離　R
　　　　　流向案主　S

你可用自己的代號，星星或線條不拘，重要的是你和案主

同意且了解，有些個案管理師甚至用彩色加繪。

4.生態圖完成後請和案主核對。務必和他的經驗相符，否則須再修正。生態圖是一個快照，非一部電影，因此它會改變，這個月和下個月的情況，可能就有不同。

5.評定結果時，詢問案主他的全面印象。生態圖提供的是一個全圖，如前面輪軸比喻，我們藉此了解各重要聯繫間的關係。

首先問案主或家人他們的看法，以避免自己的成見，評定最重要的是全面平衡。即薄弱或不存在的聯繫是否藉強有力且持續的聯繫來平衡？能量與資源的交換，是否平均？此處的平衡不是指斤兩般地計算，而是一個通盤狀況的了解。勿忘對強聯繫給予正面的評估。

6.運用評定做出計畫。一個計畫可以包括：
‧目前不存在的部分發展聯繫
‧強化鞏固弱聯繫
‧壓力處減壓
‧增強案主能力以因應或調節環境的要求

執行上述計畫，需要第六章提到的很多技巧，下例可說明生態圖的建立和評定。

　　這是一個社區心理衛生方案的個案管理，案主麥克（四十七歲）乃一精神疾患，和三位室友住在一社區家園。三人均為低收入單身男性，相處尚融洽，雖然麥克表示和室友並不親近，但需要時可向他們求助，比如借

少量的錢或食物，偶爾也和鄰居外出進食或看場電影。所有的居民認為房東很差，住屋的水管經常不通，他們必須聯合抗議，房東才肯維修。

麥克的母親已年邁且獨居在同一小鎮，麥克自顧不暇，無法善盡孝道而愧咎不安，他也覺得母親對他多所批評。麥克有兩個兄弟，但接觸有限，只有在節慶時或偶爾以電話聯繫。

麥克有一份半工，是在附近超市做打包工人，他喜歡這份工作，也喜歡雇用他的老闆，但他的直接上屬卻非常挑剔。工作近一年，多數的同事都比他年輕，麥克覺得沒人願和他做朋友，有時同事嫌他反應遲緩，而麥克知道這和他服用的藥物有關。

麥克的社交活動是教會，他參加週日早上的禮拜，他也十分喜歡下午教會提供給附近遊民或貧戶的晚餐，每週日的晚間教會有一個對精神疾患的支持團體，他也偶爾參與。

麥克主要的健康問題有高血壓、過重、吸煙，自從他原來的醫生在兩年前退休後，他就沒有固定的醫師，他需要高血壓處方以定期服藥。他每月固定在社區心理衛生中心的精神科門診拿藥，也和個案管理師會談，因為沒車，必須步行或乘公車前往看病。

數月前，麥克和以前的一鄰居打架，麥克認為對方挑釁，他推倒以致對方傷到後腦，警察將麥克收押處分，給他一年的觀護期，他每月必須向觀護人報到。

　　麥克除了覺得寂寞外，並無抱怨，他渴望與異性的
親密關係，但對女性的冷淡回應沮喪無比。

　　麥克的生態圖顯示他和心理衛生中心、教會、鄰居的聯繫
穩定，他投入能量維持這些關係，也從中得到滿足。雖然支持
系統不強，但卻近便可及，似乎可補足他與手足、法院、醫療
體系間的薄弱關係，和母親、房東、同事的關係是有壓力衝突
的，親密關係渴望卻不存在。

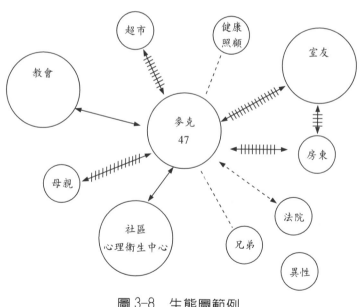

麥克生態圖

圖 3-8　生態圖範例

　　當麥克的個案管理師看完這分生態圖後，她和麥克共同擬定了一份計畫。她將麥克和雇主、房東的衝突關係列為優先，也將強化醫療照顧列為必要，好讓麥克的高血壓得到控制，她希望找到一位能長期提供照顧的醫師。

　　法院目前不是重點，麥克對它的調適尚好，個案管理師打電話給觀護人，了解狀況並非緊急，對麥克的兄弟亦然，目前並無緊急需要他們介入，至於母子關係，如果麥克的兄弟能多照顧老母一些，麥克的內疚可能減少，個案管理師特別為此註記。

　　至於異性關係，個案管理師準備和麥克好好談談有什麼可行的方法，可以增加他與女性的接觸。

　　由上可見生態圖可將很多資料匯總呈現，你除了用它做評定工具，案主也可表示意見，並增加對自己現況的了解。

　　另一種方式是你依據自己蒐集到的資料獨立完成生態圖，而藉由該圖協助整理思緒。

資源檔案

　　繼案主部分的資料收集和整理之後，我們將介紹另一種資源檔案管理。你所用的資源，有些偶爾使用，有些須翻電話簿，有些已記在心，凡此種種如何整理？

資源檔案是指為了服務案主將所有有用的資訊蒐集並儲存的方法，這是針對個人需要而設計，可能對在同一領域的工作員也有用，故有些檔案是個人保管，很多則由機構保管。

不論使用者有幾位，檔案管理應有專人負責，個人須為自己的檔案負責，單位內多半由秘書總管，但所有的使用者都有責任定期更新，最好能電腦化管理。所有個案管理師均應順利得到最近資源資料，如果能有個人的資源檔互相比對更理想，但多數機構尚無法做到，所以我們建議一種簡單的方法。

簡單的作法是一本分類的筆記本，用活動分頁板隔開，以資源名稱、類別分類，依英文字母序排列，格式如圖3-9。

最重要的資料在每頁的上端：姓名、地址、電話、聯絡人、服務項目，另外包括案主申請資格，如特性、地區、費用等，甚至包含交通或語文等備註，這種一頁式的簡單檔案內容可由你自行增減。

有些機構會發行資源手冊，通常廣泛地納入社會福利或健康照顧的分類，這些也很寶貴，但並不能取代你的個人檔案，因為後者有你的註記，比如和誰聯絡較好，由案主聯絡或個案管理師聯絡較好等細節，這些經驗記錄下來也可和同事分享。

每天的工作中，資源資料無時不在累積，並非要透過特殊聯繫才完成這樣的檔案，只要和正式機構聯繫時，在資源檔的表格上記下重點即可。有時對新資源，即便無案主轉介，也可先聯絡了解並建入資源檔。

資源建檔必須成為一種習慣，隨時隨手保持最新資料，如此可省去很多時間，也可使你的案主能快速有效地找到助力。

資源檔表格

1. 機構名稱

2. 地址

3. 電話

4. 前往的交通指示

5. 上班時間

6. 提供的服務 　　　　　　　　　聯絡人

_____　　_____

_____　　_____

_____　　_____

_____　　_____

7. 申請資格

8. 服務地區

9. 案主特性

10. 費用

11. 交務服務？　　有　　否　　條件

12. 員工通用語言

13. 員工的種族背景

14. 備註：為減少轉介問題，請列出其它有關資源的能力、限制、附
　　帶條件等

_____

_____

圖 3-9　資源檔表格

結　語

　　本章提供了兩種資源的整理方法，相信可以提高工作的效率及效能，其一是將資源依下列屬性分類：

內在

　　・個人

　　・家庭

外在

　　・非正式

　　　　・自然助人者

　　　　・志工

　　・正式

　　　　・公部門

　　　　・民間

另一類是案主與環境互動狀況的整理，我們談到兩種交流。

　　・需要／資源

　　・要求／能力

　　本章的後半段，我們提出三種整理資源的方法。第一是會談大綱，指引案主談使用資源的經驗，另外也介紹了生態圖和資源檔的格式。

　　個案管理的技巧部分，至目前為止我們都是針對一個個案，找出主要問題、建立關係、尋找主要資源以協助問題解決，這

些工作的結果應該有一書面服務計畫。

　　個案管理師現在面對的重要問題已清楚，資源找出來了，何以案主裹足不前，不願使用？這個複雜的問題，下一章將提出一個評定過程，有助你找到解答。

註解

1. Ballew, Julius: Role of natural helpers in preventing child abuse and neglect. *Social Work, 30:* 37, 1985.

2.同上。

3. Hartman, Ann: Diagrammatic assessment of family relationships. *Social Casework, 59:* 465, 1978.

第四章

評定障礙

　　進入此章時，我們已談過如何和案主建立關係、認定問題、尋找潛在資源。接下來是何以案主不使用資源？本章將提供一個系統性的答案，來引導你進入成功協助案主連結資源的行動。

　　就前面所引的停車場比喻，我們目前仍在「評定」的角落，資源評定以外，我們將進入障礙評定。

　　本章你將學到

・有關障礙的議題。

・如何了解障礙的種類。

・如何辨明五種外在及四種內在障礙。

・如何找出並處理先天的失能。

障礙是什麼

　　本書中指的障礙是「**得到所需資源的困難**」，也就是無法有效得到或使用協助。你可想像案主與資源間存在一條直線而不應是彎曲、斷裂、阻斷的線，障礙正是此一直線間的干擾，它也是個案管理師不可忽視的焦點。有些障礙來自環境，如資源不存在、案主條件不符或付不起費用；有時障礙來自案主對求助的態度或對改變的動機；也有時障礙來自案主與資源提供者的互動、案主不合作或助人者有虧職守。

障礙 vs. 問題

第三章我們討論了問題的認定；問題是案主生活中的困擾，可藉一個助人的資源得到修正或解除。障礙則是阻擋接觸資源的干擾物，若個案管理師將兩者混淆，則會被眾多的問題弄得像案主一般地混亂。

比如一位低收入的母親住屋漏水，廚房也不堪使用。她需要學習理財以及戒酒。她的青少年子女均為虞犯，在校惹事。她的需要是多方面的，但最深層她必須先面對自己的自我放棄，多年前她就深信一切努力終是徒勞無功。作為個案管理師，除非你能對這位母親的自覺作些改變，否則她不可能改善上述問題；如果你將她的問題接到自己肩頭，很快你會像她一樣絕望，因為追根究底是她的態度阻撓了她有效地使用助力以及解決問題，個案管理師必須先從這樣的障礙著手。

個案管理師的角色

個案管理師的主要角色是克服障礙，並協助案主連結資源。通常他不一定要親自解決問題，但有時他必須對問題提供直接的服務，比如當案家有成員會受到立即身體危害時，或是當個案管理師須藉由提供具體服務以建立信任關係時。

多數的個案管理服務對問題解決只屬間接影響，也就是協

助案主運用其它助力，他只要專注排除障礙就好了，問題部分留給其它助人者。但真實的世界很難清楚二分。我們對於個案管理師角色的直接與間接服務應持平衡看法。

　　個案管理師最初的工作目標是協助案主連結資源，爲此他需要混合多種直接和間接服務。間接服務都是爲克服障礙所作，直接服務則是緊急時或爲強化間接服務目標所作。前例中，個案管理師可能協助案主修繕房子，但如此做是示範案主生活中她仍可擁有些主控權來改善環境，所以提供的直接服務會影響到案主的態度，希望能打破障礙，讓他接受其它協助。

　　助人者多半因著對人的關懷、同理而選擇從事助人專業，但這樣的特質可能對個案管理效能造成一陷阱。很多時候，我們無法克制對案主的同情而陷在他們的困境中，拚命貢獻點子。

　　切記：做一個個案管理師，你的工作是教導案主去找以及有效使用資源，你不一定要成爲服務的提供者。或許你質疑這樣的效率？何苦如此繞圈子？當我們重新審視案主的兩個特質：多重問題非一人能全部解決是其一；其二，目前的問題已顯現出他有效求助的困難日後還會再現，幫他解決不如教他學會和眾多助人者合作，而非全然依賴其中之一。

　　本章所論的角色也包含較屬臨床的角色，個案管理師需要評定案主的心理狀況，才能協助他突破內心障礙。我們並非指精神疾患，而是一些在溝通模式上無法有效使用資源的對象。

障礙的種類

任何分類都可能削減對案主個別差異的重視，然而累積的經驗是最好的老師，因此由經驗發展出的分類仍有其教學價值。

我們將常見的障礙歸納整理，基本上有三大類，而每類之下又有細項，這三類是**外在障礙、內在障礙及恆久性失功能**；並非每個個案都會經歷這三種，也不見得這三種分類周全，重要的是了解障礙的涵意並看到案主的模式。若你發展出自己的分類也很好，分類只是一個組織思緒的過程。障礙的分類和個案目標有關，因為你的介入是要克服障礙達成目標，本章只談分類，後續的章節才討論如何使用分類來設計處遇，以達成目標。

一、外在障礙

因案主**環境**的不足無法提供所須的協助，這樣的資源缺乏非案主所能控制或影響，稱外在障礙。外在的不足可能有幾種：

- 資源不存在或不能滿足案主的需要。
- 資源存在但並不符合此特殊案主。
- 資源存在但案主不知如何使用。
- 資源存在但所需的次要資源不存在。

二、內在障礙

凡案主的信念、態度、價值觀導致他無法求助或接受協助的行為均為內在障礙，這些困難是案主可掌控的，但案主並不認為是可修正的。

三、恆久性失功能

這些削減案主有效溝通或積極參與能力的困難，共有幾類：
- 心智遲緩
- 酒精或藥物濫用
- 嚴重精神疾病
- 特殊身體失能影響溝通

或許對你的某些個案，你會將上述情況列在問題項下，或許你將它認定為內在障礙，但未與案主討論，或許雖討論案主卻不同意。有效的個案管理是否一定要和案主取得共識？通常外在或恆久性失功能障礙較無爭議，內在障礙往往案主並未意識到也無自覺，較易形成歧見。個案管理的很大一部分是增加案主自覺，協助他看到內在阻力。因此，開始時案主不同意也無妨，不過建立共識是工作過程中的早期重要目標。

何時進行障礙評定

　　評定問題的同時即可評定障礙。談問題時，你自然對案主的因應有所了解。我們將障礙評定放在資源評定之後是因為學習上的方便，而非順序上一定要如此。

　　一般我們從恆久性失功能的項目較易進入，因為案主是否能溝通是一目了然的。再來是外在障礙，這些多半非案主所能控制，較不會引起防衛。內在障礙通常被保留到最後，因為需要對案主有相當認識，包括了解和他情緒相關的功能，因而評定要審慎且緩慢。

　　接著將進入各類障礙的詳細說明，外在障礙的相關處理在第六章，內在障礙部分在第七章，我們也會特別談到恆久性失功能的個案管理。

指認外在障礙

　　存在於案主環境中的阻力或欠缺，使他無法得到所需資源的通稱外在障礙。又可分四種：

　　1. 資源有限制。可能所需的資源不可及或不足以滿足案主的需要，如醫療專門性服務昂貴或在大城市才有，或是平民住宅，對低收入而言，仍可望不可及。

　　也可能是資源存在但不符案主個別需要。如一般輔導機構

熟悉中產階級和有動機的案主，一旦和少數民族或低社會經濟地位、抗拒的案主工作，則差距很大。有時提供服務者無法說案主的方言也是一例，比如某城市中的教會對亞洲難民服務，發現他們雖在當地成家建屋，但語言障礙仍使他們無法取得服務。

2. 無法連結資源。或許案主不符合申請資格，低收入的門檻甚高即為一例。或許案主無法付費，或是不知如何填寫申請表格，或許服務未完全公開，大眾對其無所聞。有時工作員的負荷過重，無暇開發案源，所以可能案主面對數十頁的申請表格無從下手或是在等候名單上久等無下文，近來電話語音系統的使用很可能對潛在的案主群帶來極大的挫折感而使他們卻步。

3. 資源已被案主耗盡。所需的服務雖然存在，但因案主曾過度或不當使用，因此拒絕服務，經常和提供具體服務的方案有關，如食物、衣服、中途之家等一個月僅能申請一次，或是急難救助，一年只能請領兩次。

不當使用的例子比如一個媽媽將子女透過民間機構安排寄養，而後每週至少兩三次打電話向工作員或督導用極粗魯的語言批評其不是。一旦孩子安置期滿，這家機構終於如釋重負，自然以後母親再申請時，機構會較不情願受理。案主若經常遲到或無故缺席也會使資源終止服務。挑釁敵意的案主亦然，特別是對非正式的助人者。

4. 缺乏次要資源。找到資源後，案主未必能持續地使用服務，最常見的困難是交通，美國城市中大眾運輸並不便捷，車站常常距住家或機構有一段距離，如此媽媽帶小孩就醫十分不便。

　　單親家庭的幼兒照顧亦然，因為缺乏分擔照顧人手，使得這些單親父母無法利用很多課後資源，服務提供者應了解這樣的限制，並在機構時間表內考慮案主的困難。上述交通及幼兒照顧兩類需要可由非正式的親友協助，或是偶爾志工幫忙。此外，對殘障案主而言，機構若屬有礙空間，也會形成另一種次要資源的不足。

　　這些次要資源經常在服務使用的計畫中未被列入考慮，而成為事後的障礙。

指認內在障礙

　　凡阻止防礙案主有效得到協助的態度、信念、價值都屬內在障礙。這些常是個人人格的部分，大多數人未必能很快指認出來，這類問題也並非由問答中可得到助益。

　　如何評定內在障礙可從案主的溝通或其它行為模式中窺得其貌，仔細傾聽案主對自己或對世界的說詞，以及他所作所為中透露的信念，記下某些別具深意的話或行為，若發現它再三出現，則可能意味著某種模式，本章後段會教你指認這些內在障礙。

我們如何發展出概化（generalization）

　　基本上，態度及信念都是我們從經驗中擷取而形成之概化，這些態度一旦建立，我們就將其視為真實世界的反映，並以此做為行為的引導。概化是人類內心一項必要的活動，溝通或行

為模式只是我們內心存在的概化之具體表現。概化對人的影響很大，我們無時不暴露在巨量的感官資訊之下，當你讀這本書時，你的視覺在吸收資訊，同時你的大腦也在輸入聽覺訊息，如果你摒息留意，或許你會注意到身邊許多平常不察的聲音，嗅覺、運動肌肉知覺也一樣地被輸入，你的大腦無時無刻不在登記你的身體姿勢、溫度、呼吸、心跳、內在器官等之狀況。

專注時你更能意識到上述情況，但平常當你閱讀時，這些資訊只是進入並儲存在潛意識，你專注的能力僅及整個資訊的一小部分，這個稱做選擇性的知覺，這是一個非常有用的技巧，若無法有選擇性地知覺，我們將會被環境淹沒。

選擇性知覺並非偶然發生，通常有一套固定的規則指引我們注意什麼或忽視什麼，這規則就像是一套內心的優先順序，而它們是基於個人生命經驗而為你獨特所有，這些因人而異的順序使兩個人看完電影後有截然不同的印象與解釋，雖然他們接收的資訊是一樣的，但因內在順序的不同使他們專注的焦點也不同。

這些內在順序也引導我們在不同情境下採取行動以滿足我們的需要。讀這本書時，你的內在順序告訴你有組織的行為及思考對你學習有所助益，此時你可能忽視其它順序如吃零食、打電話、睡覺等。即使同樣專心閱讀，每個人仍有自己的內在順序，讀後有人運用到個人生活，也有人運用到工作上。

內在順序來自概化，而概化來自生命經驗，概化正是我們將吸收的大量訊息重新組織，並賦予意義。

概化實例

以門為例，你生來並不了解門，從看別人到自己試著開關門，在有限的經驗後，你對門形成某些概化的想法，如「門是這樣操作的」，這樣的概化使我們不須一生中面對門時就將之視為一全新的現象，概化的能力是學習所必要的。

如果你早先接觸的是一般內外開的門，你已習於轉動把手再推拉開關的方式，當你碰到一扇左右滑動的門，將如何處置？你自然需要拓展你的概化以包括這種新資訊，至少你還需要加入旋轉門的資訊，自動門當然也不例外。

或許你從不自覺地學習了這麼多有關門的資訊，從童年早期就透過潛意識的管道不斷吸收，成長後你無須對門做有意識的思考，而對門的行為是自動的，潛意識的功能正是全自動的，你不經思考地去做。

上述的例子說明行為被決定的過程，生命經驗中淬取出概化，概化引導行為並設定出內在順序，因此概化從溝通或其它行為形式中表達。任何行為的表象之下都可找出隱藏的概化及生命經驗。

如果你有一個巨碩型的案主在生命中飽受進出門之苦，你可以推論他對門的概化是失功能的，你會發現很多案主也擁有

過時或不合宜，甚至失功能的概化想法，這些案主的困難自然不是在門，而是在於求助並得到協助，其下的概化過程當然更為複雜。但不論多複雜，形成概化的學習過程是一樣的，目的也是一樣——引導行為以滿足需要。

關於自我概化之例

一個父母極為挑剔的嬰兒，總是被和父母偏愛的哥哥做比較，他的生命早期經驗有許多來自家庭的影響，引導他將自己的能力概化成他是笨拙的。這樣歷經數年的強化，等他入學後，他沒有自信，認為自己努力也無用，因此自暴自棄，一事無成，更增強了前述的概化。除非他有其它的經驗修正這套模式，否則這樣的概化會持續一生。若他碰到一位敏感熱心的老師，能了解他並提供他對自己的新資訊，以平衡昔日的舊資訊，或許還稍能改觀。故概化的根源是生命經驗，在特定的經驗中自有邏輯可循。

概化也是相生相續的，在概化的基礎之上，我們選擇性地認知我們的環境，也選擇性地採取行為與環境互動。緣此，我們只意識到和我們概化一致的知覺。聽、看皆然，我們有意識的選擇去經驗這個世界，這又強化我們原有的概化，使這些態度、信念相生相續。同樣被我們過濾、忽略的經驗也是因和概化不一致而遭排除，第七章我們將講更多概化的改變。

　　概化既是自動、潛意識的運作,通常要檢查、分析或改變都非一蹴可幾。除非環境要求,比如見到一扇新門,我們可能還先選擇逃避,除非某些基本需要再也無法得到滿足,我們才會勉強嘗試這扇新門。

有關概化的概化

- 概化是人類功能中正常且必要的。
- 概化既形成,我們將之視為真實。
- 概化引導選擇。
- 概化引導行為來滿足需要。
- 概化多在潛意識層面操作。
- 因為支持有選擇的知覺,使得概化相生相續。
- 多數的概化能為我們所用。
- 有些過時的概化成為失功能。
- 當我們受選擇性知覺所圍,無法吸收新資訊,以及抗拒改變時,概化就無法去陳佈新。

會談中指認模式

　　我們的評定是透過分析案主的溝通及行為模式,並推論行為下的概化而完成。我們也可以推論生命經驗如何模塑出概化,或是從概化去推論生命經驗。總之,存在於生命經驗、概化及行為三者之間有其必然的邏輯關係,你需要彈性地切入進行評定。

　　生命經驗可從收集個人史著手,家族經驗亦十分重要,因為它與個人的成長息息相關。傾聽時,試著同理並想像那樣的

成長所別具的意義。只要專注，你定能找出案主故事中的主題，某些想法感受或經驗會重複出現而成爲個人的特色。

這些主題就是概化，雖然一般很少能明述之，多半要個案管理師悉心指認，找出案主生命中的某些「宿命」，而案主本身未必有自覺，在眾多生命經驗中，案主選擇向你表露的，其前因後果正反應了他的概化，包括他不經意忽視的部分。

內在障礙的面貌

我們將內在障礙分爲四種，雖不一定周全，但卻是大多不易求助人的通性，每一種面貌又可分四類元素：

1. 某種生命經驗的描述，導致一種形成內在障礙的概化。

2. 某種和概化相關的結論或陳述，由案主立場表白。

3. 與概化相關的感受。

4. 與概化相關的行爲模式。

1. **悲觀論（Pessimism）**

生命經驗：通常無法達成生命目標者變成悲觀論者，一切的挫敗都被解釋成自身的無價值，生命中也接收太多意義他人給予的否定訊息，如兒時受虐或被忽略。

結論：「無論我做什麼或多努力，總是徒勞無功，我既沒能力也無助，我的問題太大，即使有人願意協助也不可能解決，不過我何德何能，誰會幫忙我？求助只會使我再受挫，我的未來不會改變，生命真無奈。」

感受的特徵：沮喪、冷漠、虛空。

行爲模式：無望、依賴、無助、退縮。

2.批判論（Criticism）

生命經驗：如悲觀論者，批判論者也經驗了許多挫敗，他或許收到些自己有價值的訊息，但不足以讓他自在自信，他承受很多批評使他敏感，也努力反證，他的雙親可能一個挑剔、另一個支持他。然而他自認命運不公，自己不幸飽嚐苛責、誤解。因為他不想承擔甚至逃避責任，因此極少得到讚賞。

結論：「生命中我不是失敗，就是被不公平地責備，要我為失敗負責。現在我長大了也受夠了，我學到將責備和責任投射在別人身上比扣在自己身上好過。當我對人生氣，批評別人不是，我就不再覺得自己一敗塗地，我表現得彷彿別人比我更需要幫忙，生命真是混蛋。」

感受特徵：憤怒、失敗。

行為模式：批判、指責、攻擊、防衛、找碴。

3.宿命論（Fatalism）

生命經驗：很多宿命論者童年生活極不穩定，關係也是短暫且不可測，重大事件無人解釋，使一切看來好像都無由地發生；他或許因父母的反覆無常曾無故地受寵或受罰，童年對他好壞兼有，但內心深處有一種恐懼。

結論：「生命真混亂，我只是命運的一個棋子，被如何擺佈，非我所能控制，何必枉費力氣做計畫，過一天算一天，及時行樂，碰到問題，能閃則閃，或許問題會自然消失，我們不可能預知問題，求助也大可不必，生命真不可測。」

感受特徵：焦慮。

行為模式：衝動、解組、危機重現、無計畫力。

4.犬儒論（嘲諷論）（Cynicism）

生命經驗：犬儒論者的生命主題是圍繞著背叛。當事人飽受被引誘及被拋棄之苦，因此充滿失望，也學會不再對人期待。他知道自己的力量，然而對人的不信任加上一點自信使他一味地自給自足，不假外求，以致在家中也像個外人，感情上與父母相當疏離。

結論：「我不相信別人會照顧我，他們總是利用我的弱點傷害我，我奮力做到自給自足，以控制一切，我絕不能讓人看到我的需要，否則他們將對我不利。無所求自然不會失望，生命真孤獨。」

感受特徵：寂寞。

行為模式：控制、過度獨立、距離、否認、冷淡。

當你讀畢上述幾種面貌，或許你已在自己的特質中找到熟悉的呼應，我們多半都曾用過這些方式生存，這是正常的，但如果使用時只固守一種、過度使用導致痛苦或自我毀滅，則另當別論，如果案主使用屬於極端，可考慮為內在障礙。

上述面貌不太可能以純粹的形式出現，案主常常呈現幾種的混合面貌，但其中仍有一主要模式。重點是你能用模式、概化的思考去了解案主的生命經驗，以協助他求助。故找出模式才能克服並跳脫出舊有的框架，第七章會有更多討論。

指認恆久性失功能的障礙

恆久性失功能者因本身的限制，無法和助人者溝通，個案

管理師評定的關鍵是雙方溝通受阻的程度，真正的障礙是案主連是否接受協助的意願都無法表達，或是無法做決定，比如昏迷必須倚賴他人代做決定，這樣的情況形成求助的阻礙。

　　其它狀況從輕微到嚴重的溝通障礙都有，個案管理師可從以下管道評定；(1)你個人和案主的會談。(2)事前或事後聽取專家意見。評斷當事人是否能參與個人計畫並不如所想的單純，多數個案管理師未必能做出診斷，諮詢專家有其必要性。

　　1.心智遲緩：有些案主被個案管理師描述成「低功能」，他們的理解反應都慢，無精打采也無動機，然而他們可以會談以及了解簡單計畫，執行日常任務。若當事人連上述都做不到，則心智遲緩就是他的恆久性失功能。心理師的評定可提供專家意見。

　　2.酒精及藥物濫用：酒及藥物濫用對個人、家庭危害甚深，少數情況下也會干擾到溝通，如造成案主昏迷、神志不清、語無倫次，或是案主酒後宿醉無法清醒談話，有些案主喝了就睡，醒了再喝，使你無機可乘，此時找尋並諮詢戒斷專業人員實屬首要。

　　3.嚴重精神疾病：有些重鬱病人極端退縮、拒絕溝通，也有些溝通無法理解，如強迫性地說話，說的卻無意義，也不容許你插入引導會談，這樣的對象，無法溝通、表達決定或參與計畫，也屬恆久性失功能的障礙。必須諮詢專家得到診斷，如果須找監護人則應先完成精神鑑定。

　　4.生理狀況影響腦部功能：老年失智、腦部病變、外傷、腫瘤等也可能影響溝通，個案管理師接到非開放性腦傷的個案

越來越多,多半是意外傷害中頭骨未受損,但腦部卻有傷,醫學的進步使這樣的患者得以存活,他們的基本溝通能力尚好,但做判斷和計畫的能力卻嚴重受損,這部分的診斷必須找專科醫師或心理師協助。

恆久性失功能障礙的處理

　　個案管理的理念是鼓勵案主在受助過程中做最大的參與。恆久性失功能障礙使個案參與受限,服務也成為非志願性;如寄養安置或強制就醫等。

　　多數需要個案管理的人不需要非志願性服務,需要非志願性服務的往往是由某些特殊機構,如照顧心智遲緩者或慢性精神病患的心理衛生機構提供。即便你不受雇於此類機構,偶爾仍會碰到恆久性失功能者且尚未接受這類非志願性服務的個案,因此,我們還是將此類個案管理簡述之。

　　基本上恆久性失功能者的個案管理和本書內所述的基本過程並無二致,幾點特別注意事項我們將依管理的階段強調之。

　　當案主無法參與為自己做決定時,如極度心智遲緩或老年失智的末期,個案管理師需擔起較多責任確保某些決定不被延誤。正是這份責任分擔的不同,刻畫出個案管理師必須代恆久性失功能案主行使最佳利益與決定。

第一階段　建立關係

　　建立信任關係對恆久性失功能案主而言，較不重要，因為這樣的對象，你多半是代他們行使權利而非協助他們自己行使權利，因為無法做決定，所以也談不上要他對個案管理師有信心，一般做決策的應另有其人。

　　案主應有一個法定代理人為他做重要決定，如果沒有這樣的代理人，則個案管理師的首要任務就是找到一個可以接受這角色的人，例如成年心智遲緩者的父母只要一息尚存，仍會積極介入子女的生活，他們擔任法律上監護人之責，即便心智遲緩者不與他們同住，任何重要決定仍由父母代行之。

　　一旦找到法定代理人，個案管理師必須和對方建立良好的工作關係，就如同和一個有能力的案主一般，故建立關係是指和這位案主代表而非案主本人。此處的危險是角色混淆，因為代理人畢竟不是案主，個案管理的一切應以案主福祉為依歸而非其代理人，只有建立關係部分的努力是轉向代理人。

　　角色混淆在一個計畫團隊為案主做決定時很容易出現。通常好幾個專業人員會在個案研討會上提出建議，而個案管理師常居團隊主導，即使案主代理人出席時亦然，第二章所提的角色澄清步驟，可用來確保每個人對彼此期待有起碼共識。

第二階段　評定

　　首要的評定是針對恆久性失功能影響參與能力的程度先作了解，諮詢專家有助於評定的確立。往往很失能的人仍可某種

程度的參與計畫，唯有完全無法參與的人需要下述激進式個案管理，不過這一切都必須以精確的評定為準。

案主若已確定恆久性失功能，下一步是找出可以成為案主代表的支持人士，該人不一定是法律監護人，雖然法律的正式性對許多重大決定如財務處分是較合宜的，代理人通常由非正式助人者出任。若找不到，支薪的監護人或志願者透過機構安排的兩種做法也可行。多數的州有公部門成人保護服務，必要時協助安排監護。全美國有兒童保護服務協助兒童得到監護。

如果案主住在一個保護性的環境內，如醫院或團體之家，下一步是找出計畫團隊的各個成員作為正式支持系統。這和評定外在資源的方法一樣，這個團隊的形成和活動將敘述於後。對目前尚獨立生活，未惡化到保護安置的個案而言，工作重點有所不同，以找出非正式支持系統為要。

非正式支持系統的目的，是在保護安置前確保現況中案主的安全，組成分子多是親友及鄰居，偶爾需要偵探的功夫才能找對人。近親可能已疲於奔命，或許有些遠親尚不知情或從未被要求協助，我們發現一般人很難主動提供協助，但只要開口，多能回應，若適當表達案主的需要，對方很難拒絕。推銷員或募款的人深知其中道理，找到可能的非正式助人者，就可從他們那找出更多可協助的人。

同時也可以接洽正式資源，第三、六章均有述。資源評定的過程除了案主不參與之外，恆久性失功能的案主和其它對象作法一樣，只是個案管理師對案主需要做更多預測並採取步驟使他得到服務。

第三階段　計畫

　　計畫部分你將與案主代表共同設定目標，排出優先順序，這可能減少對方的抗拒以加速計畫的進行。不過計畫經驗不足的人也可能定出一些過高的期待，是現有資源無法達成的。

　　恆久性失功能的複雜性常需要團隊合作方竟其功，一個專業人員很難備全所需的一切知能來提供必要的協助，評定資源時先找出所需的助人者，隨後個案管理師要把這些人組成工作團隊。

　　團隊在此有兩層意思，第一，我們想傳遞這是協調式的努力，各個專業獨立運作，各司其職是行不通的，恆久性失功能者需要完整的照顧，同業間很容易重複服務，甚至抵銷彼此的努力。第二，除了分擔努力外，團隊也意味著分擔責任，決定必須具前瞻性，有些甚至攸關生死，這樣的重擔不應交由一人承擔，即使是法律指定代理人，可代案主做決定，他也能從團隊建議獲益。

　　第六章提到很多結合正式助人者的方法，第八章所述關於個案研討的進行也是團隊合作的管道。

第四階段　獲取資源

　　本階段主要策略在發展出一個自主的支持網絡，它的自主在於它必須獨立於案主之外發揮功能，因為案主的失能，支持網絡的目的是填補失能造成的縫隙，如同截肢者使用義肢，這個網絡就像案主的義肢。第六章提到的連結或調節的技巧均有

助於結合這個網絡，僅以下例說明之。

　　一位成人服務組的社工員接到轉介——六十五歲的史太太，警察接獲鄰居報案，因為鄰居好幾天不見史太太，怕她生病或受傷，警察敲門無人應後開門而入，發現史太太在溫和的天氣中獨坐搖椅，身上包了幾床被，她不知來者何人或為何而來，也堅持自己沒事，不想被打擾，可是她不記得上次進餐的時間，也說不出任何可協助她的親友或緊急聯絡人。

　　個案管理師的拜訪和上述雷同，史太太雖友善但狀甚迷惑，也不記得警察來過，她說親友全已過世，僅留她一人。個案管理師見房間很亂，需要打掃，他提到史太太似無力維護房子，史太太聞言大驚，稱房子是她僅存所有，不願離開。

　　個案管理師接著拜訪了報案的鄰居，她搬來史太太隔壁才一年半，雖不十分相識，但她注意到史太太的心智功能在近數月衰退。她二、三次見史太太遊蕩附近卻不認得家門，雖然應對友善，言詞卻不清。附近的老人多半死的死、搬的搬，史太太確實很寂寞，她的一位好友也於年前過逝，該好友的女兒住在附近。

　　個案管理師再度造訪史太太，她對他有印象卻不記得談話內容，他提議做些吃的給她，她雖餓卻稱家中無食物。找到罐裝食物做了熱湯，史太太高興地進食，個案管理師表示對她健康的關心並建議她就醫。

　　個案管理師開始懷疑史太太罹患老年失智症，以前她尚能勉強維持自我照顧，但有些時候，她的混亂使她無法顧好自己的衣食，她沒有病識感，也不會找尋協助，更怕被迫放棄自己的房子，個案管理師可預見史太太遲早需要進住到成人保護的環境中，但目前她必須先得到服務以保障基本需要的滿足。

　　個案管理師接著聯絡史太太去逝好友的女兒葛太太，她與史太太相識較深，然而母親死後就未再聯絡，她知情後十分關心，也提供史太太交友不廣，親人關係很疏遠，兒女住在他州少往來，從前兩位老太太會上教會等資訊。

　　個案管理師雖未獲得史太太同意，但為了她的利益，決定安排身體檢查以及有人每天探視，確保她正常進食。他找了隔壁鄰居葛太太及教會牧師，牧師雖不認識個案，但以照顧教友為由，召集了一些教友安排探望，所有相關人士約在教堂碰面，也排出每週的探視表。

　　體檢部分，個案管理師找了公衛護士，並約好葛太太在被約時拜訪以協助進行，他也轉介送餐到府的服務，讓史太太一天至少有一頓熱食。

　　上例中支持網絡的成員大部分是非正式，因為案主尚獨立生活，若一旦進入養老院、醫院、團體之家，案主的網絡就會轉以正式為重。無論如何，個案管理師作為網絡主要策劃協調者的位置是不變的。

第五階段　協調

　　個案管理師的角色在這階段是主要協調者。他會繼續和網絡成員保持聯繫，確保成員間維持必要的溝通，有時電話聯絡即可，偶爾須透過個案研討。

　　以個案管理師的工作負荷，你未必能經常督導這個網絡的功能。因此你需要找出一些人同意和案主保持聯絡，並在問題出現時通知你。

　　案主若進入保護機構，一定有負責之人，或是團體之家的管理者或是病房專責護士，他們將成為你的聯絡對象。一旦網絡出現問題，比如有人未提供原來允諾的服務或是新的需要浮現，個案管理師都必須出面協調。

　　對留居社區的案主督導較不易，經常要靠非正式的助人者擔負特殊督導之責。

　　網絡中若有人不盡責也很棘手，需要很有技巧地處理，有效的合作關係包括彼此角色期待的說明，第二章所述和案主做角色期待澄清的部分在本章也適用，第六章與其它資源建立關係亦然，角色期待中應包括個案管理師的督導功能。

　　個案管理師如果從始至終都負責全盤的運作，其它資源自然明白你的督導行動，這並非成為他們工作上的督導，也絕不是上屬對下屬的關係，只是同儕間責付某人督導整個工作進展。

　　基於這樣的關係，當網絡中有人不照約定行事時，個案管理師可以出面了解，這並非不贊同而只是執行協調者的角色所必須採取的行動，如果這個人仍無法配合，個案管理師只好另

找他人，第八章將提到如何調解這樣的關係以執行落實督導。

　　上述的支持網絡要長期維持，讓案主留居社區相當不易，個案管理師的投資十分可觀，有時超出個人或機構的限制，所以你必須為將來的安置有所準備，案主既然不能做決定，而須由人代行，無論透過法律申請監護人，或找到願意負責的人，這些程序都必須仰賴準確的記錄和背景資料，所以你的個案記錄以及有關支持網絡的記錄都很重要。因為安置時，必須有資料顯示再充足的資源也無法維持案主的獨立。

第六階段　結束關係

　　結案對恆久性失功能的案主幾乎不可能，這些案主接受轉案的機會大過結案，即使是搬遷，也是轉給當地個案管理師。

　　較常見的是個案管理師離職，最好能將接手的個案管理師安排介紹給支持網絡的成員，有時利用團隊會議，簡單說明案主的服務目標及目前的服務，新來的個案管理師必須和網絡中的成員建立新關係，否則很難進入核心成為總協調者。

　　至目前為止，你應可看出個案管理的精神在與恆久性失功能對象的作法上並無不同，只是個案管理師的角色在不同階段稍有變動而已。對完全失能者這種變動無庸置疑，但對部分失能或有時失能的案主呢？比如慢性精神病患，藥物的改變或病情發展難料，腦傷者亦然，這些人的腦部功能就像起司，有些地方沒問題，有些地方卻凹洞叢生。

　　這樣的案主對個案管理師是最大的挑戰，因為有時他們被視為失能，有時卻可參與計畫，個案管理師必須敏察並接受這

些限制，同時也要隨案主的能力彈性轉換個案管理的方式，專
家諮詢當然也十分重要，這類案主的個案管理著實不易。

結　語

　　本章我們檢視案主有效使用資源上的障礙，找出幾項具代
表性的障礙，種類不致過繁難記，但確可適用於大部分的案主：

外在障礙
- 資源有限制
- 無法連結資源
- 資源已被案主耗盡
- 缺乏次要資源

內在障礙
- 悲觀論
- 批判論
- 宿命論
- 犬儒論（嘲諷論）

恆久性失功能
- 心智遲緩
- 酒精及藥物濫用
- 嚴重精神疾病
- 生理疾病／外傷

至此，你已完成案主的正式評定，除了指認需要修正的問

題以及潛在資源，你也找出妨礙案主使用資源的因素，接下來
是協助案主克服障礙並連結資源，一旦連結鞏固後，你的工作
即大功告成。

第五章

計畫目標

　　計畫代表了一個轉換的過程：從試圖了解案主情境的種種層面到做出合乎我們期待的改變之決定，繼而找出實際可行之方案。評定過程提供我們許多資訊，包括案主的需求（needs），滿足這些需求的潛在資源（resources）；環境對案主的要求（demands），以及案主回應這些要求的能力（capacities）。同時，我們也了解到阻礙案主運用資源及能力的障礙為何。

　　這一章的重點是：學習如何將上列資訊轉換成目標和計畫，以滿足案主之需求及要求。我們將運用系統化的計畫過程來達成案主的目標。本章之學習重點如下：

・計畫目標中的主要議題
・服務計畫之五大步驟
・運用目標達成量表（goal attainment scaling）來決定可行的、正向的結果範疇。

何謂計畫？

　　計畫是系統排列的方法以達成我們的目標。讓我們來看看完成中的細節。何謂系統的（systematic）？這排除了計畫是隨機行動的可能。當它有固定的邏輯時，計畫就是系統的。一個好的計畫具有秩序的線性流程。一個計畫從頭到尾按部就班，每一步驟都與目標達成相關。計畫可以減少與目標無關之不必要的活動。如此說來，一個好的計畫是高貴的，正如工程師定義的高貴一般：那就是以最簡單的方式、最少的力氣來完成任務。

　　我們的目標為何？個案管理之基本目標是：增強案主獲得及運用資源之個人能力，以及增強資源網絡。增強個人能力是提昇案主之能力、技巧及動機和減低他們運用資源之障礙。增強資源網絡是指創造比現存更豐富之資源網絡。

　　達成這些目標之方法為何？方法就是你以案主名義執行個案管理師之各項活動。其中包括案主透過和你的合作而為他自己進行之各項活動。最後，還包括與你及案主合作共事之前提下，案主的其他資源所進行之種種活動。

運用計畫於個案管理過程

　　我們在第一章提到：個案管理運用在有多重問題、需要多重資源協助的案主。多重問題和多重資源代表一個非常複雜的情境；它需要在一段相當長的時間裡，把努力的成果（effort）有系統的組織起來。提供有系統的組織的最佳途徑就是計畫，因此，計畫是個案管理過程中的中心主題。

　　在第一章，我們提到個案管理過程之六大步驟。這些步驟透過計畫過程而連貫在一起。當個案管理師與案主建立關係時，我們彼此之間建立溝通的能力、互相合作、有計畫地採取行動來幫助案主達成目標。

　　當我們評定案主的狀況時，試著去了解她的目標、她的優點、潛在可用的資源，並發掘達成目標之障礙所在。這提供許多計畫過程中所需之資訊。案主及個案管理師運用此資訊可以

有系統地勾勒出達成目標的藍圖。

案主和個案管理師發展合作之**契約**,並和其他資源訂定契約,運用計畫爲指引以完成各項任務。把計畫當做每個參與者的藍圖,這些經過**協調**的任務會帶來必要的改變。

沒有一個計畫是完美的,然而明列具體目標的計畫較易評估成功及建議策略之替代方案。

很多人認爲計畫好比新年新希望:立意良好,卻難成功。我們認爲只要你熟悉是怎麼回事,當有彈性且持續地使用時,計畫是十分有效的。

的確,沒有一個計畫可以完全符合我們的期待。既然如此,爲何還要計畫?這是我們第一個實務議題。答案如下:首先,計畫促使你決定,評定出來的議題中那些是你的工作目標。其次,計畫促使你考慮完成目標的人選、時間及內容。最後,計畫促使你仔細觀察結果並評估是否合乎你及案主的期望。

爲了了解使用計畫的方法,在此必須複習一下個案管理的基本目標:其一,增強案主獲取及運用資源的能力;其二,強化資源網絡的發展。增強個人能力就是提昇案主運用資源的能力、技巧及動機,並減低其運用資源之障礙。強化資源網絡即創造一個更豐富的資源網絡。如果上述個案管理之目標成立,計畫就是達成目標時有系統、有組織的方法。

▓▓▓▓▓▓　計畫時常見的問題　▓▓▓▓▓▓

　　評定的資訊是目標形成之基礎。然而，我們有時必須面對互相衝突的目標。這些目標的來源包括案主、個案管理師、社會以及資源網絡。每一來源對改變的結果都具某種程度的影響。有時，他們彼此互相衝突，或者我們對於案主的那一個目標必須優先考慮。無法達成共識，使得優先順序的排列變得更複雜。

　　我們的信念是：案主的目標最重要。畢竟，個案管理師要協助的對象是案主。因此，案主的利益須優先考量。此外，是案主本身必須努力來增強個人能力以有效運用資源。如果努力的目標是他所想達成的，努力的動機必定增強。但是，如果這些目標不切實際又該如何？譬如，案主的夢想是成為搖滾樂手、百萬富翁或神經外科醫生。此時，個案管理師必須協助案主發展出可行之近程計畫，以測試案主之能力並協助其達成上述之近程目標。

　　目標不只來自於案主及個案管理師。社會對某些個案的結果也有既定之期待。兒童保護人員代表社會，期待家庭以負責、無傷害的行為對待兒童。因此，若父母想把孩子留在身邊照顧，就必須達成兒保人員的標準。同樣地，獨立自主是社會對出獄受刑人以及出獄受刑人本身共同的期待，達成此目標之前，出獄受刑人必須先達成之近程目標是負責任地工作。以上的例子代表社會要求與案主需求是一致的。

　　個案管理師的個人期待也影響著目標之形成。在評估的過程中，工作員開始考量何種目標才切合實際。此考量的基礎來自於其他案主、認識的人、朋友、家庭以及階級、種族、文化特性等。所以，把每個人都當成獨特的實非易事。如此說來，要求個案管理的個案量也是不合情理的。

　　對案主的印象與分類和工作員本身的價值觀有密切的關係。這些觀點和價值不知不覺地影響著個案的計畫目標。其次，是協助個案建構目標。例如提一些需要案主仔細思考的問題：「如果你不再酗酒、你的婚姻會發生什麼變化？」、「你如何才能成為一位電腦技師？」等等。但是請記住，你在協助個案增進自我了解的同時，也要考慮在其能力範圍內訂定目標。

　　重要的是需要檢視你對案主的看法，可能的話，直接向他們表達你的看法。無論如何，你必須小心地自我檢視你所「知道」的以及你用來下結論的證據是否充足。

　　你和案主可能需要共同決定選擇長程目標或短程目標。案主通常希望環境能立即改變，就像危機須立刻處理一般。但是案主常把絕大部分的精力花在應付危機事件上。而有效、好的計畫，或許可降低危機之發生。因此案主需要建立目標以增進其運用結合資源之能力。如此其危機不斷之惡性循環才有可能打破。

　　此外，為了增強案主的成功，即使是小小的改變也會提高案主的信心。長程及短程計畫之擬定端賴個案管理師周詳之判斷。

　　最後的問題也和長、短程目標有關。在個案管理中有四種達成目標的方法。

　　方法 A 是立即協助案主連結直接服務。例如提供諮商以幫助案主渡過個人危機。

　　方法 B 是直接連結資源以滿足案主之需求及社會要求。例如，和公部門社會福利機構聯繫補助方式以解決案主居住的問題。

　　方法 C 是運用資源來發展案主的能力以滿足其各種需求。例如轉介案主參加提供在職訓練的方案，以發展技巧並取得工作機會而滿足其獲取收入的目標。

　　方法 D 是運用資源來發展案主運用其他資源之能力，以滿足其需求。個案管理師運用角色扮演、指導或模擬等方式來協助案主。

　　你可能會運用上述四種方法來達成你和案主所共同討論之目標。然而，本書所舉的例子中，個案管理師儘可能運用的是方法D。但是，你自己必須決定什麼是達成案主目標的最佳途徑。

抗拒計畫

　　最後一個計畫的議題是案主抗拒參與計畫之過程。其原因可能是如第四章所提之內在障礙。案主之價值觀為悲觀論（pessimism）或宿命論（fatalism）者，多認為計畫無益，因為他們不相信努力會帶來改善。犬儒論（嘲諷）（cynic）者不相信合作的計畫過程，個案管理師必須和他共同執行計畫。至於批判論（critic）者，多半認為計畫不妥或無關。計畫過程是挑戰上述這些強有力價值觀的試金石。個案管理師必須選擇在早期就

主導決策或者只提供短程計畫以便儘速達成目標來克服上述內在障礙。

　　某些案主的拒絕是來自於內心深處的抗拒，而非源於無能力計畫。他們不靠自己的能力來做抉擇，而是依賴如何適應他人之期望而生存。尤其是那些因種族或性別歧視而不斷被剝奪權力的人，他們不習慣靠自己的能力來做選擇，我們也很容易論斷他們就是抗拒或者沒有動機。個案管理師需要用全部的同理心來幫助案主了解運用計畫之益處。

運用計畫過程

　　在本節裡，我們提供一系列步驟做為你和案主做計畫的參考架構。所謂「參考架構（framework）」就是指引或清單，並非一成不變。在某些情況下，你可能只想用這些步驟來為已經完成的事情做一總結。

　　例如：案主說如需要一個月薪至少是八百元美金的工作以維持生活，那麼我們的工作目標就是決定何種工作是案主可以接受的，並且她希望何時開始上班。我們所提的過程無須正式或嚴格，但須視案主特定之需求儘可能詳盡。我們所描述的過程包含多數計畫方法中的基本要素，其步驟如下；

1. 根據需求評定共同建立目標，

2. 決定目標之優先順序，

3. 發展策略，

4.選擇最好的策略以達成目標，

5.建立執行方法及評估的時間及量表。

步驟一：共同建立目標

　　建立目標有兩個先決條件：第一，就是你和案主在建立關係和評定的過程中所培養的信任感，它允許你和案主間有某種程度直接且開放的溝通。第二，是案主的需求、要求、能力和資源評定方面已是非常詳盡，因此你和案主對於案主目前的狀況具有共識。雖然並非完全的信任及共識，然而，總是一個不錯的開始。換句話說，第二章所提的基礎都已建立。

　　在第二章我們運用目標來發展彼此強有力的關係。目標幫助案主相信你有能力協助他滿足生活中某些需求及要求。因此，在那種情況下，選擇目標的條件是去完成一些短程的計畫，我們的建議是你先不要去碰頑固、長期、耗時的問題。現在呢，我們則必須正視這些長程目標，並且好好來想一想：何謂目標。

　　第二章中提到陳述目標的幾項原則，例如：明列每個人的工作內容，使用正向積極的語氣，詳述需求及要求以利轉換成目標。這些原則同時適用於短程及長程目標。

　　現在讓我們來看看計畫中目標的定義。目標是案主所期待的結果或新的狀態。尤其重要的是，它代表「案主所希望的樣子」。我們用「狀態」一詞的原因是目標很容易與方法及活動混淆。目標是結果，並不是手段。所以與其說目標是「接受家族治療」（一種方法，不是結果）。正確的說法是「家庭成員

將可直接地彼此溝通」（一種新的狀態）。家族治療是**達到增進家庭溝通**的**方法**。

以下的問句可以問出狀態，「當我們完成時，事情會變成什麼樣子？」用上述方法來陳述目標，並且使用案主常用之字彙，可以幫助我們了解改變之形成，同時增進案主向著目標努力之動機。

坦白地說，要做到還真有點困難。做為助人專業，我們想要**做**些事情。因此很容易立即跳入問題中就開始工作，而沒有停下來想一想到底目標在那裡。不久之後，我們就會發現倉促行事的確妨礙我們做最好的選擇。此外，把目標當成手段所帶來另一個嚴重的問題，就如Peter Drucker所謂的「行動陷阱（activity trap）」——我們用行動來代替結果。例如我們讓案主去接受諮商、派一個在宅服務員去家裡、提供訓練或者定期訪視，我們認為自己已做了份內的事。這些方法可能也是中程目標，因為可以幫助案主脫離沮喪無助的狀態。但是，他們的長程目標到底是什麼？當案主完成了各種方案活動，他會獲得什麼新的能力？

諮商本身是一件很好的事情，但對個案管理師而言，它只是一種方法，使其更加懂得如何有效取得協助的一種方法。例如：在失功能的家庭中，在宅服務員對整理居家環境有非常直接的貢獻，但是她的持續服務是為了提昇父母料理家務、烹調食物及與孩子相處等等的能力。引導在宅服務員努力的新**目標**就是幫助疏忽的父母改變。無論她們是示範如何拖地或者和父母「做朋友」都可以。

　　現階段牢記這些目標意義是很重要的。當你協調資源時，你必須很清楚地界定目標，以致案主、你及其他助人者對於未來預定要達成的新狀態都有一致的看法。

　　當我們繼續進行計畫時，我們會把目標分成小部分並描述誰（who）在什麼時候（when）該做些什麼（what）。那時候我們將討論詳細的方法及活動。現在讓我們來看看目標的內容及一些例子。目標是：

　　1. 一個可期待的狀態，

　　2. 可以用行為上具體的語言來描述，

　　3. 可以在預計的時間內完成，

　　4. 提昇案主及改善環境。

　　在前面，我們討論過結果。現在，讓我們澄清一下「可期待的」的意義。目標應該是**案主**想要，而你也覺得值得努力的方向。尤其是它能提昇案主運用其環境的能力。例如，與其讓案主繼續接受他叔叔的支援，不如讓案主從叔叔那兒學習如何做一個收銀員，以增進與其他人工作的能力。

　　另一個例子是：案主向社會福利部門取得交通的資源，以便每週能到寄養家庭去探望女兒。一旦女兒返家，案主會更有能力向社福部門要求其他的協助。此外，對案主而言，交通資源的提供也改善他的環境。

　　通常目標都代表某種程度的改善，但不盡然是改變。因為有時目標只是維持現狀，防止惡化。一位老人家住在一幢逐漸敗壞的房子裡。工作員的目標可能是將房子修理好使案主能繼續居住。

所謂「以行為上具體的語言來描述」是和「目標就是一種狀態或結果」有直接的關係。它代表目標是否達成是有徵兆可以觀察的。例如亨利要提昇自信心就必須達到一種可期待的狀態——對自己感覺不錯。但是這可不太容易觀察。我們可以問他「當你感覺不錯時，你最可能做什麼或說什麼？」他的回答就是用具體行為來描述的目標。例如，亨利可能說：「我會說：『謝謝』，而且當別人稱讚我時我不會自我貶抑」或「我將承認自己喜歡當時的感覺。」發掘這些徵兆不但對案主很重要，同時對個案管理師或其他觀察者而言也同等重要。

現在我們來看看那些是可用具體行為來描述的目標：

「和一位有見識的人一起住在公寓裡」

「能向我的家人提出直接的要求」

「回到我原來的工作崗位」

「在我去世之前告訴我的孩子們我對他們的感覺」

以上每一個目標都清楚地陳述了未來的狀況，所以每一個人都可以觀察它是否達成。

時間的特性也需要討論，它對評估你的結果而言尤其重要。設定完成工作的時間以利我們自我檢查進度是超前或是落後。設定時間可以迫使我們更實際些。當你挑日子的時候，你會開始思考是否在合理的時間內可以完成目標。也因為有完成的日期，使我們的目標看起來更真實點。

然而，在計畫目標的初期，挑選一個完成的日子可能對你只是一種提醒。確實的日期必須使你把達成目標的方法及策略與細節研究清楚後才能定案。

　　時間方面，在此還要提出兩點。首先，當和某一類的案主工作一段時間之後，你對於不同目標所需時間之估計會愈來愈精準。我們的經驗是：個案管理師在與某類案主工作一陣子後，會把時間估計得**寬裕**些。特殊節日也會影響完成日期，例如重要節慶或生日；把完成日期定在特殊節日的目的是可以順便慶祝目標之達成。

　　我們在此提了這麼多設定完成日期的細節，其目的還是回歸到你必須將完成日期視爲設定整體目標的一個重要部分。它的主要任務是提供我們檢視的機會：何者完成，何者仍須努力。至於時間的估計，我們會在執行的章節中詳述。

步驟二：設定優先順序

　　因爲案主面臨多重問題，所以必定要考慮多重目標。通常案主無法一次進行數個目標，必須建立優先順序。因爲每個個案都很個別化，沒有一套原則可以適用每個案主。但我們可以建議一些在長程目標中設定優先順序的注意事項。

　　在建立關係的章節中，我們提到選擇目標的三個重要原則：

　　1. 什麼是案主認爲最重要的，

　　2. 是否危及生命安全，

　　3. 什麼是最容易達成的。

　　現階段裡，第二、第三之重要性仍然不及第一。是否危及生命安全的議題應該立即處理，而選擇容易達成之目標是爲了增加個案管理師及案主的信心。案主最有興趣的目標仍舊是建

立優先順序的最高指導原則。尤其是可能要花費長時間的長程目標，案主強有力的動機帶動他持續的意願才有可能完成。因此，案主本身的優先順序一定得加重考量。

其它還有一些原則也很重要，例如：資源的可行性、可使用性及適當性。**可行性**是指目標是否有可能被完成，有時這是個現實感的問題。有時改變本身並不困難，但是缺乏所需之資源。成為一個重量級舉重選手對一個五十歲的男人而言確實有些不切實際。但是當你發現離家最近的汽車工廠是五百英哩之外，不願外宿的想法就變得不切實際了。一定要有可用之**資源**才能設立目標。這看來簡單，可是我們很容易掉入案主清晰又溫和的動機之中，忽略考慮一個事實，那就是案主必須具備的技巧及可使用的資源。

至於**適當性**是指達成目標之後是否足夠滿足案主之需求及要求。一位四十歲失去視力的婦人，提供一位伴讀者，並不足以滿足她在家庭之外也可獨立自主生活的需求。

現在我們探討的個案，詳盡地說明設定共同目標及排列優先順序的過程。

案例

約翰・藍哥是一個焊接工人，他在一個專門提供零件給汽車工業的工廠生產線上工作。在一次車禍意外中受傷後，他腰部以下完全癱瘓。出院後，約翰被轉介到一個復建中心，並成為職能治療師海倫的案主，海倫即為他的個案管理師。在第一個月，約翰十分抗拒，並否認自己的餘生將是下半身癱瘓。海

倫對約翰的沮喪加以處理，並開始引導他適應輪椅的使用。在獲得一些具體的成效，並透過「悲傷治療」而面對失去雙腿的事後，約翰開始能夠更直接地談論自己的需要及他感到無法配合的一些要求。

雖然約翰的同事在他住院時，常前來探望，但當他出院回家後，他們開始感到不自在，便漸漸不再出現了。約翰想多見到他們。他的醫療費用大多付清了，但是他的失業救濟金及殘障補助不足彌補他太太的薪水以應付各項開銷。約翰表示自己想在太太面前再度感覺像個男人。事實上，約翰希望再回到原來的工作崗位，但他知道這是不可能的。

經過更進一步的討論後，海倫及約翰做了一個未來目標的初步清單。雖然不是很週全，起碼是一個起步。

這些目標包括：

1. 增加家庭的收入，
2. 與朋友們多相處（要多於一週一次），
3. 找一份工作，
4. 再獲得原來的工作，
5. 提高自己獨自行動的能力，
6. 與妻子恢復正常的性生活。

概括看來，主題就是再回到他的正常運作。除了第六項以外，上述第四項目標包含了所有目標。這個目標的解釋可以有多種方式如下。(1)再度成為一個焊工，(2)再做意外發生前的工作，(3)再回到相同的工廠工作，但是改當機器焊工的操作員。且這個目標與第六項目標同樣重要。

　　約翰對就業意願的次序是(2)而(3)而(1)。海倫覺得目標(2)相當困難，且可能做不到，但是卻同意了，因為目標(3)及(1)可以作為目標(2)行不通時的替代方案。約翰的太太很擔心，但他知道如果沒讓他試試看，他是不會甘心的，所以她全心的支持。歸結後得到一個目標，即「約翰將回到原來的工作，並在六個月內達到最低標準的生產量」。現在，目標清楚明確，下一步則是如何達成。

　　值得一提的是：約翰和海倫共同完成目標的設定，但是最後做決定的是約翰。

步驟三：發展策略

　　澄清並選擇目標之後，必須決定如何達成。我們必須牢記**目標是為個別案主的需求所量身打造的**。否則，我們傾向於選擇以前曾經使用過的策略，並預設此策略將會適當地完成任務。在組織社會學中，這稱為「satisficing」。當我們尋找完成目標的可行方案時，我們會有慣性傾向。通常我們會選擇所遇到第一個符合條件的策略。這樣當然頗有效率，因為節省時間且符合最低標準。案主也喜歡靠慣性行事，因為可以憑經驗做選擇。

　　運用最小的技巧及潛能來完成工作是憑慣性行事的最大缺點。我們希望教導案主的是：拋棄那些熟悉但是不管用的方法。因此，我們的任務是激發各種替代方法，以達成長程目標。

腦力激盪

　　一種直接又簡單的過程，不但可以維持案主投入，並且提供廣泛的選擇方法來完成目標。這是一個眾所週知的方法，但卻很少運用在多重問題的個案處理上：那就是「**腦力激盪（bra-instorming）**」。此法允許案主及個案管理師在開放的氣氛中，自由地提出不同的方法、創造更多點子，以設計出最切合案主個別情況之策略。

　　腦力激盪法既然是一個開放的過程，就必須遵守下列原則：

· 案主及個案管理師可以自由地提出任何想法，即使是不切實際也無妨。

· 在此階段，評估或論斷任何想法是不被允許的。

· 可以延用別人的點子來發揮而達到「搭便車」的效果。

· 主要任務是儘可能地刺激各種不同的想法。如果你的案主有識字及書寫能力，我們建議你和案主在五分鐘內各自把所有想到的方法寫在紙上。*

　　記得要把所有的建議都記錄下來以便你和案主閱讀。這種做法同等地看重你和案主的貢獻，也給你們時間來思考對方的想法，使得彼此有更多機會互相「搭便車」。記錄下來還有很多其他的功用；它可以鼓勵你和案主一面看一面修正原始的想法。一旦寫下來，這些想法就存在了，無關乎到底是誰提的。

---

* 經驗顯示，記錄下來比只是單純腦力激盪還能刺激出各種不同的想法（某些案主無法寫出達成目標的方法，此時個案管理師必須引出她的意願，在會談中追隨她的思緒並提出建議）。

當案主寫下一個想法時，你最好能給他一些口頭的讚美如「太棒了」、「好主意」，來鼓勵他的參與及貢獻。如果你們開始提出一些瘋狂離譜、不可能的想法，你會覺得愈來愈有趣。很多時候，這些遙不可及的想法可以激發出很有用，而你以前絕不可能想到的策略。

案例

以下是一張腦力激盪後的策略清單，目標是「約翰將回到原來的工作，並在六個月內達到最低標準的生產量」。

1. 獲得一部電動輪椅。
2. 買一部殘障者專用的大型轎車。
3. 改裝車子以利約翰駕駛。
4. 透過職能復健來提供工具及再訓練。
5. 把焊接工作帶回家做。
6. 裝上一對義肢。
7. 利用特殊的「隨叫隨到」公車做爲目前的交通工具。
8. 要求公司改裝工作站以便約翰能繼續原來的工作。
9. 在家裡發展自己的手工焊接生意。
10. 請鄰居載我去上班。
11. 讓太太去找一個全職高薪的工作。
12. 請工會工作人員改裝工作站。
13. 贏了樂透獎，就一勞永逸不用再工作了。
14. 自己工作半天，太太全職。
15. 祈求奇蹟發生，身體恢復原狀。

這張清單是嚴肅和瘋狂、短程和長程、局部及整體的混合。即使是一張短的清單,也是包含了各式各樣的想法。沒有一項可以單獨地達成目標。清單中有兩項主題:一項是與如何去工作有關,包括2.、3.、7.和10.;另一項主題是與適應工作環境有關,包括4.、8.和12.。

在第一項主題中,第7.和第10.解決如何去工作的最快速方法。第2.和第3.則是比較長久的打算。或許,短程及長程混合是最合適的解決方案。

「改裝家裡的車子以利約翰駕駛」的想法提供我們思考策略的其他層面。有時一項策略可以達成多項目標。在上述例子中,我們的目標是協助約翰回到工作崗位。然而,增加獨立行動的能力也是藍哥先生的一項重要目標。很明顯的,改裝車子以利駕駛就是幫助他達成此目標的重要策略。

以上說明也指出:發展幾項不同的策略是如何協助我們找出資源。例如,約翰的公司、工會承辦人員、鄰居、職能復健師以及「隨叫隨到」公車服務。了解這些資源可以幫助我們在選擇策略時做最合適的考量。

步驟四:選擇策略

我們成功地發展了一些策略,而避免只選擇我們所想到的第一個方法。但是在我們從眾多策略做選擇時,同樣地需要小心,若我們只憑直覺來選或是選擇我們最熟悉的,我們仍然可能掉入慣性的陷阱之中。但另一方面,有些策略的確是明顯地

不合適,例如裝義肢或贏樂透獎。有些策略看起來很可行,有些則必須在我們做最後決定前多加考慮。

力場分析

Kurt Levin 的力場分析(force field analysis)(註一)是我們將要使用的方法。名稱聽起來很時髦,然而其過程就如我們做重大決定時會把優劣點列出來一般。Levin 提到當我們想做重大改變時,總是有一些推動我們改變的助力,另一方面也有一些要我們維持原狀的阻力。於是它將他分成兩部分,左邊寫下所有的助力,右邊則是阻力。他用箭頭來表示這些力量的緊張程度。如下表:

策略

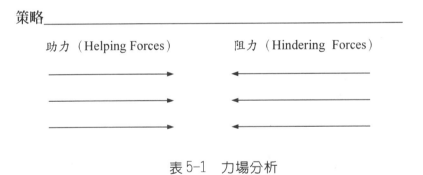

表 5-1 力場分析

運用這個圖表之前,最好先和你的案主討論說明一番。那些東西可以寫在表上?可能包括贊成或反對的人、花費高或低(低是助力,高是阻力)、容易或困難、案主是否喜歡此策略、是否合適地滿足需求。以上所舉的例子僅供參考而非**唯一**,每

一個力場都應有它自己的生命。在腦力激盪時，要記得把你和
案主所想到的每一個點子都記下來。

　　案主很可能會看到比較多的問題及阻力。你必須做到對所
有提出來的建議之優劣點都能坦然接受，一定不要遺漏問題或
試圖解釋。很明顯地，助力是有益的，因為它可以點燃希望；
但是阻力有時也有幫助，他們提醒了必須努力克服的障礙。同
時，你接納案主所提之建議及看法，表示你十分尊重他的貢獻。
事實上，因為這是一個教導案主如何運用資源的過程，所以讓
案主看到障礙可以被重新詮釋，是為了幫助他再度掌握自己生
命的資源，對他來說是相當有助益的。

　　在我們深入討論之前，讓我們看看力場分析的例子，幫助
約翰藍哥回到工作崗位的策略之一。

策略：運用「隨叫隨到」公車做為目前的交通工具

助　力	阻　力
1.可以停在家門口。	1.單程需二元美金。
2.可以送我到工廠。	2.早上尖峰時間可能需要等車。
3.直接金錢交易無須欠人情債。	3.聽說公車並非十分可靠。
4.節省坐轎車所需之穿著及磨損。	4.覺得自己與眾不同，引人注意。
5.可以運用鄰居做後補。	5.上班時必須從大門進入工廠，不能像其他人一樣從停車場進入。
6.公車每天開班，不用擔心會生病。	

現在讓我們比較一下另一短程策略「請鄰居載約翰去上班」的力場分析。

策略：請鄰居載我去上班

助力	阻力
1.每天只需花一至二美元。	1.進出車子可能較困難。
2.可以送我到停車場，我可以和其他同事一起進入工廠。	2.鄰居如果生病，我也不能上班。
3.車程只需二十分鐘。	3.我覺得欠他人情。
4.可用公車做為後補交通工具。	4.他可能過不久會覺得厭煩。
5.鄰居是朋友，而且不介意幫我這個忙。	5.可能失去這份友誼。

一旦這份清單完成之後，下一步是想想哪一個助力可以被增強。例如，搭公車的話，可以請駕駛開到家門口車道上。如果請鄰居幫忙，約翰可以提供其他的服務來交換互惠以鞏固彼此之情誼。

同樣的，有沒有阻力可以被削減。搭公車，或許可以請駕駛送到工廠的停車場。或許鄰居的車可以稍微改裝一下，以利約翰進出。

當我們將助力及阻力一一修正之後，就可以來評估阻力間的平衡並做選擇。在此案例中，最後協調的結果是選擇搭公車，因為案主實在擔心自己會成為鄰居的負擔。然而，每個禮拜一是公車最忙碌的日子，約翰就固定請鄰居載他上班，並且如果

公車有狀況發生時，也將請鄰居遞補幫助。

　　腦力激盪和力場分析兩種方法都邀請案主直接參與決定選擇。同時也將一個很有組織的方法示範給案主，以協助他提昇滿足內心需求及外界要求的能力。最後，透過助力及阻力的分析，可以幫助你進行下一步的計畫過程，包括策略中任務之執行及資源之認定。

步驟五：執行

　　透過對案主狀況的仔細評定，以及各種策略的評估，你現在掌握了豐富的資訊，可以決定執行的細部計畫。計畫中的執行包括了「誰」在「何時」做「什麼」的一切細節。

　　我們將從「什麼」開始：包括所有該進行的任務及必須取得的資源。其次是「誰」：在資源網絡中有那些人需要參與或加入。「何時」包括兩個層面：首先，我們必須發展一個實際行動的順序；其次，決定過程中重要階段及整體策略的完成日期。

　　什麼：我們的第一個步驟是找出完成策略的所有必要任務。有些任務有階段性的意義，必須完成以利下一步驟之進行。這些主要任務幫助記錄我們的進步狀況。完成主要任務（bench-mark）則需依賴小任務的完成。

　　例如，要讓孩子留在有疏忽傾向的母親身邊，策略之一是安排一位在宅服務員。此策略的主要任務之一是「確定案主符合接受在宅服務的資格」。要讓此主要任務實現之前，一些小的任務必須先完成。例如：我們必須先取得合適的申請表，和

案主一起把它們填好，交給在宅服務部的秘書，並且靜候通知。當小任務完成，主要任務才可能達到。「引進在宅服務員」的策略中，其他各項主要任務也都需要靠一系列小任務的完成來達成。

和案主一起練習完成主要任務，是教育他們如何將大任務分成具體可操作小單位的大好機會。它同時也允許你和案主仔細思考完成策略的每個必要步驟。在力場分析中發展出來的清單，可以加速幫助你列出主要任務。現在讓我們用「幫助約翰回到焊接工作崗位」的策略來解釋主要任務是如何建立的。

你記得嗎，策略中有兩大主題：一是安排交通工具，一是預備工作環境。因為它們彼此相關，我們將一起討論。以下是約翰和個案管理師的結論。

（T＝安排交通工具，W＝預備工作環境）

1. 向職能復健部取得計畫之認可。　W
2. 工會承辦人員同意改裝工作站。　W
3. 工廠管理部門接受改裝工作站的想法。　W
4. 職能復健師、個案管理師及約翰共同發展出一套適合新工作站的再訓練方案。　W
5. 鄰居同意當接送約翰上下班的後補者。　T
6. 工作站改裝完成。　W
7. 約翰實際在新工作站上班。　W
8. 「隨叫隨到」公車可以到車道上來接送約翰。　T
9. 約翰達成最低生產量（策略完成之操作性陳述）。　W

如果你回頭看看力場分析，可以發現它如何幫助我們發展

出主要任務的清單。現在，我們用第一個「向職能復健部取得認可」來說明那些是完成主要任務所必要的小任務：

　　a. 打電話給職能復健部的福蘭克先生，說明你需要協助的本意。

　　b. 與職能復健諮商師約談並提出計畫。

　　c. 了解清楚職能復健部需要工會和工廠管理部提供那些資源。

　　d. 取得工會及工廠管理部的承諾來研究工作站改裝的各種可行性（主要任務 2. 和 3. 的一部分）。

　　e. 和職能復健部達成協議。

　　f. 擬定正式的服務同意書。

　　現在**暫停一下，回頭看看這個過程**。如你所見，這只不過是策略中的一個主要任務，就可以變得如此瑣碎。這不是你在與案主工作初期所能做的事。對某些案主而言，他們永遠無法和你一起進行這樣周詳的計畫。然而，你仍須透過周詳計畫來完成目標。我們發現，每一小時的計畫可以節省八小時的田野工作。它不但幫你避過陷阱，同時讓案主及其他資源提供者了解他們所扮演的角色，進一步彼此合作。服務計畫中的主要任務可以用來評估方案的愚智，也允許你不必等到最後完全行不通而在過程中隨時修改。

　　為了要適當地完成這些任務，必須分派給人去做。正因為它們彼此相關，我們必須設定一系列的完成日期。讓我們先來看看誰做什麼。

　　誰：要決定誰做什麼，必須考慮幾件事。最重要的是案主

需要做多少。在這個階段，你應該了解案主的能耐如何。儘量發展其能力是正確的；因為個案管理的目標就是協助案主發展其取得及運用協助的能力。

　　如第六章的討論一般，個案管理師在早期鼓勵案主透過直接觀察來學習如何連結資源。這種示範協助案主發展自己的能力來連結資源。

　　例如，梅莉是一位七十九歲的老太太，需要有人幫忙整理房子，以便她能持續住在自己的家裡。當個案管理師打電話聯絡在宅服務時，她讓對方知道梅莉也在線上，並鼓勵梅莉談談自己的狀況。個案管理師也幫她填寫表格，並在面談時交給工作員，但基本上只是陪同、支持，而讓梅莉自我表達。

　　案主的參與程度也因資源不同而異。例如，前面的案例中，約翰是一個很有概念的人，可以自己和鄰居討論交通的議題，他也應該能自己和工會承辦員討論改裝工作站事宜。在協助的過程中，透過不斷地參與可以克服運用資源的某些內在障礙。

　　除了案主和個案管理師外，其他資源也可加入以共同完成任務。一旦工會承辦員參與之後，也可以去見領班和職能復健師，一起說服他們接受新工作站的想法。讓工會承辦員做到這些可能也需費些時間及口舌。時間和順序是我們在「何時」要考慮的議題。現在，用約翰的例子來說明主要任務中責任如何分派，下面就是分工表。

策略：讓約翰回到原來的工作崗位

任　務	負責的人
1.向職能復健部取得計畫認可	個案管理師、約翰、承辦員及職能復健諮商師
2.工會承辦員同意改裝工作站	約翰、個案管理師
3.工廠經理同意	工會承辦員、約翰、個案管理師
4.再訓練方案	諮商師、約翰、個案管理師
5.鄰居成爲接送上下班的後補	約翰
6.改裝工作站	領班、承辦員及約翰
7.約翰開始上班	約翰、承辦員及領班
8.公車開上車道接送	約翰
9.約翰達到最低生產量	約翰及領班

　　在清單中有幾件事情是顯而易見的。首先，很明顯的是約翰參與了每一項主要任務，表示他在每一步驟的直接參與。大多數的任務都需一人以上參與。這表示我們必須考慮由誰主其事。結果可能因計畫而異，端賴不同資源的參與程度以及案主不斷提昇的能力而定。個案管理師必須幫忙評估，當資源網絡的承諾有所改變時，計畫應如何調整。

　　有一些任務的負責人沒有包括個案管理師，這不表示就與她無關。只是我們期待其他的人主其事以強化資源網絡並增進案主的能力。由案主負責或主其事者負責任務進行時，個案管

理師可能必須透過教導或角色扮演來協助其完成任務。同時，也包括將任務分成小的步驟，合理的排列及分工。

何時：前面曾提到「何時」包括兩個層面。一是估計重要階段之完成時間並決定日期。二是了解不同任務間的關係並決定其間合理之順序。最好是先看順序再來預測時間。

如果我們想在早餐時煎一個蛋，我們知道必須把煎鍋拿出來、打開爐子、決定蛋要煎多久、倒油入鍋、打蛋、從蛋盒中取蛋，煎好蛋放入盤中。但是，很明顯地，上述動作的順序並不正確。前兩項的順序合理，第三項「決定蛋要煎多久」應該是在「煎好蛋乘入盤子」之前。另外「從蛋盒中取蛋」應在「打蛋」之前，或者至少再加一項「把滅火器準備好」。

煎蛋的某些步驟並不需要有一定的順序。有一天你或許想先從蛋盒中取蛋，倒油入鍋，再開火。結果大概沒有什麼兩樣。所以在安排順序時，我們可以接受部分他人的計畫，但有些順序是無法改變的，如同開火必須在煎蛋之前一般。煎蛋只是每天工作中一項簡單的事情，都有明顯的順序。至於在本章中所提長程且複雜的任務又當如何呢？

安排順序有兩種方法：第一是把主要任務列出來，一一檢視來決定順序。這可能是最簡單直接的方法。如果順序不太明顯，我們可以試試另一種方法叫「倒列法（backward chaining）」。此法是從後面開始排，而非前面。首先你問：「最終目標為何？」然後問達成最終目標的前一步是什麼？繼續如此的步驟一直回溯到現況。看來複雜嗎？其實不難。只是和我們平時的思考模式不一樣而已。現在就用約翰的例子來說明。

最終目標是約翰達成最低生產量。在主要任務表中有兩項任務可能排在此目標之前，那就是「再訓練方案」及「約翰開始在新工作站上班」。現在我們要問是在新工作站提供訓練還是當新工作站尚未完工前在他處進行訓練。假設約翰是到工作站之後才完成再訓練計畫，我們可能必須將此任務排在最終目標之前。

倒列法的好處是可以提醒你把遺漏之處補足。記得我們曾提到計畫詳盡可以節省執行的時間，不是嗎？目前的排列是：

約翰在新工作站上班
　　約翰完成再訓練計畫
　　　　約翰達成最低生產量

約翰在新工作站上班之前有什麼必須完成？下列好幾件事情可以同時進行。「安排公車接送」，「發展新工作站的再訓練計畫」。工作站改裝可能在準備再訓練方案之前，也可能兩者同時進行。我們可以排列如下：

安排公車接送
　　改裝工作站
　　　　發展新工作站之再訓練計畫
　　　　　　約翰在新工作站上班
　　　　　　　　約翰完成再訓練計畫
　　　　　　　　　　約翰達成最低生產量

　　現在愈來愈有趣了！這三個主要任務並非完全相關，因此可以分別進行。「安排公車接送」這一項只須解決「鄰居願意做後補工作」的問題即可。但另外兩項主要任務則需先完成若干步驟。首先必須取得職能復健部之認可，以結合資源進行工作站之改裝和再訓練計畫。約翰及海倫決定透過工會承辦人員來與工廠經理及職能復健諮商師接觸。是運用諮商師來說服經理，或者相反，是一個策略性的決定。此決定必須等到工會承辦人員介入並提出看法後才會明朗。因爲他和約翰交情不淺，所以他們預期他會提出直接的建議。下面就是他們目前的計畫及主要任務之順序：

工會承辦員同意改裝工作站
　　　決定要先和誰接洽
　　　　　工廠經理先同意
　　　　　　　或者
　　　　　諮商師先同意
　　　　　　　工作站改裝
　　　　　　發展新工作站之再訓練方案
　　　　　　安排公車接送
　　　　　　　　約翰在新工作站上班
　　　　　　　　　約翰完成再訓練方案
　　　　　　　　　約翰達成最低生產量

　　現在已了解誰做什麼及做的順序，但是何時完成各主要任務還不太確定。接下來就是決定完成日期，以便約翰及海倫能評估事情是否進行順利或者必須做那些改變。改變包括時間表的修正或更重大的方面，例如策略的改變，甚至放棄所有的計畫。例如，取得職能復健部之認可進行了一個多月，而且沒有任何徵兆會成功。此時是否應該爭取工會的補助，來說服工廠經理進行工作站改裝而不再等待職能復健部的資源？還是應該運用工會來施壓以便加速進行？還是個案管理師運用直接倡導的技巧來取得答案？或者最簡單的方式就是修改時間表？

　　我們知道預測完成日期是很重要的，但是，如何做呢？沒有一個方法可以準確地預測未來。然而，我們可以增加預測的合理性。方法之一是做更多的計畫。我們將每一項主要任務再分成小的任務。我們預測每一個小任務的完成日期，如此可以幫助我們預測主要任務的完成時間表。以此類推，就不難預測計畫完成的日期了。

　　此外，最好的方法是先預估前面幾個主要任務。在得到與案主及資源網絡共同工作的經驗之後再繼續預估其他主要任務。此法提高我們預測的準確性。如果我們的估計不切實際，我們自己、案主及資源網絡都會感到失望挫折。

　　處理後面主要任務的方法與下一節要討論的目標達成量表（goal attainment scale）類似。我們提出一個樂觀的估計、一個可能（大概）的估計，以及一個保守的估計。一個古諺語或許很管用：「用你對人、對資源及對任務最大的認識及最好的了解來估計一個完成日程。將此數字加倍，再加三分之一」。本

書的作者之一曾運用此公式，而且證實十分可靠。當你第一次運用這類計畫時，或許可以試試看此方式。和案主分享此過程時，你也增強了他受挫的能力。

　　無論你用什麼方法，當日期接近時，必須檢視一下完成主要任務的程度。它可以幫助你及案主檢查進展並提出修正。當任務真正完成時，就該慶賀。目的是讓案主明白只要願意，計畫就可能成功，並肯定案主的努力。案主的內在障礙也在不知不覺中消除了。

　　在本章開始，我們建議了一個做計畫的原則，但並不需要亦步亦趨。對特別複雜的目標而言，此過程允許你一方面仔細周詳，另一方面又不遺忘主要任務的優先順序。這些主要任務也提供你一個靈活做決定的機會。然而，你或許還是覺得很難。實務上的經驗告訴我們，計畫的過程一定是熟能生巧。看起來好像是千萬個小步驟，老練的個案管理師處理起來卻是又快速又自然。你必須發展適合你自己才華又滿足案主需求的風格。這兒所提的技巧不見得完全適合你的風格。你自己必須做一些篩選。

目標達成量表

　　我們很容易將目標訂得太高難以達到，尤其是規劃的早期。原因大多是案主或你對環境難以預料。這表示目標並未完全達成，案主感到再次的失敗。所有事後的鼓勵都無法彌補那份失

敗感。

目標達成量表（註二）可以幫助克服此問題，它協助案主看到成功的改變（即使不是完美的）。換句話說，它增加案主做改變的信心。它是透過一系列的預估來進行的。首先，案主預測他想完成的事，然後他描述所有可能最好及最差的結果。在案主預期的與最好的結果之間做一預估；在案主預期的與最差的結果之間再做一預估。

讓我們舉例說明。貝詩衛勒小姐因傷害罪正處於緩刑期，她希望找一份餐廳女服務生的工作，週薪兩百四十元美金。她以前在城裡一家餐館工作，最高可賺一週一百八十元。

第一個問題是：「兩個月之後，妳希望發生什麼樣的事？」貝詩回答說：「我將在一處類似Rialto（城裡高級區的一家高級餐館）的地方工作，週薪兩百四十元美金。」於是我們把它記錄在一張紙上的「預期結果」欄內。下一個問題是「如果事情一切順利，最好的結果會是如何？」貝詩說：「我將可賺三百美元一週。」我們再將其記錄於「最佳結果」欄內。

再問貝詩：「最糟的情形會如何？」起初她回答「我會在一個油膩膩的餐館工作，每週賺一百三十元。」當我們把它寫下來時，貝詩想了一回，又說：「不，最糟的情況是我找不到工作，並且又再惹麻煩上身。」個案管理師對貝詩所提之狀況的感受做了一番反應。然後又問，回到她先前的工作，是否可以排在最差的和預期的結果之間。

最後的問題是：「如果結果比妳所預期的結果稍好一些，會是什麼景況？」貝詩想了一下，說：「事實上，我真的不認

為自己能找到像 Rialto 般的餐廳工作，而且可能每週也賺不到
二百四十元。」

「那你真實的預測到底是什麼，貝詩？」

「我可能找到週薪兩百元，比油膩膩的地方好一點的餐館
工作。」於是我們將這一個放在「預期結果」欄，並將原先的
預測移到「較佳結果」欄內。

一旦我們澄清貝詩的想法後，便將它們表列如下：（表
5-2）。

目標：週薪兩百元美金的女服務生工作

預期層次	結果描述
最差結果	沒有工作，再惹麻煩上身
較差結果	找到週薪 130 元的餐廳工作
預期結果	普通餐廳，週薪 200 元
較佳結果	在比 Rialto 差一點的餐廳工作，週薪 240 元
最佳結果	像 Rialto 之類的餐廳工作週薪 300 元。

表 5-2　貝詩的目標達成量表

上述過程幫助貝詩對於她想完成之事更具有現實感。她有
五種結果，其中四種都可算是成功。此方法不只影響案主。當
你讀案例時，你可感到個案管理師也可以建議貝詩設定比較高
的目標。它或許合適，但是採用案主自己的話語，使得貝詩感

覺目標是屬於她的，並且更有真實感。個案管理師跟隨案主進入她的參考體系（frame of reference），並賦予案主更大的掌控。

目標不見得會隨我們所期待的方式來完成。典型的狀況是：他們通常比預期中花更多的時間及精力。另一方面，他們有時比預期中容易達成。如果我們給自己較廣泛、彈性的空間來設定目標，我們可能會超越所預期的。不把自己鎖定在一個固定的目標上，可以降低我們的失敗感，同時允許自己有機會來延伸我們的成功。

起初，目標達成量表是為評估工作表現而設計的一種有彈性的方法。當我們運用於個案管理時，我們保留此技巧的品質。利用預期結果做為目標的基準，我們和案主可以評估目標之進展。它同時也在預估的準確性上提供回饋。如果持續偏高或偏低，我們可以做適當的調整。

結　語

本章運用工作完成做為基礎並評估行動計畫之發展。目標對計畫而言是十分重要的。它們必要涵括社會及資源網絡的目標，但是案主的目標應給予優先的考量。長程及短程目標同等重要。不過，即使計畫對個案管理而言是如此重要，還是可能遭到案主的抗拒。

計畫過程分成四大步驟：

1. 共同建立目標，

2.決定目標之優先順序，

3.選擇達成目標之策略，

4.建立執行之細部程序。

力場分析技巧是透過阻力的比較來協助選擇出最佳的策略。目標達成量表是一種方法，它提供一系列目標完成的層次、允許案主估計預期的結果、然後預測可能較佳及較差的結果。它在評估方面非常有用，同時也給案主較廣義的成功結果。

註解

1. Kurt Lewin, *Field Theory in Social Science,* Dorwin Cartright(Ed.), New York, Harper, 1951.

2. Kiresuk, T. J., and Sherman, R. E.: Goal attainment scaling: a general method for evaluating comprehensive community mental health health programs, *Community Mental Health Journal,* 1968, 4(6), 443-53.

第六章

獲取外在資源

在本章我們將轉移重心，從蒐集資料、建立關係、設定計畫到採取具體行動來連結資源以改善案主的福址。我們將討論並舉證下列議題：

- 獲取資源之主要實務議題，
- 教導案主在初識時如何和資源進行有效接觸之六大步驟，
- 增進助人者回應案主之技巧，
- 增強與資源提供者的工作關係之四大步驟，
- 協商及解決案主和潛在助人者間差異的四種技巧，
- 當協商失敗需要更進一步的數種倡導技巧。

人和環境的交換

在第三章，我們曾提到人是不可能離群索居的。我們都需要幫助。爲了得到我們所需之幫助，每一個人都在自己及環境之間進行交換。交換的兩種型態：滿足自己需要的交換，以及滿足他人合法要求的交換。

我們必須取得**資源**以滿足**基本需求**，例如食、衣、住、健康照顧、情緒滋潤以及安全。我們也需要**機會**以實現**願望**。這些機會包括就業、教育、表現才藝或創造力的機會、幫助他人等。但是，我們同樣必須滿足**他人合法的要求**，例如遵守法律、付清賬單，以及養育子女。

爲了成就這些交換，我們必須維持一種複雜的平衡動態，確保我們取得資源以滿足重要需求，並且滿足或調整外在要求。

當平衡被擾亂，就是經歷危機。若失衡狀態延續一段時間，我們可能會受剝奪、心理煎熬，甚至生理疾病之苦。

　　個案管理師之主要實務議題是：當個人或家庭的生活與環境失衡時，如何幫助他們重拾平衡。做為個案管理師，你可嘗試尋找資源、提供機會、替案主調解要求，以及教導他們如何自力更生。

改善及維持案主與環境間之平衡交易

　　個案管理師如何將案主之需要及能力和環境的資源及要求互相搭配起來？為了維持案主及環境間之平衡，必須在案主及資源間建立共識，了解雙方的期待。因此，案主及環境中的資源必須經常互相調整。

　　對於多重問題之案主，單一的搭配是不夠的，必須有多重連結；這表示個案管理師必須建構一套服務的組合。維繫案主及數種環境資源間的持續關係，需要掌握現況並且確保這些交換充足，不相衝突或重複。

　　為了達到此目標，我們提供五種策略：**連結**（connecting）、**協商**（negotiating）、**倡導**（advocating）、**監督**（monitoring）、以及**協調**（coordinating）。前三者之主要用途是維持案主及助人環境間合宜的連結。後二者之作用是確保事事順利，沒有衝

突及重複。本章我們將詳盡地討論**連結**、**協商**及**倡導**。

下表列出與每一策略相關之行動。

連結包括：尋求資源、接觸提供者、教導案主、陪伴案主，以及監督服務。

協商包括：個別化服務、澄清各種福利、協商差異，以及調整要求。

倡導包括：法律行動、運用外在權威、運用申訴程序、運用知識／權威，以及提出果斷之要求。

你可能意識到：這些行動形成一持續狀態，從最輕微延伸到最激烈的敵對。

連結之主要目的是克服低層級的障礙，例如：案主的資訊不足或缺乏輔助資源（secondary resources）。個案管理師必須預備好提供所需，以使連結順利成功。當案主被個案管理師平順地引導前進時，連結的工作效果最佳。

協商是在連結服務之後，使案主需求及環境資源或要求間趨向一致的方法。個案管理師運用協商策略來使所接受的服務個別化及私人化，包括突破服務存在而形式不合以致案主無法使用的障礙。為使協商順利成功，重點是了解助人者的限制，同時明白案主獨特的需求。

倡導是當協商無法克服環境資源的限制，或是潛在助人者抗拒合法要求，不願提供協助時使用的策略。倡導可能需要運用影響力或權力以迫使資源提供協助給案主。某部分來說，是協商的延伸，特別是用在直接要求及協商失敗之後。然而倡導是一把雙面劍；它可使你在短期內得到你所要的，但是通常付

出的代價是一份潛在有用長期累積的關係。我們將以步驟進展的方式來呈現倡導的技巧，期待你只在必要時採用。

監督和協調的課題將於第八章中呈現，我們僅在此略提數點。**監督**是當連結完成，用來查驗服務已如承諾地提供，並且有效。這個動作增加服務確實提供的可能性。服務提供一段長時間後，重要的是定期地檢查其是否有效。通常會面臨抗拒，尤其是專業人員。想想你自己，可能也會抗拒外人的查驗。然而照顧服務當前的重點是加強監督的角色，並視爲個案管理師角色中具有決定性的一部分。因此監督很可能在個案管理中扮演愈來愈重要的角色。

協調是當各種助人者組合在一起時，用來協助克服其所衍生之問題。它幫助每個參與之提供者，查驗其任務是否在整體計畫中與其他提供者之任務相合。如此可減低歧異、互相衝突之要求、以及服務的重疊。

協調不常被運用的三大理由：其一，耗時且昂貴。其二，很多從事社會服務的人員不認爲那是他們工作的一部分。其三，很多專業助人者深信他們若與其他助人者溝通，就無法替案主保密。把這些理由加起來，造成一股對合作的強大抗拒，也爲獲取資源中的協調造成一主要議題。我們將在第八章中提供克服抗拒的技巧。

有效獲取資源中個案
管理師之角色

　　個案管理師扮演中間人的角色，來重建或維繫案主及環境中平衡的交換。他在案主及環境間穿梭，試圖做些調整及改變，以滿足交換中的各方。此角色的兩種層面特別重要。

　　首先，個案管理幾乎是效忠同黨（partisan）的活動，而非中立的活動。做為同黨夥伴，對那些擁有重要資源者而言，個案管理師代表案主。做一個有效的夥伴是把案主的福祉放在首要任務。很多人用「調解（mediating）」這個詞來形容個案管理師之主要任務。這個字的涵意是中立（neutrality），我們認為不合適。假設你的案主屋頂漏水，而房東拒絕修理，你很難真正保持客觀中間人的身分，即使你了解房東面臨某些財務問題。想成功地協商，你必須了解案主及資源提供者雙方的利益，但是這份了解是為了確保案主的屋頂得以修理。

　　其次，個案管理師扮演老師的角色。個案管理服務的目的是：協助案主發展能力，以便和環境進行成功的交換，而獲得其所需最大之協助。為此，個案管理師需不斷地幫助案主發展己身之能力。有時，是直接教導技巧以獲取並善用資源，例如個案管理師提供具體的指示來協助案主申請糧票；有時，教導是間接的，個案管理師讓案主觀察其運作方法。例如，個案管

理師稱讚一個被父母疏忽的兒童，或是帶一位有發展性障礙的案主上街購物。透過示範，個案管理師也同時證明這些技巧確實可行。

在此有點提醒：和多重問題的案主工作通常很緩慢，尤其在初期，會有一種強烈「為案主做」的傾向。個案管理師介入且一肩挑起，為的是儘快完成特定的任務。有時，如此行為是必要的，為的是保護案主或建立案主對個案管理師的能力及協助意願的信心。在初期，這可能是很重要的步驟，但是也不可因此而模糊了整體目標。最終，案主還是必須學習自立。當你「為他做」時，要確定他明瞭你是試著教導他如何「為自己做」。

此處所描述的策略代表你克服外在障礙，獲取外在資源的工作內容。你將運用這些方法來解決下述之實務議題，也就是如何為你的多重問題案主建立一個高度個別化的助人者組合。本章後段將描述實踐這些策略的技巧。

然而，在我們繼續之前，先來談談專有名詞。在本章及下一章，我們將用到「策略（strategy）」這個詞。意指個案管理師運用一套緊密的技巧來達成特定之目標。例如，連結是結合案主及所需資源的策略。連結有很多方式，你得為每一個案主量身打造合適的技巧。在你的連結計畫中，把考量每一步驟當成既定策略的一部分是很有益處的。

連結

當你做連結時，你扮演案主及所需資源間的中間人角色。

目的是提供好的連結。就像任何媒婆一般，你必須對雙方有足夠的認識才可能達成好的連結。這已超出單純的諮詢轉介服務。在第三、四章，我們曾討論過所有阻礙連結的障礙。現在則是討論如何確保合適連結的時刻了。

連結不如所見的容易，有時困難與案主有關。所有個案管理師都曾經驗過：把案主轉介給所需資源，卻發現案主停止後續。這令人十分沮喪，並傾向去責怪案主沒有動機，而不去問問自己：到底案主是否已預備好被轉介。有時個案管理師甚至在案主尚未意識且同意問題存在之前就提供轉介；個案管理師認定問題存在，但是案主可能不同意，或可能不認爲是一重要問題。

我們必須牢記過程中有三個夥伴：**案主**、**資源提供者**及**你**，三方面都準備好，連結才會成功。在證明他們符合資格接受服務一事上，案主可能十分保留。當案主好不容易心理準備好卻發現必須等上數天或數週，個案管理師才找到合適的資源，這種情形也讓案主十分挫折，並降低案主對未來的盼望以及對個案管理師的信心。一旦資源被找到，有時也會需要一些準備。例如，資源必須取得資訊來建立案主的資格，或是進入等候名單。

所以，連結策略的主要實務議題是發展案主、資源及個案管理師三方面同時進行預備工作以達到成功的連結，以下分述之。

與案主之連結工作

此刻，先提三項假設：(1)案主已和你共同參與了詳盡的評定；(2)你們倆在目標、計畫以及角色方面已達成共識；(3)你們

共同評定資源，並決定其中一兩個可能是最有用的。一旦上述之決定完成時，連結的主要部分才算完成。

　　下列六種技巧有助於強而有力的連結。與特定的案主工作時，你可能運用到任何一種，甚至全部。但我們得牢記：**目標是逐漸減少我們替案主連結資源的參與及努力，使得案主能逐漸掌控並獲得所需之支持**。這些技巧是從個案管理師的最少參與排列至最大參與。下列六種層次提供一系列成功連結的協助方法。

層次一：將資源告知案主

　　重點是向案主說明解釋，你認為特定資源及服務合適的理由。有時候，詳細解說服務和你們共同建立目標之間的關係是有其必要的。你們必須討論資源所在之地理位置，例如到達的最佳途徑，以及那是何種類型的社區等。替案主寫下關鍵性的資訊。如果案主對隻身前往表現出焦慮，重要的是，確認其努力，並提供支持。

　　如果你了解且信賴資源，而案主也已發展出信心及動機來繼續完成，這樣就算是一個成功的連結。然而，大多數的案主需要在一連串成功地運用外在資源之後，才有可能培養出這一個層次的能力。若你加上層次二的技巧，相信成功的機率會更高。

層次二：案主自行回報

　　找出了解進展之道是很重要的。在案主與資源的首次接觸之後，你可以請他形容經過情形，以了解資源是否可用？問題何在？是案主還是你需要去面對處理？短期來看，這可能會觸動更改計畫的協商行動。長期來看，這種回報可以提供資訊以

評估資源的有用性或建議服務調整的可能性。對某些個案而言，你可能需要定期聯絡以確保其與資源間之持續性接觸。同時，也給你機會提供支持、監督進展，並及時處理問題。

層次三：協助案主明瞭可預期發生的為何

你應該儘可能地選擇一位特定的，是你認識的人，以便案主聯繫。你可以描述此人，好讓案主不覺得自己是去見一位陌生人。告訴案主，若需要，他可以提你的名字。你也應解釋求助過程中所需之程序。若有必須之證件，如社會安全卡、出生證明或資格證明文件等，你該為案主寫下一張清單，好讓他在會談前一一預備好。

層次四：打電話給資源提供者

這麼做是替案主確認約談。此外，打電話也是提醒資源提供者：案主將會與他接觸。讓案主感覺輕鬆點，同時也提醒提供服務的機構有一位專業人員在監督成果。

層次五：教導案主

對某些案主而言，正式約談之前的演練是很重要的。整理並釐清訪談之目的是提醒案主此行的原因。透過角色扮演或經歷第一次面談的過程，你可以幫忙找出可能遇到的問題，這些問題包括照顧孩子及交通問題，以及在面談時所可能發生的狀況。第八章所提之任務執行順序（TIS）技巧在此也可能有用。

層次六：陪伴案主前往

特別是在早期，有些案主的焦慮很高，可能需要在第一次接觸時有你在場陪伴支持。你的前往可能帶來的是：你或許能示範某些行為，為案主解釋安排好的服務內容，澄清你做為個

案管理師的角色,以及和資源提供者安排進一步的接觸。然而,你必須謹慎小心,如果常用此方法,可能增加案主對你的依賴,而忽略了培養他們自我能力的成長。

對連結特定的資源而言,運用以上任何一種都可能有用,但切記你應在有需要時才用。整體的目的應是教導案主增強能力,以便自我運用資源。

與資源之連結工作

與資源提供者直接工作時,不但要了解他們,並且要促進他們和你的案主一起工作的能力。運用下列方法來發展你和常用資源間有效的工作關係,包括增強關係的四步驟程序。

(一)正確了解資源的最新要求、受案程序及目標維持

第三章中所建議之檔案,有助於資訊的尋找及掌握。最好是隨時更新機構電腦檔案中的資源訊息。有些組織好像不停地在重組,導致其要求、程序及限制必須不斷地更改。很多機構擁有最新的電腦化資源檔案。先諮詢電腦可以減少錯誤,增加成功連結的機會。

(二)和資源內你認識的人維持固定的聯繫

當你為案主打電話給資源時,就可輕易辦到了。如此一來,資源了解你關心案主的成功,並提供機構的最新動態給你,同時也強化了你與他的關係。

(三)詮釋案主的問題及優點

協助資源了解案主需求服務的原因。例如,透過地區性職業復健方案可以得到語言治療服務,而這正是你的案主需要的。

然而語言治療服務只提供給有工作能力的人。你可能需要提出證明：一旦案主克服了語言障礙就有工作能力。如此就提供機構一個接納你的案主並提供服務的理由。

㈣清楚了解資源的期待

當提供服務時，對案主的期待為何？例如：案主必須在固定的時間到達嗎？是否需要付費？會談時間案主遲到會如何？案主參與決策之成分是多少？了解這些狀況，你可以協助案主達到資源提供者的期待。

㈤和常用資源建立關係

屬於三人小組（案主、資源、個案管理師）成員的你，可以協助使服務的取得更有系統。方法之一是和固定聯繫並提供服務給你案主的那些人，發展出相互之了解及信任。你們共同關懷案主，使彼此很容易結為盟友，並且對不同事情之期待達成共識。透過你為案主所做的努力，也可以傳達你對資源努力的支持及提昇。

以下的四步驟程序可以協助你和常用資源間發展出強有力的關係。

*1.*設定目標。基於彼此間良好的了解，在你們可以合作的事情上設定目標。例如：「保證在緊急需要時，提供兒童週末的喘息服務。」或「需要時提供持續性的交通服務」，更概略的目標例如：「當有不當或疏忽情況發生時，允許我的案主有機會再度申請。」或是「當機構規則改變可能影響我的案主時，提供一份新規則的影本給我。」

*2.*和一位對你案主的議題較關心的人聯繫。從你以前曾經

接觸過的人裡想想看，找出人選。若你們之間本來就有良好的溝通將更有助益。最直接的方法是打電話告知你希望和他討論進一步的合作；比較間接的方法是選一位正在服務你案主的資源，要求和他討論個案，並和其他類似的個案做比較，以便彼此更加了解，進而合作。

3.發掘長期合作的可能性。在此可把討論的焦點放在前述之目標，透過意見交流發掘互相幫助增進合作的方法。起初，可能是互相了解對方機構的程序及限制。交換機構手冊也有助於了解，你可能會發現什麼樣的員工表現是對方機構所肯定及激賞的，進而互相幫助使其符合機構期待。

4.增強及維持關係。達此目的是靠定期溝通。你可以電訪以獲知案主的近況，並提供資訊以協助解釋其行為。特別安排個案研討會、互訪機構、分享訓練、甚至共進午餐等等都可增強信任及了解。正式的合作同意書也促進同儕感，然而卻需要在發展系統化的共識上跨出一大步。下面就此議題進行討論。

(六)與常用資源發展同意書或契約

同意書不如契約有約束力，但仍然可以明述雙方機構的責任。如此可以確保你所轉介案主的服務。若兩機構有歧異存在，它也提供了處理的基礎。

同意書一如服務購買契約，是由各機構授權機構代表來承諾運用機構資源。然而，同意書的形式可由個案管理師階級的工作人員來建議。一旦提出建議，重要的是解釋現況以及為何服務契約對個案管理師在機構中工作會有助益。通常你的督導可以協助你決定那些是機構主管認為合宜的字眼。若資源提供

機構的個案管理師認同契約的需要性，並且願意和他的督導及主管一起研討這份契約，有了這樣的協助，更可以促進契約的進行。此過程之完成通常是透過協商。我們稍後將討論此議題。

下面案例描述的是：如何與資源發展關係以及運用機構管理以提昇服務。

案例

一位資深的兒童福利個案管理師被調職到機構的分支單位，然而她對當地的資源很不熟悉。她承接既有之個案量。在檢視個案記錄時，發現很多案主都接受一所家庭服務機構所提供的在宅服務。在宅服務員協助案主家庭的項目有家務整理、照顧孩童以及購物，目的是教導案主能自我照顧。在好幾個個案記錄中，案主抱怨在宅服務員批評他們。個案管理師覺得在宅服務員是很寶貴的資源，但是要成功地運用他們可能需要她自己更多的參與。

個案管理師決定，如果有問題最好是從認識在宅服務方案裡的工作人員開始。她知道當她訪視案主時會逐漸認識在宅服務員。她的長期目標是：找到一個人可以教導在宅服務員如何好好地與父母們相處，以及在必要時，負責在宅服務員排班的調整工作。

個案管理師諮詢機構裡的人，並且取得在宅服務方案督導的姓名及簡歷。然後，她打電話給此督導並自我

介紹。她表明自己是本地區的新手，而且想對在宅服務方案的日常運作有多一點的了解。她要求和督導見面開會，督導也同意了。她也表明希望能得到機構的書面政策以增進對機構及方案之了解，並要求機構在開會之前寄給她。督導說她很樂意寄一些簡介，至於機構政策的資料則必須先請示主管。個案管理師接受此回應，並說她到開會時再取得也可以。

開會前，個案管理師和她自己的督導會談，確定得到一份在宅服務方案的書面政策是對自己機構有助益的。然後，兒童福利方案的督導寫信給在宅服務方案的督導，正式地提出上述要求。如此一來，個案管理師把要資料變成公事，而不再只是私人的要求。

其次，個案管理師更仔細地檢視使用在宅服務的案主的個案記錄，她列出一張有關在宅服務員正常程序的問題清單以及所遇到的困難。她將諮詢在宅服務方案督導的意見，一旦這些問題發生時她應該如何處理。

在會議中，個案管理師發現在宅服務督導態度保留但是有幫助。她的問題都得到回答，並且取得一份政策的資料。結果是，督導也有一些問題及困難。在宅服務員曾抱怨有時他們得不到新案主足夠的資料，太多緊急轉介的案主而事實上只要多一些計畫就可輕易避免的。還有，打電話很難找到兒童福利個案管理師。

個案管理師知道她個人無法回答這些問題。她認知到它們的重要性，於是要求督導說明在機構合作部分的

期待。個案管理師承諾：在一週之內由她自己的督導對在宅服務督導做出某種程序的回應。

兒童福利督導從未察覺到在宅服務督導所提的問題。他立即打電話給她，並安排親自與她會面。此次會議的最終成果是：兩機構間正式公文的來往，明列轉介及回覆的詳細程序。

此議題的進行費時數月，但是個案管理師在第一次會議之後，對於打電話給在宅服務督導討論特定案主之問題及困難一事感覺十分自在。其後，他們彼此經常來往，也發展出信賴的工作關係。案主從個案管理師的努力獲益，像是服務的轉介得到快速的回應，大多數對服務的歧見得到解決，而且緊急狀況也通常得到快速的處理。

無論運用什麼方法來強化你和固定資源的關係，投資努力通常是值得的。不斷發展的信任允許你們之間做更有效的協商。現在就讓我們來談談協商。

協商

何謂協商？在個案管理中，我們協商為的是增強服務需求及服務提供兩者間的配合。透過調整案主及資源的行為，以及透過減低衝突可以達到目的。基本任務是建立足夠的信任，使得案主和資源可以愉悅地合作。當案主不願意使用所需之協助

時；當案主被太多助人者嚇倒不安時；當案主需要調整使用助人者之優先順序時，協商技巧也可派上用場。總而言之，協商牽涉到案主和環境間，關係的個人化及個別化。

　　有時在最初連結時就必須協商，但是典型的狀況是在連結完成之後有困難產生時。例如，當一位母親不想繼續接受一個常常批評她的孩子行為的在宅服務員，或當諾娜阿姨拒絕繼續照顧孩童，除非「那個男人離開這間房子」時，可以運用協商。在這些個案中，協商可以避免資源的流失或減低所造成之傷害。

　　協商可運用於三方面，最明顯的是和其他**正式助人機構**。很多機構受到有限資源的限制，以致發展出方法來保護自己不被成堆的求助要求嚇倒。他們可能用「精英政策（creaming）」來選擇會成功或是較有成就感的案主。有時，他們用「專攻（specializing）」某些類型的個案或是設定服務人數的「上限（ceiling）」來限制可服務之人數。這些方式降低資源回應案主獨特問題的能力。我們透過協商來克服這種缺失。

　　和**自己的組織**交涉，以確保合適的服務也是常見的。在此情況，忠誠二字若不是衝突的，就是混亂的。你的考量除了你自己的前途之外，還有案主的福祉以及機構的利益。你是和你的同事們交手，因此特別重要的是：結果是案主及機構同事雙贏的局面。

　　第三種方面更是微妙，需要小心處理；**非正式助人者**是重要資源的有效提供者。他們提供的服務通常比正式助人者多，若待他們為支持的盟友，非正式助人者可以成為案主生命中長期的、持續的資源。然而，他們也可能成為案主問題的來源。

例如：案主可以真的陷入兩難，如果她必須先承認自己是個壞媽媽，然後她母親才願意幫她照顧小孩。提供預防性服務的個案管理師曾告訴我們，透過介入非正式助人者，他們可以減低衝突並且改善案主和助人者之間的關係。

　　雖然這三方面呈現的議題略有不同，三者間仍有共通之處。共通之處可以安排成以下粗略的順序，然而在協商過程中，每一點都可在任何時間下使用。下列陳述是從 Roger Fisher 和 William Ury 的書，*Getting to Yes*（註一），節錄修改而來的。

一、決定雙方的需求

　　你必須對案主在情境中的**需求**（interests），刻畫出一幅清晰的圖形。需求的含意是她所追求的特定結果下的需要、渴望或問題，以及案主想要得到特定結果的原因。我們不是指特定的答案或方法。例如，需求可能是一位老人家要留在家人及朋友身邊的強烈渴望。他可能認為這樣的需求是繼續住在目前的房子裡，即使他已無力負擔包括房地產稅的各種費用。然而，賣掉房子用來維持公寓的開支可能也同樣地滿足他的需求。甚至，賣掉房子更容易完成他想留在親朋好友身邊的心願。如果我們被特定的方法或答案所捆綁，那可能阻礙我們運用多種滿足需求的方法。因為這些特定的方式是如此地個人且強而有力，當事人可能無法意識到自己真正的需求。因此，重要的是協助他們了解：是背後真正的需求導致他們對特定結果的要求。

　　在我們的個案中，案主及潛在助人者兩方最好都儘可能完全了解對方真正的需求。有時要認知需求及雙方真正的歧見為

何是很困難的。讓我們來看看蒂蕾太太的案例。

　　蒂蕾太太開始接受家庭服務機構的諮商輔導服務。剛開始時她很熱衷並說她喜歡她的諮商員，但是最近開始爽約。諮商員十分困惑，不知該如何解釋。當他詢問案主時，她只是聳聳肩說忘記了。

　　當個案管理師第一次問她困難何在時，案主趕緊回答說她很喜歡諮商員，而且認為諮詢輔導對她有幫助。在耐心的探索之後，個案管理師發覺原來案主感到她**進步得不夠快**來滿足諮商員，因此她覺得很挫敗。在此個案中，案主的需求是想確保她的進步是令人滿意的。

　　經過一番討論後發現：諮商員的需求是看到具體的進步以確定**他做好了自己的工作**。透過協商，案主得到她進步得很好的確認，而諮商員也知道自己真的幫助了案主，因為蒂蕾太太感覺到自己的改變。兩人都對結果感到更滿意。如果個案管理師及諮商員一直相信案主的問題是健忘，而沒有探討案主不滿意自己進步所產生的焦慮，案主很可能最後是放棄接受諮商輔導。協商有助於闡明雙方需求的共同之處。

我們要記住，每一套要求的背後都有其真正的需求。這些需求都有潛能提供雙方均可接受之各種解答。

二、找出共同點

　　案主和助人者之前有歧見存在時，我們通常可以找到雙方的一些共同點。

　　　　例如：一位在庇護工廠工作的殘障案主有缺席的問題，工廠的經理想要開除他。從需求的觀點來看，案主想要得到工作的技能，而經理希望訓練方案中的人去求職。闡明需求的共同性可以啟發新的解答，例如為案主找到更可靠的交通，並且為他替換工廠中更具有吸引力的工作。透過這些補救辦法，案主及工廠經理都有所得。否則，如果案主被開除，那就是兩敗俱傷了。

　　最初個案管理師所須具備的能力，是協助案主及資源相容的目標，以致互相合作而非分道揚鑣。其次，是協助雙方找到一些允許保有各自需求的替代方案。

三、創造替代方案

　　如前例所述，一旦澄清雙方需求，就有可能創造出新的解答而不必要求互相妥協。在兒童虐待疏忽防治方案中的一位個案管理師告訴我們下面的故事：

　　　　瓊安（一位年輕的單親媽媽）曾數次虐待其五歲的兒子。她深感困擾，並求助於當地的兒童協導診所。在

瓊安的眼裡，這些虐待行為都是被兒子的不良行為所挑起的，而且她害怕自己無法掌握他。診所指派一位治療師給案主，在數次評估之後，決定運用遊戲治療單獨和孩子工作。母親同意，並認為這樣可以協助解決問題。

在經過數次每週一次的晤談之後，瓊安發覺她自己沒有得到任何的幫助。治療師在晤談中花五十五分鐘的時間和男孩在一起。然後，她只給瓊安五分鐘，指示她應如何和孩子相處。她感覺治療師並不了解她，也不了解她每天要面對的情況。她很憤怒，並且發現愈來愈難執行治療師的指示。

治療師認為她自己是兒童的倡導者的角色；她認為她的主要工作是嘗試修復孩子因虐待所帶來的情緒傷害。因此，她選擇幾乎完全只和孩子工作。她認為因為母親的關注及明顯的罪惡感，所以虐待不會再發生，或者母親會到他處求助。她也認為瓊安有執行她的指示。

治療兩個月之後，有一次孩子又差一點被虐待。瓊安被她自己對兒子的反應嚇壞了；發現自己毫無進步也讓她驚恐不已。她覺得治療無效，並且情況比以前更糟。

當瓊安將問題告知個案管理師，他的第一個想法是案主並未得到她所要求的服務；因為他知道診所有提供兒童管教諮商服務。同時，他覺得給孩子的治療可能有用，不想忽視這三個月的時間及努力。

他要求和治療師開會，並提出其觀點，也就是幫助孩子最好的方法就是增強母親。至少治療師同意給母親

與孩子一致的支持是重要的。個案管理師建議把時間平均分給母子或是進行聯合會談。在個案管理師心中，這個提議是一個新的方向，可以同時滿足母親及治療師的需求。為了幫助治療師更容易接受，他也提醒她該診所有責任協助父母發掘管教子女的途徑。

治療師同意試著和母親隔週會談一次。她說：如果這樣做行不通的話，她將安排診所中其他工作人員與瓊安工作。

要創造新的解答並非易事。有時讓雙方一起參加一次腦力激盪的會談來發掘可能的替代方案。腦力激盪是一種只允許人們提各種建議，但不允許任何批評論斷的方法。把它們全部寫下之後，在場的人逐一討論其用處。於是可能有用的建議就會出爐，而成為提供彼此都滿意的解答。

在良好的協商中，目的是滿足雙方的需求。結果是雙贏而非分勝負。這的確需要你本身的樂觀以及合適的方法，相信事情可以解決到令雙方都覺得合宜的程度。

四、把人和問題分開

所有的協商中，都有兩種事情在進行著：其一是對議題有不同的看法。其二則牽涉人際關係。案主及資源對彼此的感受及觀點大大地影響著協商過程。同時，我們也必須認知案主及助人者之間因文化、種族、性別、年齡以及意識型態都帶來的差距。如果對於差異的感受及觀點是負面的，直接的面質益形

重要。

　　預備使你的案主進入協商時，最好能讓他宣洩一下對資源的感受。然後試著把感受及需要解決的議題分別出來。幫助他從資源的觀點來看事情，並且說明個人指控對協商過程的傷害。在會談時，最好是只談你或案主的感受而不指控資源。處在個案管理的角度，別忘了你是處理案主和資源的人際關係，但是你也同時處理你自己和雙方的關係。如前述章節所提，你與資源之關係已穩固，你可以扮演資源和案主間橋樑的角色。

　　案例中個案管理師在案主瓊安與治療師第一次晤談前先開導了她一番。案主認定治療師自己沒有孩子，並且嫉妒所有的母親，所以才表現出優越的樣子。以上的指控都不真實，然而案主的感受卻十分強烈。個案管理師試著幫助案主，把她需要協助來管教孩子和她對治療師的感受分開。如此只有部分成功；因為瓊安不相信非為人父母者有能力提供她實際的建議。

　　在諮商服務領域中，要把人和問題分開是特別的困難。所有的諮商服務都要求案主和諮商員間有穩固的工作關係。這種關係總是有某種程度的個人。當諮商關係產生問題時，即使是牽涉個人議題也最好坦白討論。一位好的諮商員會了解這類討論的重要性而且可以協助你。假設問題持續存在，或許你該幫助案主去找另一位諮商員。這樣的結果最後就發生在瓊安的身上。

　　　個案管理師決定可能最好由瓊安直接向治療師表達她關心的事，個案管理師也表明提供協助的意願。然後，他打電話給治療師，要求參與她與瓊安的第一次晤談，

也向治療師簡報所發生之事。最後,他們共同決定個案
管理師沒有參加的必要。個案管理師將告知瓊安,他與
治療師的對話,而治療師在會談時將協助案主表達其感
受。

結果發現:治療師本身也是為人父母,瓊安的確感
覺稍好但仍然不太信任她。瓊安和治療師晤談了三次,
兩人都認為此刻是參加診所剛開始的親職團體的大好時
機。瓊安加入團體並且持續一年多,在那段時間裡,不
再有虐待事件發生,而瓊安在做為一位自在又自信的母
親方面的確有長足的進步。

在非正式網絡中,議題與關係更是不易分別出來。支持與
呵護是屬於非常個人的資源,而最常提供這些資源的來源正是
非正式助人者。當這些地方發生問題,你可能要提供諮商服務。
在協商之前,你必須以無私的態度居中斡旋以重建雙方之溝通。
如前述,在預防性方案中工作的個案管理師發現通常雙方都十
分歡迎這類協助,以重修案主及非正式助人者之間有效的關係。

五、將問題部分化

有時一項特殊的議題可將討論導向僵局。你可將問題分開
成幾部分,然後先選擇比較有希望成功的部分來工作,最後再
回到難題。

一位在心理衛生方案工作的個案管理師,她的一位

案主的孩子們住在寄養家庭。案主剛剛從精神科醫院出院，正準備在她的公寓中安定下來，弄清楚她的公共救助金的問題，解決心理治療中的情緒問題，以及適應新的藥物。同時，她的寄養服務工作員也開始催促她決定日期，以便迎接從寄養家庭回來的孩子們。那時候，必須再次負起照顧孩子責任的念頭簡直令她驚慌失措，以至於無法做出任何決定。結果之一是她沒有回電話給任何一位寄養服務工作員，導致工作員對此事更加堅持。寄養服務工作員認為問題是案主不負責任且無回應，而她這樣的看法是有理由的。當個案管理師把問題分成幾個預備工作：包括決定探訪、為孩子準備床鋪、穩定她的用藥，以及搞清楚她的補助津貼等，寄養服務工作員終於了解有些問題必須在接孩子回家之前解決。她甚至提出幫忙解決公共救助的問題。將問題部分化可讓其他事情持續進展，而原來混雜在一起的特殊議題可被顯明出來。

以上五種方法可以獨立或合併使用，以解決案主和助人者之間的僵局。我們深信讓雙方了解彼此的需求是十分關鍵的，如此他們才能做必要的調整來共同努力。案主及助人者間的信任需要增強。有時，透過彼此的信任仍然無法帶來期待的結果。那麼你可能需要運用倡導。

倡導

　　只有當連結與協商都無法將案主所關心的事和可用資源之間做一合理之安排時，倡導才派上用場。連結仰賴正確的資訊及清楚的溝通。協商增加建立信任以及創造相互接納之替代方案的層面。至於成功的倡導，通常需要權力（power）的介入。

　　倡導是指**雖然會面臨那些有權力給予或保留的人的抗拒，仍然替案主向個人和組織說項以確保必需之權利、資源或服務。**當人們做為國民的權利被否認時，例如需要公共救助或政府的服務，倡導就出現了。當人的基本權利被否認時，例如被尊重的權利或是知道個人生命狀況的權利，倡導也會出現。很多成年被收養者，不被告知有關他們血源背景和親生父母的資訊，而末期病患的病情也常被不適當地隱瞞。

　　倡導在正式系統比在不正式系統中來得有用，因為在正式系統中有較多的利益或結構性的權力可以運用。正因如此，我們所有的例證將描述正式機構內的倡導。

　　正如前述，倡導絕非起點，只有在其他努力都失敗時才使用。事實上，它好像是當另一方拒絕繼續談判之後，協商的延伸。我們建議以下六種倡導，它們的層次是逐漸昇高，逐漸增強。

層次一：直接果斷的要求

　　倡導最簡單的形式就是態度堅定（to be assertive）。確定你得到某樣東西的最佳途徑就是開口要求。讓你的需要為人所知。

我們很驚訝，有些個案管理師在尚未弄清楚原先求助的要求是否經過有效的處理之前，就建議案主提出法律訴訟。

　　要做到態度堅定，你必須先提供：

　　1.清晰且非情緒化的求助描述。

　　2.你的案主求助的意願。

　　3.其努力的結果，和

　　4.如果無法得到協助，對案主情況所產生之影響的描述。

　　形容了情境和影響之後，清楚而堅定地要求資源採取行動。你也可解釋為何此機構是回應需求上合理且合適的單位。下面是描述一位老太太的案例。

　　　　一位安寧照顧的個案管理師告訴我們，她的一位病人得了一種不尋常的癌症，正面臨死亡。病人知道她正面臨死亡，但是不了解病情的發展，有什麼治療的方法，尤其是，不同治療的後遺症為何。替她診斷疾病的醫生是一個大忙人，而且他的態度很粗魯。他告訴病人如果她有疑問，應該去找護士談談，並且把她轉介給安寧照顧。

　　　　當個案管理師打電話給醫生時，他說他太忙無法握住每一個病人的手──那是個案管理師的工作，然後就掛斷電話。最後，個案管理師在醫院的走廊逮到他，並解釋給他聽她十分樂意「握住病人的手」，但是她仍然需要醫生的專業知識。她也說明病人需要清楚的資訊來規劃剩餘的數月生命。聽到此，醫生比較放鬆也同意參

與和病人及個案管理師的三方會談。

此方法之關鍵在於非指控的堅定。它提供資源工作的方向，不令他們感到威脅，也不會含糊不清。你可以期待資源報以清楚的回應。如果回應不明或偏離主題，那麼你必須堅持再回到案主需求的焦點上。

層次二：運用專門知識

有時可能影響情境的方法是：善用你對機構政策及程序知識的了解。這種知識可以用來向資源表示，你的案主的服務需求的確符合她的機構標準。譬如說你的一位案主急需解決住的問題，因此她申請了公共住宅。她被告知因為龐大的需求量所以要等兩年才會有空屋。公共住宅工作員是一個嚴峻而又無反應的人。然而，你從過去的經驗得知，有一條政策規定有三個以上學齡前兒童的申請人可以被優先考慮。因為你的案主正好符合此資格，你提醒工作員有這樣的政策規定，而他說他將查查看。當一週左右你還沒接到他任何消息，你寄給他一份政策規定的影本，還有一封信正式地要求對方重新考慮你的案主的申請以及書面的答覆。很明顯地，你對協助機構正式及非正式的政策及程序了解得愈多，你愈能扮演一位好的倡導者。要得到一份機構的規章有時並非易事。如果你知道自己有許多案主都可以使用其服務，最好是提早準備蒐集資料。若要求是出自你的督導或機構主管，有時你會得到較好的回應。

層次三：訴諸高層權威

若抗拒持續存在，可能需要越過當事人而訴諸該組織的高層權威。我們的經驗是：在正式機構中，如果你要求你自己的督導參與和對方督導的討論，你會得到比較好的結果。進入兩方對等職位的協商層次，可以產生期待中的結果。另外可能的附加產品是達成兩機構間的正式協議，允許你的案主定期的使用資源。

層次四：運用申訴管道

如果你熟悉對方機構的申訴程序，你可以結合知識及權威透過影響機構本身的權威結構來達成所願。

　　本書作者之一曾有一位約四十歲的女性案主，她患有肥胖症、糖尿病以及關節炎。她的先生剛剛因心臟病去世。他沒有人壽保險，而她只能領到微薄的退伍軍人津貼。她情緒上很不成熟而且非常依賴。她只有小學六年級的教育程度，無工作技能，也從未工作過。再者，她因先生的過世而陷入憂鬱，毫無行動能力可言。

　　她申請社會安全福利中失能者的補助，並附上醫生證明。然而，資格審查者認為她殘障程度不夠、無法就業的理由不足而拒絕其申請。甚至此審查者根本沒有與她面談。當電話聯繫時，那位審查者拒絕重新考慮，也拒絕解釋原因。他只是不斷地重申案主的殘障程度不夠。

　　　　他的督導也是一樣，毫無幫助，只說她曾親自訓練過這位審查者而且確信他不會出錯。在這樣嚴苛、毫無轉圜的階段，除了透過正式申訴過程以尋求複審之外，別無他途。

　　　　意思就是要多填很多表格，再取得更多的醫療證明。然而，結果是召開行政性公聽會。公聽會的決議是由機構聘用的醫生為案主做檢查。花了幾乎一年的時間，最後終於決定案主資格符合全額補助，並且回溯至她最初申請的日期。

　　如果你期待和特定助人者維持長期的關係，那麼提出申訴可能產生重大影響。因為提出申訴的意涵是對個人的強烈批判。當未來你想為案主爭取一點特別待遇時可能會有困難。另一方面來講，那也是你意圖為案主爭取所需協助的宣示。若你沒有採取行動，代表的是未來的案主也將被剝奪原來是他們應得之服務。

層次五：向外界權威呼籲

　　如果透過機構的層級或申訴程序仍然無法令人滿意的話，你或許要把問題帶到對此機構有影響力的其他組織面前。有時，是發執照或立規範的機構。有時，可能是提供基金或財源的組織。你可能發現發執照組織中的人可以斡旋，或甚至仲裁出一個對你的案主比較有利的結果。否則，立規範機構可以要求遵守適當的法律及行政規則。

外界權威可能是政府機構或提供基金給此機構的聯合勸募（United Way）組織。他們的影響力十分直接，尤其是當他們知道你的角色是個案管理師以及你的機構的角色。同樣地，你可能需要運用到你的督導或機構主管來引介你和立規範機構或財源組織的接觸。

艾兒絲是社區心理衛生中心（CMH）的個案管理師。她的案主亨利正在努力設法進入一所屬於智障者協會組織的庇護工廠。亨利五十三歲，是一位有心智障礙，最近從歐洲戰爭中逃難來的難民。他已被核發綠卡可以工作，但是因為他還未成為美國公民，向庇護工廠申請工作被拒。艾兒絲很熟悉當地的聯合勸募（UW），而且曾代表CMH參加過幾次他們的心理衛生會議。她記得會議中曾對合法難民做過許多討論，聯合勸募協會的董事會督促機構提供協助給難民，以將他們整合在社區之中且能找到工作。她打電話給聯合勸募的心理衛生部經理，也是會議的召集人，告知亨利的狀況以及工廠方面的抗拒。經理說他會查查看。

一週之後，她打電話時經理說曾電話查詢，但是尚未得到回音，但他會再查詢。艾兒絲謝謝他的努力，並說兩週後她將參加下次的心理衛生會議，希望屆時能有回音。一週之後，她接到工廠的電話說工廠本身目前沒有缺額，但是有一個由當地速食店嚴格監督的夜間管理員的工作。她和雇主安排了一次面談，並且陪亨利，還

有一位翻譯一起去。協議是亨利先開始在週末工作，有翻譯在場，試驗四週看看情況如何。艾兒絲寄了一封信感謝庇護工廠的主任，副本送給聯合勸募協會的主任以及心理衛生會議的召集人。

這個情境得以圓滿解決是透過有毅力的個案管理師、支持積極行動的機構、以及和關鍵人物的連結。在此值得一提的是艾兒絲也和潛在的外在資源做了連結。她打電話給資源，追蹤找到一位翻譯，並且協助使三方資源都很有面子。在過程中，她延伸了自己的資源網絡以利未來運用。

層次六：採取法律行動

如果服務是絕對必要、或者個案代表一個族群的案主所需及合適的服務不斷地被拒，那麼你可能必須求助於法院。這是最終的策略，不但代價高而且複雜。這樣的決定幾乎一定要通過機構主管及法律顧問的首肯。基本上是運用在代表一個團體或一個族群，狀況類似的案主的個案上。以機構間的衝突和明顯的金錢花費兩方面而言的確是代價昂貴。

太常使用倡導中較高層次的技巧無形中會增強運用較低層次技巧的抗拒。換言之，如果十分謹慎節制地運用，倡導發揮到極致可以大大提昇未來對案主之服務。它提醒其他助人者你的盡心投入，進而支持並幫助你的案主。

昭然若揭的是，小心記錄案主、機構及你自己的行動是必要的。這對所有的層次都適用，尤其是在申訴過程中必須向該

機構以外的單位提出法律訴訟時。

案例

以下案例闡明本章所討論的諸多技巧與議題。

蘇菲亞是一位二十六歲、未婚的白人女子。過去十年來她常常進出精神病醫院並且被診斷患有數種精神分裂。她好不容易完成中學教育但是從未就業過。蘇菲亞一直到五年前都和父母同住。那時她又住進醫院，當要出院時她的父母拒絕接她回家。他們說她的行為太糟，他們無法忍受，而且也該是她更獨立一點的時候了。

蘇菲亞被安排在一個成人寄養家庭裡，而且被派案給社區心理衛生中心（CMH）的個案管理師。第一次的安置維持了將近一年，而在她舊病復發住進醫院時結束。幾個月之後當她出院時，她去了另一家寄養家庭。這次的安置也維持了近一年，而在寄養家庭要求她搬離時結束。寄養家庭說蘇菲亞的行為嚴重地造成其他寄養人的分裂。當時，蘇菲亞被轉到目前的寄養家庭而且住了兩年。

蘇菲亞聰明伶俐，但是十分不成熟。當不順她意時就噘嘴或發脾氣。這種行為天天發生。她性急、索求許多，並且固執。她故意漠視或挑戰寄養家庭的規則。過去數月來，她不斷地和負責人咪莉發生衝突。長久以來，咪莉多少忍耐包容著蘇菲亞，直到其他寄養人開始抱怨

蘇菲亞欺負他們而且佔他們的便宜。其他寄養人非常憤
怒要求一個處理，否則蘇菲亞就得搬出去。

　　咪莉說蘇菲亞自私、不合作，她不整理自己的房
間，在床上抽煙，而且把收音機開得很大聲。蘇菲亞還
打長途電話給她男友但拒絕付帳。她不告知任何人就出
門，錯過用餐時間，而且到三更半夜才回來。因應這種
行為，咪莉變得十分嚴格，她緊緊地監督蘇菲亞，而且
每當蘇菲亞破壞規矩時就告訴她。她也管教她，例如告
之房間沒整理好不得用餐，電話帳單沒付不得再用電話，
有一次還把她的收音機沒收好幾天。

　　蘇菲亞對這種待遇感到又煩又累，想搬到別處去。
她說咪莉太嚴格，而且總是對她吼叫，批評指責她。她
對不准她使用電話及她私人物品感到痛恨。咪莉也正準
備要讓蘇菲亞離開。她認為蘇菲亞太打擾其他寄養人。
除此之外，蘇菲亞的公共救助津貼也出了問題，已經有
三個月沒有付膳宿費給咪莉了。蘇菲亞的行為加上積欠
費用實在令人難以忍受。個案管理師很擔心，因為地區
內實在沒有什麼寄養家庭會接受蘇菲亞，而蘇菲亞正在
快速地耗竭這些資源。

　　蘇菲亞每隔幾天就和她父母通電話，而他們每隔幾
週會來探訪她。蘇菲亞的母親十分縱容她，而父親卻十
分嚴格。蘇菲亞利用一位來報復另一位；她一方面操縱
父母遂其心意，一方面卻在父母探視之後變得十分不安，
而且行為表現惡化。

　　除了個案管理師之外，蘇菲亞還有一位職能復健治療師和她一起工作，這是一所州立機構，目的在幫助殘障者就業。治療師正在協助蘇菲亞用較具建設性的方式來表達其感受。蘇菲亞白天參加庇護工廠的工作，而她在那兒也面臨同樣的問題。她發現自己很難和工作夥伴們相處或接受督導。雖然自給自足是個案管理師為蘇菲亞所設定的長期目標，但是她目前不被考慮是可以就業的。

　　心理衛生中心的精神科醫師每月和蘇菲亞會談一次，以檢視其用藥及在必要情況下調整藥方。她也每三個月見護士一次。蘇菲亞的健康狀況大致良好，但去年增加了二十磅，而最近開始有比較嚴重的頭痛。護士認為蘇菲亞應去看醫生做體檢，多運動並且節食。

　　當個案管理師回顧時，她看到很多障礙必須更有效地處理。她決定和蘇菲亞一起發展一份生態圖來呈現蘇菲亞機構及她生命中的人的互動關係（見圖6-1）。

　　蘇菲亞的生態圖幫助她們呈現所有的障礙及目前的問題。她們共同找出下列蘇菲亞在有效取得及運用所需協助方面的外在障礙：

·蘇菲亞和咪莉間的許多衝突已危及蘇菲亞的居住問題。

·蘇菲亞父母對待她的方式很不一致。

·蘇菲亞夠資格領公共救助津貼，但是卻延誤了三個月，如此加深她喪失住所的可能性，也增加咪莉的不快。

·對於如何處理蘇菲亞的行為方面，咪莉和治療師之間

存在一些歧見。

- 蘇菲亞的父母、治療師、咪莉，以及庇護工廠的工作人員都在處理蘇菲亞的行為問題，但是毫無共識也未曾共同計畫，以致蘇菲亞十分迷惑，感到毫無助益。
- 精神科醫師似乎並不了解蘇菲亞行為的全貌。
- 蘇菲亞可能需要醫生的體檢，但至今尚未行動。
- 蘇菲亞想要有更多的機會和同年齡的人在一起。

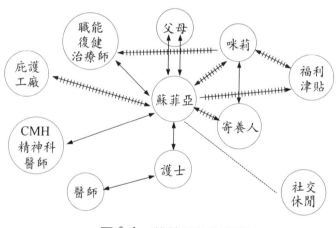

圖6-1 蘇菲亞的生態圖

個案管理師可以做下面一系列的事情來幫助蘇菲亞。這些並非唯一的，然而，你可能會激發出其他的想法。

連結工作

- 和精神科醫師見面討論蘇菲亞的行為。

- 將蘇菲亞轉介給當地的醫生做體檢。
- 和蘇菲亞討論在社區中心及教會舉辦的休閒活動，並且和其中一兩項聯繫取得進一步的資訊。

協商工作

- 協助蘇菲亞和咪莉就住宿規矩及違規罰則方面達成共識。
- 和蘇菲亞的父母見面以協調出他們協助蘇菲亞的角色。
- 安排治療師去諮詢家庭及兒童協助方案（AFC）的機構以設計一份行為管理計畫。
- 召開個案研討會以發展一套服務協調計畫，包括咪莉、職能復健治療師、庇護工廠督導、精神科醫師、護士以及蘇菲亞的父母（如果可能的話）。

倡導工作

- 針對公共救助機構沒有提供案主該有的津貼一事提出倡導行動。
- 聯絡寄養家庭的發照機關，要求他們的介入並代表蘇菲亞和 AFC 組織交涉。

此個案不止闡明運用連結、協商以及倡導的數種方法。它同時也呈現一種現象，那就是許多不同的助人者（多數是有給職的工作人員和專業人員）對彼此互不了解，也不知情。在第八章的協調，我們將再訪個案以了解如何透過協調來協助破除某些障礙，並且使規劃的活動更加整合於各個助人者之中。

結　語

　　本章的焦點議題是：當個人或家庭與其環境的互動失去平衡時，如何重建均衡。我們提到幫助案主滿足基本需求，善用機會，以及完成或調整他人要求的種種策略和技巧。在本章中所談論的技巧有其連續性，圖例說明如下。

最對立的

倡　導

上法院

運用外在權威

運用申訴管道

運用知識／權威

直接果斷的要求

協　商

調整外在要求

協商差異

澄清各方需求

服務個別化

連　結

監督服務

陪同案主

教導案主

聯繫資源

尋找資源

最不對立的

　　此連續性代表個案管理師身上的投入逐漸增加、投資逐漸增加、冒險也逐漸增加。我們建議你運用最低層次的有效技巧。一般而言，你從底端開始往上爬，直到你的案主得其所需。這些工作是案主也可以學習到的技巧。

　　主要談論的技巧包括：一組確保與資源之連結是有效的步驟，和資源工作以確保其回應案主之需求的方法、以及強化和資源之關係的方法。

註解

1. Many of the concepts used in our discussion of negotiation are derived from Fisher, Roger and Ury, William: *Getting to Yes: Negotiating Agreement without Giving In.* New York, Penguin, 1983.

第七章

獲取內在資源

239

　　如果你運用此個案管理模式來協助案主，現階段你已完成評定階段的工作。你已找出問題並記載下來，你也找出可用來改善問題的資源。你已了解先前案主未和資源連結的原因，並且發展了一套計畫。

　　目前為止，你可能開始進行某些處遇。某些關係必須建立以做為你工作的信任基礎。你可能也開始協助克服某些外在障礙。有時是具體問題，需要立即接受直接的服務。提供這些服務可以提高案主有進展的感受。對很多個案而言，這些個案管理的步驟就足夠了。在本章，我們將提供：

　　・動員內在資源的五步驟過程，
　　・四種內在障礙與運用合適資源之對照表，
　　・一個個案研討闡明克服內在障礙的途徑。

　　然而，對某些個案而言，你會遇到的狀況是案主的內在障礙阻止你有更多的進展。徵兆之一是你自己的感覺：案主動機不足。原因是第四章中所提之內在障礙阻止了案主真正地與你建立有意義的關係來解決問題。

　　很多個案管理師在此階段就敗下陣來。他們變得很沮喪，並且抱怨案主沒有動機。某種程度來講，案主的確是沒有動機。但是真正的情況卻是複雜多了。本章我們提供的方法是發展內在資源以克服內在障礙。並非每個案主都需要發展內在資源。一旦需要時，上述方法可算是個案管理師專業領域中的重要工具。

　　以下我們將提出克服內在障礙之五大步驟。我們認為內在障礙常常在需要個案管理服務者身上發生，且是顯而易見的特質。案主看來沒有動機的原因是內在障礙。提供直接服務來克

服這些障礙是個案管理師的角色之一。

避免迷路

個案管理是一複雜的努力過程。好比在森林中行走一般，會遇到各種岔路及攔阻。很容易迷路或分神而忘記了原來的目標。你的案主必須依賴你選擇正確的道路並且完成它。

如上述譬喻，我們現在正處在森林最深處。我們被一堆問題、資源及策略環繞著。我們還得擔心哪些服務需直接提供，哪些需轉介出去。在此節骨眼是很容易忘記原來計畫好的路徑。

好的嚮導都有一套避免迷路的方法。因此，記住下面的事可能很有助益。那就是：你的整體目標是連結案主及資源，而非自己去解決所有的問題。目前為止，你大部分的工作是評定；你評定必需之資源，同時澄清案主沒有與資源連結的原因。大部分的評定工作已完成。對很多案主而言，是他們的價值觀阻礙其與助人者連結。於是，你需要去改變那種價值觀以協助案主連結並運用資源來解決問題。

為何改變

在個案管理的這個階段中，你將直接挑戰以改變案主之態度及其行為。因此去了解人改變以及不改變的原因是很重要的。

　　多數人避免改變是有很好的理由的：其一，改變是困難的，需要很多努力而且常令人氣餒。我們用自己既有的方法是很輕鬆的。用不同的方法做事須多費力氣。其二，我們害怕改變是因為我們害怕未知。改變帶來某種程度的冒險。既有狀態雖然不是最好，起碼是熟悉的。有句古話「熟悉的魔鬼勝過陌生人」，即為此意。

　　其三，我們不改變是因為現況還不夠糟到必須花力氣來改變。舉一個居家的例子來說明，有多少次你寧可將就著看一台畫面不甚清晰的電視，也不願站起來走過去調整它？有時，因為問題不夠嚴重，去擾亂事情的原狀就顯得太麻煩了。

　　其四，有人不停地抱怨卻無實際行動，是因為他們的抱怨可以帶來別人同情的回應。所以他們寧可在問題現況中生存，也不願放棄抱怨後的「次要獲得（secondary gain）」。

　　最後一個不改變的原因是來自自我保護的信念與態度，就是所謂的內在障礙。這些信念及態度在個人生命某個階段是有功能且重要的。它們現在雖然讓人痛苦，但仍有某種程度的用處。

　　以上是各種攔阻改變的力量。當然也有幫助改變的力量。請記住：人只在一種情況下改變，那就是他們正遭受某方面的痛苦，而且知道有更好的選擇。如果生命是令人滿意的，我們不會自找麻煩去尋求改變。你無法使案主改變只因你認為他們必須改變。他們想改變是因為他們認為改變後的日子會較好。

　　激勵人的方法之一是去強調其不滿足之處。有時人們逃避面對其痛苦或不快樂是因為害怕面對之後，情況會更差。或者害怕面對之後只會導致絕望，因為他們不知如何改善。雖然承

認本身是痛苦的，你的案主還是必須先自我承認不快樂的事實，才有可能與你建立進一步的關係來改善現況。你在這方面的協助是幫助他面對生命中痛苦的事實而不逃避。這就是我們所謂的強調不滿足（highlighting discontent）。

當我們促使人們面對痛苦害怕的同時，必須要負擔一些回應的責任。其一是給他希望。你一定要相信，並且幫助你的案主相信情況會愈來愈好。責任之二是承諾你自己。你的案主必須了解他不會單獨地面對未知。如此一來，改變就可以多一分肯定，少一分恐懼。你自自然然地履行這些責任，就不失人性。你認認真真地實踐，是有一些技巧可以運用來激勵改變。

個案管理師的角色是諮商師

在第四章，我們提到個案管理師的角色是克服障礙及連結資源。我們談到混合直接及間接服務的必要性。直接服務是直接提供解決問題之服務，例如提供食物給飢餓的人。間接服務則採迂迴方式來觸及問題，例如教導案主如何種植食物。

克服內在障礙的工作是透過間接服務來完成。你的工作之一是協助案主改變阻礙其有效運用資源之態度及行為。做為個案管理師，你的角色之一是做一位改變的代理人（change agent）。你要改變的焦點只放在內在障礙。

想一想你做為改變代理人最好的方法是什麼呢？你是否有些過去的經驗來幫助你更加了解這個角色？想一想，在你自己

的生命中，真正對你有影響的一個人。他到底有什麼特別？當我們在訓練團體中提出此問題時，人們的回答如下：

- 他接納我並幫助我有更多的學習。
- 她信任我並給我信心。
- 她幫助我找出更多的替代方案，但不強迫我選擇。
- 他引導而不是催逼。

　　從某一角度看來，這很簡單，但是我們發現一個人一生中只碰過這樣的人一兩次。做為改變代理人，你必須嘗試為你每一個案主做到你成為那位特別的人，幫助他們相信自己。

　　每一位有效的改變代理人，在面對自己及案主時，都有一份共同的中心思想及態度。那就是改變代理人是一位好老師。好老師會做上述所提的每件事，因為他們發現重要的學習是勉強不得的。人必須想要學習，而好老師開啟學習的慾望，並且供應學習所須的知識。那就是你要為你的案主做的，他們不會因為你威脅、籠絡或祈求而改變。他們會改變是因為你相信他們有能力改變。

　　好老師了解所有的知識均有價值，因此不會嘗試去否定學生已知之事，而是增加其知識。做為一個改變代理人，你應嘗試擴展案主的人生經驗。案主的視野有如井底之蛙，你有能力拓展其視野，因你不受其人生經驗之限制。重要的是，千萬不要輕忽或否定案主原來所擁有的。我們從不取走，只讓他們更豐富。如此一來，案主無須與你對抗。你永遠都能給並且讓人難以抗拒。

強調優點

　　如同本書的案例一般，評定多為問題取向。我們專注在案主的不足，例如他沒有能力幫助自己等。我們尚未提到優點。這是改變的時刻了。因為案主的優點才是開啓改變的原動力。我們的重點是發掘潛在的優點並發展新技巧。

　　討論問題、弱點和不足是非常令人沮喪的。激發改變是需要的。討論優點則令人振奮。然而，並不是隨便告訴他「你是好人」就夠了。他們必須自我學習；我們的工作則是創造學習的環境。

何謂內在資源

　　在本節中，我們提供一套運用內在資源以克服內在障礙之五大步驟。內在資源是人們對自己、對他人或對世界的概化（generalization），這些概化能使人們取得並運用協助。

　　回想第四章中提到內在障礙，那是阻礙一個人有效運用協助的態度、信念及價值觀。這些障礙來自於一個人過去生活經驗的概化。這些概化在最初形成之時或許很合邏輯且有用，然而現在已不大有功能了。事實上，他們現在可能令人痛苦。可是，人們不願放棄，因為他們無可取代。

　　我們所提內在障礙之四種模式是悲觀論、批判論、宿命論及犬儒論（嘲諷論），我們也提過四種模式的感覺狀態及行為特性。每一種模式都是一種概化的表示，它曾經合理也令人痛苦。而這痛苦的事實正是我們將運用以激發案主改變的層面。

　　改變並非放棄舊的概化。事實上，舊概化在未來還是有用途的。我們目標是發展一套更有功能、較不痛苦的新概化。舊概化是有限的。第四章中提到，概化的過程必須忽略很多資訊。當前的工作是去喚起這些資訊或提供新資訊，拓展我們的案主應變問題的能力。這些應變之道可能來自舊概化，也有些是基於新學習。我們不帶走任何東西，只是加添。

　　幫助案主之道是使其了解過去他們不知道存在或忽略的部分。這些部分就是他們的內在資源。有時，這些資源存在，只是需要擴展；有時，它們需要發展培育。內在資源是人們對自己、他人或世界的概化。我們稱它資源而非障礙是因為它在人們獲得及運用協助的過程中是有用的。如障礙一般，內在資源也有其感覺狀態及行為特性，將在後面的章節提及。

　　發展內在資源的過程有五個步驟：

　　1. 澄清內在障礙。

　　2. 澄清內在資源。

　　3. 動員內在資源。

　　4. 發展一系列任務。

　　5. 詮釋結果。

　　我們將以一案例來闡釋運用發展內在資源之步驟。案例摘錄自個案管理師工作的一個預防性兒童保護的個案記錄。機構

為社區型家庭服務機構，提供危機邊緣的受虐或被忽略兒童家庭之外展服務。從案例中可以看出這類家庭接受幫助是不太容易的。

案例──蘿絲瑪莉的服務之計畫
轉介原因

　　蘿絲瑪莉（三十一歲）是有二個小孩的離婚白種女人。兒子亞瑟十三歲，女兒貝蒂八歲。個案是由亞瑟學校的社工員轉介的。學校社工員說她擔心這個家庭已有好一陣子了。過去兩年，亞瑟一直有缺課的問題。他常常遲到一至兩小時，有時持續好幾天不上學。當聯絡其母親時，她說一些模糊不清的理由，她從不主動與學校聯絡。她答應要和亞瑟談這個問題，但是情況愈來愈糟。亞瑟在學校也呈現某些行為問題。例如用小動作騷擾同學來引起注意，或者惹老師生氣。他的成績等第很低，有時會當掉。沒有朋友，其他孩子會取笑他。

　　學校社工員十分關心，因為貝蒂也開始呈現同樣的問題。她試著與母親電話聯絡數次，發現困難重重，雖然孩子們都說她在家那兒也不去。電話曾經接通一次，學校社工希望能安排面談。蘿絲瑪莉表現得十分不情願。最後總算首肯，然而還是爽約了。學校社工員的最後努力是進行一次家庭訪視。無人應門，但是社工員十分確定有人在家。

案家背景

　　接到轉介後兩天，我第一次與蘿絲瑪莉聯絡。下午兩點我開車去她家。我開上屋前車道並且鳴喇叭數次。她終於出現在窗戶邊張望。我朝她微笑並招手。她沒有反應且離開窗邊。我們在門口按鈴。按了數次她才應門。我很堅持因為我確定她了解我知道她在家。

　　她開門之後看我一眼，不發一語。我表明身分及來意。告知我們機構幫助一些有困難的家庭，而學校認為或許她可以用得上。我要求與她談幾分鐘。她問我為何按那麼久的喇叭。我回答因我想確定她知道我來拜訪她。我再度要求進入屋內與她談話。她不作答，退後讓我進入。

　　我對屋內的第一印象是廢墟一座：看來簡陋、欠維修、傢俱磨損不乾淨、地毯上留有食物漬印、牆壁斑痕纍纍，看來很久未曾油漆。有些窗戶沒有窗簾，只是隨便遮一下。雖然如此，屋內並無異味，蘿絲瑪莉或另有他人，一定曾花力氣來整理。屋外也差不多：窗戶的遮陽板壞了、鋁門斑痕纍纍需要油漆、草地上有些枯掉的洞。這是一個不錯的社區，大多數的房子都維持得很好。我懷疑鄰居們是如何看待蘿絲瑪莉。

　　第二眼，我又看得仔細些。沙發後的牆壁上掛了一幅廉價的風景畫。茶几上放著孩子們的學校照片。有一

隻鴿子養在籠子裡正在喁喁而言。蘿絲瑪莉穿了一件白色布袋裝，雖然皺皺的，可是乾淨。我走去看孩子的照片，並說他們長得很好。當問起他們像誰時，她低聲支吾說亞瑟像爸爸。

　　第一次接觸約十五分鐘。我再度說明機構的服務內容，並描述一些家庭以解釋我們的工作範圍。我指出服務是免費的，請她想想，不需立即做決定，我說過兩天會再來看她。蘿絲瑪莉只是坐著，把手夾在膝中，肩膀弓起，瞪著地板。她沒有目光接觸，並且面無表情。當我說會再來時，她無所謂同意或不同意。當我離開時也不看一眼。

　　蘿絲瑪莉給我的第一印象是憂鬱沮喪。她對我沒有敵意，但是極端被動。我認為掛在牆上的畫表示她的內心是希望生命能再活躍起來。擺出孩子的照片表示她以他們為榮。我想這些可能是未來可以運用的優點。除此之外，蘿絲瑪莉所表現的實在令人不太振奮。當開車離開時，我也被她的消極沮喪深深地感染著。我想她如此消沈，一定是有原因的。

　　我和蘿絲瑪莉接觸四次後，她才漸漸開放自己。第二次見面時，她沒有抗議就讓我進屋，雖然說得很少也不求助。第三次見面時，我問她如何養活自己，她回答說是靠兒童公共救助（ADC），並且同意我與她的公共救助工作員聯絡。從工作員那兒，我才首次得到蘿絲瑪莉的背景資料。帶著這些資訊，我第四度見到她。她開

始略談自己，我想她對於我鍥而不捨的精神和沒有特殊
理由只是想幫忙的態度，一定印象深刻。在這階段我從
未詢問她是否有困難，她也從未表明。

　　蘿絲瑪莉在農村長大，她的父母是十分嚴謹的基督
徒。管教很嚴但卻不夠溫暖。父母對她和妹妹的教導以
負責任為要。蘿絲瑪莉覺得她永遠無法取悅他們。十五
歲時她認識了一位男孩。這是她第一次感覺有人真正對
她有興趣。她和男友同居兩年，並且懷孕。她的父母認
為她犯了滔天大罪。當他們說原諒她時，她仍感覺他們
從未真正了解及接納她。她與男友結婚後便搬至此地，
因為男友的表兄在這兒幫他找到了一份工作。

　　在這兒她無親無靠，感覺十分孤單隔離。生下亞瑟
之後，小孩佔據了她所有的時間，導致先生的憤怒。先
生開始在外流連忘返，飲酒遲歸。她若抱怨，即遭輕視
及毆打。因為無處可去，她覺得自己必須忍受一切。她
先生的工作不固定，有很長一段時間常常不回家。這種
情況令她非常害怕，因為她完全仰賴先生提供經濟支持。
她不知道沒有錢要如何渡日。有一次他離開了一個月，
她向警察報失蹤人口時得知如何申請救助。最後他終於
回來了，沒有解釋失蹤原因，只說他不願意被綁住。這
種情形持續了六年，直到有一天他離去後就毫無訊息。
然而，在他離去之前，她懷了貝蒂。

　　當發現自己被遺棄時，蘿絲瑪莉申請ADC。如此一
來，她才有辦法維持房子並且和孩子一起過日子。但是

她難以忍受孤單，也擔心必須承擔所有教養孩子的責任。每次一有孩子生病，她就恐懼萬分。她變得更退縮，無法與人相處，因為她感覺別人都在論斷她。唯一的慰藉則是來自於孩子。

孩子們還算健康、負責。但是蘿絲瑪莉很怕自己做錯事傷害孩子，總是不斷地向他們道歉。她很慶幸當貝蒂出生時，亞瑟已經大到可以上學了。然而另一方面她又感到罪惡，因為亞瑟好像是被她趕出門的。

三年前，蘿絲瑪莉的妹妹來和她同住了數月，那是她唯一不覺得孤獨的時間。妹妹後來認識了男友，於是搬去同住。蘿絲瑪莉感到被拒絕及被遺棄。她覺得世界上除了孩子以外沒有人關心她。她似乎感覺此後情況愈來愈糟。她發現自己更不會管理金錢，並且負債累累。她勉強維持著房子，當孩子愈來愈大，他們的要求也增加，蘿絲瑪莉更是覺得自己一無是處。她疲憊極了，每天早上都沒有力氣起床。

蘿絲瑪莉也意識到亞瑟在學校有些問題，並覺得那都是她的錯。她認為學校當局只是要指責她，因此儘量迴避不願面對。對於亞瑟，她感到十分絕望。很想幫忙他，卻總覺得自己把事情愈搞愈糟。她有時覺得他住在寄養家庭中可能會比較好，但又捨不得他離開。

所有資料是透過幾次會談慢慢得到的。我們會談的時間一次比一次久，直到蘿絲瑪莉講了超過一個小時。我認為她感受到我對她的接納，而且我從未論斷她。到

此階段，我沒有問她問題何在，也從未提供任何特別的協助，我只是傾聽並且鼓勵她。然而，同時亞瑟在學校的問題愈來愈大。在蘿絲瑪莉的許可之下，我和亞瑟的老師及學校社工員聯絡，表面上是多了解亞瑟一些。其實聯繫的主要目的是讓這些專業人員知道我的參與，並了解他們對這個家庭可以提供多少協助。知道我的涉入似乎讓他們比較放鬆，而且對亞瑟更包容些。

需求評定

完成需求評估並沒有透過蘿絲瑪莉的直接介入。當在過程中談到問題時，她似乎沒有清楚地意識到。她表現出來的是承認問題的存在就得拿出辦法來面對它們。因此她不敢承認，因為她認為問題無法解決或者她無力面對它們。

債務問題

過去幾年來，蘿絲瑪莉積欠了很多帳單。她接過房屋貸款公司的警告信，而且差一點保不住房子，因為欠稅未繳。有時為了付帳單或水電費（否則會被切斷）全家幾乎沒有足夠的食物。社區中其他人可以只靠ADC過活沒有問題。蘿絲瑪莉的情況比較複雜，因為她堅持自己擁有房子而不願租房子住。

房屋維修問題

房子看起來像廢墟是因為蘿絲瑪莉無錢維修，同時她自己也不會修房子。如果壁爐壞了或水管漏水，她沒有可以幫助她的朋友或鄰居。她必須花錢僱人來修。她心力交瘁只好放棄。

交通問題

蘿絲瑪莉有一部破車，偶爾跑一跑。她大多留在家中，走路去買菜，若要去其他地方只有叫計程車。

孩子問題

蘿絲瑪莉知道亞瑟常缺課。當她問他時，他說他不喜歡上學。有時他回答他功課不好，而且大家都知道。她認為自己應該幫忙他，卻不知如何下手。有時他不上學在家陪她。她因為太寂寞，也就隨他去了。貝蒂在學校比較快樂，可是有時也缺課。

隔離問題

蘿絲瑪莉感到孤單，而她的確很少與人來往。她沒有朋友，和鄰居來往非常有限，除了 ADC 工作人員以外，並沒有和其他專業人員維持固定的關係。她在醫院門診接受醫療照顧，她偶爾會和妹妹聯絡，但總是覺得妹妹並不真正關心她。她有時和母親打打電話，但很少

見面。

憂鬱問題

憂鬱是蘿絲瑪莉主要的情緒特質。因為佔據她生命的一大部分，所以她視為正常。從她有記憶開始就一直有憂鬱沮喪的問題。她只知道當先生離開時情況惡化，當妹妹離開時就更糟了。

資源評定

目前蘿絲瑪莉太混亂以致無法與任何一個人工作，和我會談也是十分抗拒。或許我們可以一起做些事以助其建立信心，將來再邀請其他助人者加入。

離蘿絲瑪莉家幾哩近的社區中心提供信用諮詢服務。當她預備好時，我們可以一起在預算方面下點功夫，也有必要和房屋貸款公司及稅務員進行一些調解。

最後，蘿絲瑪莉必須針對她的憂鬱症接受長期心理輔導，她可能也需要針對亞瑟的學校問題接受輔導。這兩項服務可向家庭服務中心（Family Service Center）申請，此機構有一張數月長的等候名單。所以，我們必須考量蘿絲瑪莉的狀況，在最合適的時候轉介以避免等候、浪費時間。她可能會願意先接受針對亞瑟學校問題的輔導，然後再考慮接受自己問題的輔導。

我認為房屋維修及交通問題部分，與蘿絲瑪莉的與人疏離有關。若她有多些人可以依靠，她會得到更多協

助。我想我的目標之一是協助她認識人及交朋友。因此，她必須多多出門，當她預備好時，我認為應協助她成為學校的義工媽媽，以便認識其他母親們或者在學校成人教育中選修房屋維修課程。同時，我們也可以開始與鄰居建立關係。

最後，我認為學校社工員及老師等也是一項資源。首先，他們可以在亞瑟對學校的態度問題上提供輔導及建議。他們也可協助蘿絲瑪莉更有自信些。

服務計畫

長程目標是建立蘿絲瑪莉可運用且可親近的助人者資源網絡。然而，在與任何資源連結之前，她必須先開始喜歡自己。她必須相信她的情況會好轉，並且她有使力之處。我將與她一起來改善她對自己的感覺，但我們將透過預算、整理房子、照顧孩子等策略來進行。

當前最急迫的需求是與校方的調解，因為學校工作人員認為蘿絲瑪莉沒有興趣而且不合作。在蘿絲瑪莉的同意之下，我將與貸款公司連繫，希望能協調出一個新的付款計畫。同時，我也會查出在稅款方面是否也可分期付款。我將與公共救助工作員聯絡以確定她享受到所有合乎資格的社會福利。

當蘿絲瑪莉漸漸準備好要與其他機構工作時，她會需要一份解決交通問題的計畫。雖然我認為她會想要擁有自己的交通工具，我還是會告訴她本機構的義務交通

服務以讓她寬心。我們也應開發公共交通服務的可能性。

　　預防性服務工作員之描述就到此打住。必要時，我們會再回頭談到個案的歷史背景，現在我們要討論運用內在資源的過程。

步驟一：澄清內在障礙

　　在評定的過程中，你澄清主要內在障礙以及伴隨而來的感覺及行為。你必須觀察其行為數次後才能澄清。如此你才是掌握它的存在及其影響。案主可能對此毫無知覺或者只有一些模糊的概念。絕大多數的概念是在我們意識層面之外運作的。否則，它們不至於如此有影響力或有效。因為它們是無意識的，我們在使用時便不加思索，無須考慮。

　　所謂無意識，是指概化的運作是自動的，好比習慣一般。然而，無意識並不代表它難被發掘。它不像失去的記憶，反倒像是理所當然的習慣。我們每個人都有一些不自覺的姿勢，例如緊張時不住地搓手。如果你指出，他可能會否認，但會想一下；若你再三指出，他可能承認。然而，當場抓到時，他非得認帳不可。現在，提到意識層面時，他可以決定要停止或是在某些特定的情況下才做。以前他無法選擇，因為行為是無意識的。

　　我們案主的無意識概化，道理相同。例如你案主的內在障礙模式是批判論。你曾聽過她批評先生、孩子，批評醫生、父母、還有批評你。當你認為該讓她知道時，可能會說：「你知道嗎？你真的是很挑剔。到底有沒有人符合你的要求？」這是

對案主特性的一種概述。是模式的指陳，而非單獨事件的描述。

案主的回應可能是否認。你可以舉例證明，她可能會罵你愚蠢。此時你正好可以用她指責你的話來證明她是很愛批評的。如果她承認自己指責的個性。你可以向她澄清批判論是一種模式，並對這種個性所帶來的痛苦表示同情。

大部分的人首次被人指出個性模式時都很難承認。你可能需在不同情境從不同角度不止一次地向她指出。要案主認知並承認此模式的目的有三：其一，案主一定要承認模式是存在的。其二，你一定要讓案主感受到其所帶來的痛苦與不適。其三，案主應承認若改變會更好。此三條件是你和案主共同約定要改變的基礎。把痛苦除掉，誰曰不宜？

挑選一個字或詞來描述模式，可以幫助案主認識他的內在障礙。我們可以用「批評」或「指責」來形容前例中的案主。並把它當作一個簡語。案主和你都了解它所代表的複雜意義，不需要每次都解釋。當然，最好是選案主自己的字彙。因為只有他最清楚特定字彙所代表的記憶及感受。

當你不論斷並且充滿同情時，你的案主比較容易承認且接受障礙的存在。你必須了解這種模式所伴隨而來的痛苦。你的態度傳達的訊息是你了解這些模式是如何發展的；你也了解它們最初形成時是重要且合理的，只是後來它們不合適了，有待更新。

記住四種主要內在障礙模式所帶來的負面情緒可以幫助你傳達上述的態度。悲觀論令人感到無助及無望；批判論帶來憤怒及失敗感；宿命論則與焦慮有關；犬儒論帶來寂寞孤單。對

不同的案主，你可以同理他們的特殊經歷及感受。

　　一旦案主承認其障礙時，你也要告知障礙是如何干擾影響一個人取得資源和運用協助。如此一來，你就是將克服障礙和運用資源連結在一起，同時也避免你及案主在過程中迷失了。

　　最後一步是徵得案主之同意來改變其模式。此刻你們兩人可能都不知工作的細節，可是你們至少在共同努力上達成共識。

服務計畫（續）

　　某些服務不需要蘿絲瑪莉的積極參與。某些部分則因為她無可救藥的悲觀而使其無法參與。她認為自己事事失敗，她向父母學習負責任，同時也覺得自己須為所有的失敗負責。她很怕新的嘗試，因為她認為自己會把它搞砸。這種想法讓她動彈不得。即使她萬事順從，卻是十分被動。她認為，如果別人為她做時，結果都不錯。可是她若積極參與時，一定會把事情搞砸。

　　同時，她不相信有人真正關心她。她感覺生命中所有的重要他人——先生、父母、妹妹——都不關心她，唯一讓她有不同感覺的是孩子們，但是她很擔心她一為他們做什麼事就會不順利。

　　蘿絲瑪莉必須先相信自己有能力做一些正向的改變，才可能有重大的進展。她內心深處某部分真的很想如此，尤其是關係到孩子們。下列三方面我可以協助她感覺自己有能力發揮正向的影響：亞瑟的學校問題、預算以及房屋維修。三者當中，亞瑟的問題最可能失敗，

但卻是蘿絲瑪莉最關心的事。

　　我認為必須緩慢且謹慎地來引導蘿絲瑪莉。如果感到責任太大，她會退縮。我將和她談論我可能協助之事，同時和她一起計畫細節。如果成功，我將歸功於她。如此，她可以正向地感受責任。最後，我會慢慢讓她執行某些計畫。

個案進展記錄

　　上週蘿絲瑪莉和我談到我及亞瑟的老師們的會晤一事，她勉強同意。我們計畫會晤的細節。我們討論了我該如何說及如何回答他們的問題。蘿絲瑪莉似乎可以接受我做她的代理人或聯絡人。我要求她把我當成她的嘴。我可以發言，但是想法是她的。

　　和老師會晤之後，我向她做了一個完整的報告。老師們都很關心亞瑟，看來也喜歡他。他們也關心她，希望能見見她。聽到她們喜歡亞瑟，蘿絲瑪莉顯然很高興。當我提到老師們想見她時，她則是不做反應。

＊　＊　＊　＊　＊

　　今天蘿絲瑪莉和我討論她的態度。我告訴她應多給自己一些功勞，她說她沒有居功的理由。我說她有兩個很好的孩子總該有些功勞，她說那是上帝的傑作，可是我感覺出她很喜悅。

　　我告訴她，我認為她對自我的態度很差。她好像認為自己是白虎星之類的不祥之物。她的臉色沈下來，眼

淚滑落，靜默不語。我說我和她談過多次，發覺當事情搞砸時，她願意接受指責，可是事情進行順利時卻不願居功。我問她是否了解我在說什麼。她說她知道，並且說她的確是個白虎星。我說如果她真的認為自己是個白虎星，我也沒辦法，但是她不願居功只接受責難，這點實在是個恥辱。

　　然後我告訴她負責任表示接受功勞及責難，這是一個正當的表現。蘿絲瑪莉只是不住地點頭。我問她是否願意停止當個白虎星。她說如果可能她願意，可是實在不知該如何做起。我告訴她現在不用擔心這個。現在我們只要知道她希望能感覺更好。

　　這是一次關鍵性的會談。第一次蘿絲瑪莉面對自我的負面情緒，而且對嘗試改變做了一個短暫的承諾。在未來的會談中，我將繼續追蹤，向她保證我的協助，並提供如何改變她的感受的建議。

＊　＊　＊　＊　＊

　　當這星期再見到蘿絲瑪莉時，她表現得有如我們從未談論過「感覺像白虎星」一事。我提醒她時，她說記得我所說的，但是不認為那是真的。我舉出半打以上她責備自己的例子。她說沒錯，她該被指責。我挑戰地要她舉出同等數目她可以接受功勞的例子。結果她半個也想不起來。她說這並不代表她就是白虎星。我同意可能白虎星不是一個好詞，並問她自己會如何形容。她說是「不喜歡自己」，我接受她的說法。我告訴她我喜歡她，

那她是否認為我是個呆子，她聳聳肩膀。我再問她是否願意學習喜歡自己就如同我喜歡她一般。她答應了。我告訴她我們可以一起工作，共同努力。

最後，蘿絲瑪莉同意和我針對她對自我的態度問題一起工作。這是她對我信任的表現，以致她肯承認問題所在，並願意努力改變。毫無疑問地，將來她會面臨某些信心動搖的時刻；做出承諾的同時也增加了失敗的可能性。然而，對蘿絲瑪莉而言，在這方面的失敗可能是致命的打擊。

步驟二：澄清內在資源

內在資源源於人生經驗，是一正向情緒狀態。這些正向情緒狀態包括熱誠、喜悅及信心，它們有激勵性，充滿活力並有增強效果。內在障礙具有負向情緒狀態，例如恐懼、憤怒或失敗感。這些情緒是衰弱及退縮的。它們會消耗及減弱我們可用在他處的能量。

正向及負向情緒必須平衡，個人才能成長並解決問題。當然，最好是正向情緒佔據優勢。如內在障礙一般，正向情緒也是源於概化。你的工作目標是發掘或培養這類概化，以利案主獲取並運用這份能量。協助之道是幫助案主回憶過往被遺忘或忽視的重要人生經驗，或者創造今日新經驗來培養正向情緒，轉化成概化。

然而對案主而言，只擁有正向情緒是不夠的。特定的正向情緒必須能平衡造成內在障礙的負向情緒。例如，你可以帶案主去拉斯維加斯賭城而讓她感覺十分興奮，但是興奮的情緒無法消除他的失敗感。我們需要的是直接相對於負向情緒的正向情緒。它們無法同時同地存在，例如快樂和悲傷、緊張和放鬆。

下表中，我們列出常見的內在障礙相關的情緒狀態以及可能相對的內在資源。這些建議只能幫助你開始。每個案主的需要不同，對他們的意義也不同。

障礙的感受與資源之對照表		
障　礙 （Barrier）	情緒狀態 （Feeling State）	資　源 （Resource）
悲觀論	沮喪 冷漠、疏離 無用	充滿希望 信心
批判論（吹毛求疵）	憤怒 失敗	能力 信心
宿命論	焦慮	放鬆 掌控
犬儒論（嘲諷）	寂寞	信任

表 7-1　內在障礙及資源

　　每個案主都有自己表達需要的方法。與其談論感覺不好或是與內在障礙相關的負向情緒，不如探尋案主需要擁有的正向情緒。例如：「相對於寂寞，你想要有的感覺是什麼？」

　　如果案主什麼都想不出來，可能是你尚未正確地找出內在障礙，或者是案主不太能接受用來表達其感覺之關鍵詞。此時，就必須回頭再重新檢討步驟一。

　　也可能是案主對於選取代表好情緒的字眼有很大的困難。可能以前從未有人如此問，或者案主從未奢想在其生活中會有好情緒出現的機會。案主太習慣於來自概化的負向情緒，因此正向情緒好似夢幻一般，有魅力卻不真實！

　　沒關係，只要你是認真的，現階段案主認為是幻想也無妨。你要的是案主能找出一個對自己有意義，並且相對於內在障礙的正向情緒字眼。對這種作法覺得很陌生的人也許需要提詞鼓勵。他們可能說不知道或想不起來。這也許是真的，因此按照上表中所提做些建議。如果一個人感到寂寞，你可以問他是否感覺想信任他人。如果行不通，選擇和信任有關的字眼試試看，例如：接近、親密、溫暖、接觸、了解等等。

　　當你得到一個確切的回應，或者案主自己找出一種正向情緒後，要確定你的了解和案主的本意吻合。此時可以要他描述擁有這種感受的情境。原因是，我們不可能描述自己從未經驗過的感受。因此，只要案主說得出來他所指的情緒，我們可以相信他在過去有過經歷。如果經過仔細思考之後，他仍無法描述那些經驗，可能是他選錯了字眼。那麼，重新試著更確切地描述這種感覺。

有時，問案主特定情緒是如何引起生理上的反應也是很有用的。所有情緒都有運動感覺的成分，而且可以被澄清、形容的。如果你的案主可以描述一種生理狀態，你可以好好查驗你的記錄，因為當案主身體上有特定的感受，代表某種內在資源的存在。

在此步驟還有兩種常見的問題，一是當案主經驗中摻雜著障礙與負面情緒時發生的。在此情況下，挑選看來最重要或最困擾案主的問題來工作。若你在決定何者為重時有困難，讓案主決定正向情緒中何者最具吸引力。此非測驗，別擔心對錯，案主不會讓你迷失。每一個人在某種程度，知道他所需要的。因此，你大可信賴案主的直覺。

當個案管理師或案主把感覺和產生此感覺的經驗混淆不清時，就產生第二種問題。例如，很多案主會說：「我想要比利在乎我的感覺」，其實他們的意思是想要感受到自己是一個可以掌控，有信心的父母親。你將協助他們在許多可能的情境之下都可感受有信心，而不只限於和比利的關係。你希望能預留各種空間及可能性。試著集中精力去找尋一種感覺，其次才嘗試找尋製造此感覺的經驗。

此步驟的最終工作是和案主立約以動員內在資源。你已澄清並認定它對案主是有意義的。現在你必須正式約定工作方向，好讓案主能經常感受到。很明顯地，你不可能讓案主一直感覺很棒，因為沒有人辦得到。所以實際點，目標設定在適度的增強。無論如何，那也是一種改善。

和案主的立約通常是可以簡單如說：「好，我們現在知道

對你而言，感覺有信心是很重要的，讓我們試試看吧！如何？」案主可能對「如何做」毫無概念。此時重要的是案主同意努力經驗正向感受是值得的，而且了解你會在旁協助。

從現在開始，我們將針對已澄清的內在資源來工作。內在障礙的任務是引導我們尋找出重要感受。此感受將調和平衡障礙所帶來的影響。你將把精力放在協助案主創造可以產生好的感覺經驗。你必須相信案主好的感覺愈多，差的感覺就愈少。記住，內在資源和負面情緒是無法同時存在的。

個案進展記錄

本週在我和蘿絲瑪莉會談時，我報告了我與她的兒童公共救助工作員及稅務機構間的討論。消息大致來說是好的，她不再有取得生活津貼的資格，但有急難救助的特別基金可以使用。她可以分期付款繳稅，但我們需提出一份計畫。蘿絲瑪莉感激並稱謝我的努力，但我覺得這並未改善她對自己的感受。

我提醒她我們的目標在幫助她喜歡自己，並問她在她一生中什麼時候曾真的喜歡自己。她想了很久，最後說，當亞瑟出生時她有這種感覺。她覺得驕傲、獨立及長大，但這種感覺並未持續很久。我告訴她那不要緊，只要她知道那種感覺像什麼就夠了。我問她當時她是否也感覺有希望，她同意了。我提醒她使用驕傲、獨立、長大及有希望來描述喜歡自己的感覺，再詢問她是否還

有其他字眼可以形容那種感覺。一會兒之後，她說她感到快樂。

　　我認為覺得快樂太籠統了，要求她更明確地描述。我問她當她感覺最沮喪最想離開時，她最想有什麼感覺來取代。她說她想要有力量的感覺。我問她是否就像感覺有信心一般。她說是，但我們都同意「力量」是最好的字。我說將來我們將一起做所有的事，以能幫助蘿絲瑪莉感覺有力量的方式來做。我問她是否同意與我一起努力，她說她願意。

步驟三：發展經驗以動員內在資源

　　現在我們知道我們正致力於發展案主的某種感覺狀態。我們假設當這種感覺顯現時，內在障礙就無法發揮作用。擁有這種新的感覺將使案主更能有效地運用其他助人者。我們會提出兩種方式，使你可幫助案主有好的感覺。一種是藉著幫助案主回憶這種感覺曾在過去出現的時刻。另一種是在創造一個可產生這種感覺的經驗。

使用記憶中的經驗

　　對一些案主而言，在內在障礙下形成的概化是如此普遍及有力，使這些人難以相信他們能夠得到其所需要的感覺。也就是說，他們傾向於相信自己不是那種能有好的感覺的人，且不

管他們做什麼，都無法經歷到需要的感覺。在此種情境下，喚起過去的記憶可能是有用的。這樣做是為了向案主證明她天生有能力去擁有需要的感覺。

　　有關的技巧是使案主藉著回憶最後一次有那種強烈的感覺的時候，以認清這種感覺。有時，這種經驗要回顧到許多年前，甚至，那種感覺在記憶中也可能模糊不清了。假如某人以某個字或詞來形容某種情感，你可以確定他們生命的某時刻已經歷了此字想描述的經驗。這意味著記憶存在於某個地方，而你們所需做的是持續地尋找。

　　假如案主難於指認出她最後有此感覺的時間，你可使用自己的經驗為指引，幫助她的記憶。有一些經驗是幾乎每個人都會有的，且我們傾向有類似的反應。例如，我們大部分的人會記得我們第一天上學是什麼樣的感覺、或當個新生的感覺、或被一個團體所接受的感覺。你可問問案主有關與你相似經驗的記憶，這可產生需要的感覺。

　　譬如說，你的案主需要感覺是有能力的。所以，你要開始尋找使他們感覺有能力的成功經驗。雖然案主陷入僵局且無法記得曾感覺成功或有能力。你可以問案主是否會騎腳踏車。大部分的人會在某時候學會騎腳踏車。接下去你要求案主回憶她（他）第一次騎腳踏車的情形。每個學騎腳踏車的人在第一次能單獨騎時都覺得興奮極了。那是成功或有能力的感覺。這通常還摻雜著焦慮，因為此種技巧是新的。但你幫助你的案主只回憶到有能力而忘了焦慮。

　　一旦你找出一個能產生所需感覺的過去經驗，使用此經驗

為橋樑去澄清其他的經驗。透過要求案主回憶足夠的細節，可使他們現在重新經歷那種感覺。人們在重新經歷這種感覺時，不如他們最初經驗到的那麼有力，但他們通常能夠捕獲一些感覺。假如案主在一些努力後無法成功，接著你可問案主問題以引發出記憶的細節。這個經驗何時發生的？她在哪裡？她與誰在一起？她的穿著如何？非常詳細的請她回憶感官的問題，像是看到的、聽到的、聞到的、嚐到的、感覺到的。這些問題豐富了記憶，且當每個細節都被回憶到，要重新經歷這個記憶所喚起的感覺就容易多了。

當案主可詳細地回憶或正確地重新經歷所需的感覺時，要求她保持這感覺，且以此為導引去找尋生命中她如此感覺的更早經驗。用這樣的方式你可以時間倒敘法追蹤，且蒐集一些使你案主有此感覺的不同經驗。

一旦案主回憶起這種感覺，你證明了在某個時候，她有能力以此種方式感覺。假如案主可正確地再經驗一次此種感覺，你就證明了她仍有此能力。你可以指出：一旦一個人學到去擁有好的感覺，這種能力從來不會真正喪失掉。它只是潛伏了且需再被喚起。雖然很有限，但是你已開始重新建造及強化內在資源的出現。

創造目前的經驗

除了回憶過去的經驗，發展和利用目前的經驗以強化一個內在資源也是可能的。我們都知道某些經驗使我們有某種好的感覺。假如你覺得有些沮喪或失望，你可能去逛街、看電影、

吃東西、喝一杯雞尾酒或打電話給一個朋友。大部分的成人已發現可以使他們自己高興起來的方式，也就是當他們需要時，去擁有好的感覺的方式。這是我們處理生命問題的方式之一。

當你真的覺得沮喪時，你可能需要其他人建議一些使你再次感覺好起來的方式。你的情緒可能被卡住，使你無法想到如何以任何其他方式來感覺。在這些時候，你依賴其他人告訴你方法。我們並非比較你偶爾情緒低落及案主長期深沈負面的感覺的情況，然而這其中是有些雷同。你的案主也需其他人指出這個方法。你的案主需要你告訴他，他要有什麼經驗才能有他所需要的好的感覺。

一種澄清案主需要何種經驗的方式是問你自己，若你在案主的情況下，你會需要什麼。換言之，你可以回想你一生中曾體會到案主那種感覺的時候。你可因不同的理由有那種感覺，但感覺本身會是相似的。使你有不同感覺的經驗，對你的案主也會有用。

我們已經說過，一般的內在障礙會帶著其特別的情緒狀態，且我們可以靠著澄清內在資源以平衡那些負面的感覺。我們現在可以更進一步澄清那些是產生我們所想要的正向內在資源的經驗。

悲觀論者覺得沮喪及無用，且需要去感覺有希望及有信心。人們在自己有進步的經驗及有前進的經驗中感覺有希望。有信心的感覺則隨成功的經驗而來。

批判論者覺得生氣及失敗，需要感覺有信心及有能力。批判論者可從有成就的經驗中獲益。

　　宿命論者覺得焦慮，這是起因於無秩序的紊亂感。這種人需要覺得鬆弛，這是隨控制感而來的。也就是說宿命論者需要有可以掌控的經驗。

　　犬儒論者覺得寂寞，需要感覺被信賴及信賴他人。當人們經驗到即使自己有弱點，仍被接受與了解時，就可發展出這樣的感覺。

　　當然，以上的描述是簡化的實例，且人們很少這麼單純。我們提供建議來思考如何幫助案主發展一些有用的經驗。在每個個案中，我們並沒確切地限定你的案主應如何經驗成功、成就、控制或被了解的感覺。我們僅建議說，那些經驗所產生的感覺，我們稱之為內在資源。

　　一旦你已澄清案主所需要的經驗，找出案主生命中可以產生有意義經驗的一個地方。方式之一是回到在評估中所產生的問題清單，表中所有的地方對案主而言都是非常重要的。且每個地方你都可協助案主發展以上所提的經驗。你所挑選的問題是一種媒介物，你將用此媒介提供案主他所需要的經驗。例如：藉著做好家庭預算、烹調食物、或孩子管理可能會幫助案主覺得自己是有能力的。然而，這些事所帶來的意義也因人而異。

　　我們建議你選擇一個對案主而言是重要，對你而言是有信心的問題。可能的話，那應該是個有希望獲得一些進展的問題。你並不需要把問題解決掉。你的目標是協助你的案主擁有一系列能強化內在資源的經驗。你的目標不在於解決問題。當你完成任務時，可以把這件事留給後來者。

　　在最後的步驟，你與案主協議要致力於動員一種內在資源。

爲這個步驟作結論：你應該擴大契約內容，就是爲了動員內在資源而努力於問題之解決。你應非常清楚主要目標是產生正向的感覺，而不是去解決問題。

個案進展記錄

　　上星期蘿絲瑪莉同意，若能幫助她感覺有力量將是大有助益的。這個星期我們試著將焦點集中於選擇工作的目標。我指出她有相當急迫的經濟問題，但她覺得她最擔心亞瑟。我覺得處理亞瑟的問題似乎會是個緩慢冗長的過程。但我知道對蘿絲瑪莉而言，最重要的是覺得自己爲兒子做對了事。我覺得假如我們能在這個領域得到一些進展，對亞瑟及蘿絲瑪莉都會是大的收穫。所以我同意我們應試著在亞瑟的問題上做一些努力，但我也警告蘿絲瑪莉不要預期有太多或太快的進展。

　　下一步，我們必須確定亞瑟的問題何在。學校方面認爲他沒有動機。我則認爲他是關心他母親，且害怕單獨留下她一人。蘿絲瑪莉說亞瑟好多次都說他覺得自己很笨，她害怕他發展出不好的自我形象，且因此導致他不用功讀書。我寧可認爲那是她個人的見解，且我希望鼓勵她獨立思考。我覺得即使認爲這是亞瑟的問題也無妨，且蘿絲瑪莉很可能是對的。

　　我問蘿絲瑪莉是否知道亞瑟從前的成就測驗分數。她說她不知道，我告訴她我會去查。她說亞瑟從開始上

學就有閱讀的問題，且他總是被安排在特殊的閱讀班級。
亞瑟經常說這些班級是為笨孩子設的。蘿絲瑪莉認為他
在閱讀上，至少是落後一個年級。她還說亞瑟很少帶功
課回家。她承認她在家庭作業上沒有逼得很緊，因為她
沒有這個精力。

　　在與蘿絲瑪莉談話後，把問題擺在亞瑟身上的決定
讓我覺得很鼓舞。這部分是因為她比從前更活潑，且對
會談涉入的更多。她仍然是很被動，但清楚地是亞瑟的
福祉對她而言是很重要的。在結束會談前，我要她想想
亞瑟那一部分的問題是我們可以開始解決的。我這樣做
是因為我不希望她一次承諾所有的事。我希望將問題分
成一些易處理的部分。我告訴她我也會去思考這件事，
而我們下次將做更多的討論。

步驟四：發展一系列的任務

　　澄清了動員內在資源所需之經驗，及挑選一個對案主有意
義的問題後，下個步驟就是將所需要的經驗分解成一系列的步
驟及每個步驟所要達成的任務。每個任務及步驟必須降低到案
主可達成的程度。假如你不能確保案主會在這些需要的經驗上
成功的話，你所有仔細的計畫及鼓勵案主的努力就會在此落空。
你要藉著每個任務與步驟的成功來確保整體的成功。

　　缺乏經驗的個案管理師在此最常犯的錯誤是為案主設定過

高的期望。他們一下子承擔太多了。結果是案主與個案管理師
都超過負荷且感到沮喪。要避免這種感覺的方法便是降低要求
至可完成的程度以減少工作的範圍。

有兩種方式可限制工作的範圍。第一種就是透過澄清一系
列的工作步驟來限制時間。第三步驟跟著第二個步驟，第二步
驟又跟著第一步驟。你可能正藉著找工作來幫助案主建立信心。
首先，他必須決定工作的類型。然後，他必須檢視求才廣告及
就業輔導辦公室的公告欄。其次，他必須查明是否有空缺，然
後，他必須填寫申請表，去會談、等待結果、回電話等等。在
每個步驟結束時，他可感覺到自己有些進步，即使他可能並未
得到工作，這個過程可使他在每個步驟都感受到一些信心。

另一個方式是區隔化（partializing）。你要將工作分解成一
些部分，每個部分都能單獨被完成。例如你可藉著幫助案主組
織她的家務工作而使她覺得自己是有能力的。把目標設定為在
週末清理整個家可能是太多了。一天清理一個房間，或每天清
理二小時，直到全部整理完畢的目標就有可能達到。清潔完一
間房間後，她會為她的成就感到驕傲。雖然這種感覺沒像整個
房子被清理完的感覺那麼好，卻是很有價值的。清理房子讓人
覺得是不可能的任務，因此也永遠做不到。把工作區隔化，使
得工作可逐步完成，也在過程中帶來成就感。

分解所需經驗為一系列步驟與任務的過程需要你所有的創
造力。究竟如何做則依所發展經驗之本質，你所工作之問題及
案主的知識與技巧而定。我們可以提供一些建議：

運用你自己的經驗

　　很多案主需要去做的事是你已經做過的。反映你自己的經驗，回憶你是如何處理這些相同或相似的事。在你的記憶中分解自己的經驗，即使當初沒想到那是一步一步發生的。記得你第一次在登記大學課程時，多像個動物園。然而當你回想時，你可以發現那其實是一系列有組織的步驟。在幫助別人順利通過時，你只需指出這個次序的組織。以這種方式，你使用自己的經驗把一個複雜的活動分解成一系列可完成的步驟及任務。

運用你的訓練

　　不必為了了解經驗的組成及協助他人而去親身體會此經驗。你不需去懷孕、作外科手術或養一個孩子來幫助這類的案主。你可從其他人的經驗中受益，這就是參與專業教育及訓練的目的。你學習使用別人的經驗。當這個經驗在訓練中可以正式地被傳達時，它通常也可被傳達給案主。例如：假如你學了一種特別的方法來管教小孩的行為，你可把方法分解為幾部分然後教導你的案主。

運用你周圍他人的經驗

　　只要你開口，通常都可得到協助。你的督導、同事可能會有一些想法。可能還可以找到顧問，如以前的老師。以前的案主也能有幫助。這並不是指找以前的案主並尋求協助，而是回想他達成任務的方式，並描述給其他案主知道。

相信你的直覺

　　假如你對某種區隔化或程序化（sequencing）的方式有些感覺，同時沒有其他方法可選擇時，不妨試試看。要記住，案主受限於她（他）對世界的觀點，而你並沒有同樣的限制。所以分享你解決問題的方法可以拓廣案主的視野。

　　一旦你轉化所需經驗成為一系列的步驟與任務，實現它們就是案主的責任。同時案主也擁有了必需的經驗。個案管理師的工作是鼓勵，並藉著提醒案主目標所在來使案主保持在正確的軌道上。提醒案主，其痛苦是內在障礙所造成的，而好的感覺在任務實現時會得到。請記住，目標是發展內在資源，而非解決特定的問題。

　　假如案主在完成任務上有困難，有下面兩種可能：一是任務不適用於產生所需要的內在資源。二來案主認為任務是不相關的，或者太大，而覺得不可能達成。兩者中有任何一種情形發生時，個案管理師應分擔問題的責任承認它是計畫的錯誤，且應重新界定任務為相關及可完成的。重新界定任務可能包含了界定一系列完全新的任務。確保任務可達成要靠程序化或區隔化，使每個步驟的任務小至案主能夠達成的程度。我們會在第八章描述任務執行順序（task implementation sequence）。

個案進展記錄

　　在會談中，我問蘿絲瑪莉對於「改善亞瑟對自我形

象的態度會幫助她覺得有力量」有什麼想法。我這麼問是為了提醒她，我們的目標是幫助她覺得有力量。並查驗在蘿絲瑪莉的心裡對於幫助亞瑟及幫助她自己這兩件事之間是否有強烈的連結。她說她並不完全地知道。我暗示她：或許她會發現當兒子需要時，有能力去幫助他，會使她覺得自己更有力量，她同意。

我們認為亞瑟的問題是他錯誤地認為自己很笨，且把這種想法反映在行動上。蘿絲瑪莉承認有時她會想知道是否亞瑟有某種障礙。無論如何，我們同意假設亞瑟的障礙並不存在。我說我將會去查亞瑟的成就測驗成績來看看亞瑟的能力。我們的目標是說服亞瑟，他至少有中等的能力。我們知道我們不能以直接的方式來說服他，因為蘿絲瑪莉以及亞瑟的老師已試過這種方式。所以我們的策略必須更巧妙及間接。

然而，我們有三個阻力，一個是亞瑟的閱讀問題是事實，且影響到他其他方面的表現。另一件事是亞瑟的壞成績是他很笨的具體證明。因此，我們覺得必須做一些事來改善他的閱讀及成績。第三件事是老師對亞瑟的態度。他們一方面似乎喜歡他，一方面似乎以難有進步的低成就者來看待他。當他有一些成果時，只給他很少的鼓勵及認同。

我們把亞瑟的問題分解成一些部分：他需要鼓勵及正向的增強；他必須改善他在學校的表現；他需要增加他的閱讀技巧。我提醒蘿絲瑪莉，這裡每件事都是大問

題，且需花很多時間來解決，但同時也強調進步是可能的。

　　我覺得正向的增強必須來自蘿絲瑪莉及亞瑟的老師。蘿絲瑪莉說她會試試，而我同意去跟老師談談。蘿絲瑪莉認為亞瑟的不良表現主要是因為他不嘗試，就像是不做作業、不為測驗作準備。所以我們同意進行一個計畫，由蘿絲瑪莉的協助來幫助亞瑟完成作業。最後我們決定，亞瑟若想趕上他的同學，就需一個閱讀家庭老師。

　　蘿絲瑪莉負責了一些任務。她要跟亞瑟討論寫功課的必要，且從現在起她將會幫忙檢查他是否做了功課。她將安排一個固定的時間和地方讓亞瑟做家庭作業，並每天提醒他。她將切實執行這個時間表。而當亞瑟做功課，她儘可能抽空並幫助亞瑟。最重要的是，她每天會去找出亞瑟一些值得讚揚的事，且對他的能力作出正向的評論。她認為可能會花幾天的工夫來設立這個時間表，她覺得可在一週內開始運作。我告訴她，重點是把事情做對，花長一點的時間也無妨。

　　透過學校社工員，我與亞瑟的老師安排了另一次的會面，且把我們的計畫告訴他們。他們說測驗顯示亞瑟有中等能力，但缺乏動機。他們同意試著激發他的動機，找出任何進步的行為，不管是多麼小，且讓亞瑟知道他們注意到了。

　　當蘿絲瑪莉沒有錢請一個專業的家教時，我連結到

本地一所大學的志願計畫。他們有一些學生對教小孩有興趣，唯一的缺點是這些學生只參與一學期。我認為這會比什麼都沒有來得好，於是告訴蘿絲瑪莉這件事。她同意，我便派她一個任務，就是與志願計畫的協調人聯繫安排。

看來這個任務是超出蘿絲瑪莉的能力所能應付的。在經過幾個星期後，蘿絲瑪莉說她忘了打電話。我告訴她既然我聯絡了第一次，由我再聯絡一次或許比較好。我將要求學生家教與蘿絲瑪莉聯絡。然而，我強調她必須把情形解釋給家教知道，且確定他（她）知道需要是什麼。當再一次的安排後，蘿絲瑪莉將事情處理得相當好。

經過這些過程，蘿絲瑪莉的態度是興趣多於熱心。她會對我的問題及提詞有反應，但很少有她自己的意見。我覺得她正試著把整件事當成是我的計畫。如此一來，當計畫失敗，她就可以否認。假如計畫成功，她也不會有成就感。因此，在每個步驟中，我試著讓她參與更多。沒有明確的贊同，我什麼都不做。且我堅持要她參與所有的決定。我貢獻意見與不同方法，但要她自其中選擇。用這種方式，我儘可能使整件事成為她的計畫。

步驟五：詮釋結果

　　內在障礙的概化含意是限制案主詮釋資訊的能力。這意味著案主經常忽視成功的徵兆。動員內在資源的最後步驟即澄清與解釋案主的重要經驗，使案主認可成就，並意識到好的感覺。

　　有一些人是如此不習慣有好的感覺，以至於當這種感覺產生時他們毫無意識或者他們會忽視或不太相信。就像是悲觀論者把適度的成功解釋為不夠，失敗論者宣稱其成就是因為幸運且似乎不會再發生。有些人則會將自己的成就歸功他人，或歸因於其他人的一些潛藏動機。在所有個案中，他們都拒絕讓自己對自己有好的感覺。

　　對個案管理師而言，預期並處理此問題是相當重要的。你可用指出案主對自己賞識不夠的態度，該賞識的地方就賞識及澄清內在資源等方式來介入。在每次的經驗之後或當任務或步驟完成時，可詢問案主他感覺如何。這提醒案主要把焦點放在發展內在資源。告訴案主他應該如何感覺也是必須的。那些很少感覺自己好的人可能是當好的感覺發生時自己都不知道。最後，「標定」感覺也是有幫助的，因為有時人們知道他們感覺很好，但並不知道這種好感覺就是他們所努力的目標。他們需要個案管理師為他們澄清。

　　個案管理師應試著不要受制於解決問題的細節，以致忽略了動員內在資源的目標。這確實會發生在忙碌的個案管理師身上。我們很容易非常投入在定義細節及實現任務，然後，當任

務完成時就覺得工作已完成。但在案主未經歷到內在資源前，工作就不算完成。

　　任務失敗會比任務成功時容易想起原本的目的。成功有時會粉飾目標。假設你正與案主致力於使一位家庭成員得到所需之醫療照顧。事情進行順利且當事人得到所需的照顧。此時人們傾向於放鬆或立即投入另一新的問題或任務。假如是這樣，達成任務使案主感受到對環境有掌控的目標就模糊了。你必須和案主核對，以確保此目標的達成。

　　在目標達成且強調內在資源存在的同時，你也應該將內在資源與有效運用其他助人者這個長程目標連結在一起。例如可提醒批判論者，現在他們覺得較有自信，或許可少責備他人一點；可告訴犬儒論者，一旦有信賴的經驗，再得到它就比較容易。用這種方式，你就可協助案主保持在軌道上。

個案進展記錄

　　　　從我們第一次發展計畫要改善亞瑟的態度開始，到現在已三個月了。上星期亞瑟取得他的年中紀錄卡，所以蘿絲瑪莉和我把此卡當作是回顧進步的一個機會。縱然致力於其他問題，有時會使她分心，但她算是十分持續對亞瑟的工作。我堅持要她回顧已做過的工作，且在我作評論前先做自我評估，因為我想要知道她到底會給自己多少功勞。

　　　　如我所猜想的，她開始說亞瑟的成績仍然非常差，

且她仍覺得沮喪。當我特別地詢問成績時，發現有二科有適度的改善，而其他成績沒有變壞。成績仍非常低，但及格且有些進步。我向蘿絲瑪莉指出這點，她承認。

我詢問她在讚美亞瑟上的努力。在我們定期地討論此事時，我曾希望她給自己一個整體的評估。我建議她給自己打個分數。她說她已試過，但做得不夠好。有時她忘記稱讚亞瑟，且有時要找一件新的事來讚美也有困難。她說她已成功的設定一個例行時間做作業，且試著幫助亞瑟做到。有時，他藉著沒帶書回家或宣稱他沒有作業而造成困擾。她最近開始在他宣稱沒有功課時要他複習一些老課程。她堅持他每天花一個小時在功課上，且直到功課完成才可看電視。

蘿絲瑪莉似乎忘了我們的目標之一是改善亞瑟對自己的態度。當我提到時，她說她已幾乎要忘記了。我建議說忘記或許是好的跡象，因為問題沒有從前那麼凸顯。她同意並說亞瑟已有幾個禮拜沒有再說任何有關愚笨的話。這是他以前在沒做功課或沒準備測驗時的藉口。她清楚地認為在這個問題有進步。

蘿絲瑪莉給她自己總評分是「C」，因為她認為還有很多要做，我認為她肯定自己的功勞是一種進步的徵兆。因此，我說我將給她「B」，因為我們應為那些完成的事打分數，而非那些尚待完成的事。我同意她可以給亞瑟更多的鼓勵，而她也知如何才可得到「A」。

我告訴她我認為亞瑟的老師有遵守他們的協議，且

蘿絲瑪莉說亞瑟提了好多次，說一個老師給他特別的鼓勵。在我的提詞下，她承認對老師在計畫中的合作覺得滿意，但想把功勞歸給我。我說我只是信差，而訊息是她提供的。

我們很幸運能有這個家教，且當我問蘿絲瑪莉這件事時，她的確是笑了。這個義務幫亞瑟的年輕女性主修教育，很有活力且熱心。亞瑟喜歡她，且渴望見得到她。她能使亞瑟覺得學習可以是有趣的。她有一部個人電腦，她讓亞瑟使用，並購買一個矯正閱讀的程式一起練習。這使亞瑟覺得自己很有能力，且在家裡還會自誇。這個家教對亞瑟很有興趣，且詢問她的指導教授是否可在下學期與亞瑟繼續合作，並把此當作特殊研習課程的學分。蘿絲瑪莉對這個安排很高興，但拒絕居功。

我問蘿絲瑪莉在解決亞瑟問題上，她貢獻了什麼而使她對自己的感覺不一樣。她說她覺得忙碌不再想到自己那麼多。她猜想這是件好事。仍有好幾天她發現自己沒有精力做任何事情。有時，她也會驚訝自己在最近幾個月裡做了那麼多事。我問她想到這些事是否使她覺得有力量。她認為她的確覺得有力量，但這種感覺不持久。我告訴她不要緊，只要她學到她是有能力，感覺有力量就好。我說我們已經有了一個好的開始，當我們繼續做下去，她將繼續感覺到愈來愈有力量。

我們已經完成動員資源過程的展現，但這並不表示個案管

理師的工作已完成。這個過程現在必須重複的使用。一旦獲取了一種內在資源，並不意味案主再做時可以不需協助。因為內在障礙背後的概化是如此有力，需要很努力來發展一個有對等力量的內在資源。

內在資源就像肌肉一樣，一旦建立，只要透過重複使用就會變得更有力量；若被忽視就會萎縮。案主需經歷許多次內在資源的出現，才足以形成與內在障礙抗衡的概化。幸運地，我們並不需要每次都經歷這裡所描述的過程。一旦熟悉了這個過程，一個有經驗的個案管理師可發現很多捷徑及其他方法來使案主意識到重要的感覺。

簡言之，必須在許多不同的情境中運用資源。這些情境會依不同的需求、不同的任務而有改變。即使背景不斷改變，發展內在資源的目標是一個不變的方向。這使個案管理師及案主兩方面免於迷失。

在繼續努力的同時，內在資源與內在障礙開始彼此平衡。此時，你可以開始連結案主與其他助人者。判別時間是否正確的方式就是問案主。假如你得到一個正向的回應，就進行吧！使用我們第六章描述過的方法來連結。也可能是針對工作中某些需要來設定任務。正如案例中當個案管理師要蘿絲瑪莉去聯絡義務家教就是一個不太成熟的嘗試。

其他判定時間是否正確的方式是：注意到與內在障礙相關的行為減少與否。假如批判論者較少責備別人或宿命論者較不會衝動，你可假設案主內在有些事發生，漸漸不再需要舊的概化，而由內在資源取代。

內在資源將繼續變得更有力，且每個內在資源的新經驗會
幫助案主做新的嘗試。最後案主將了解老的概化不是唯一的。
他將知道有其他的方式去思考自己和別人。他不需放棄舊有的
思考方式。他只是增加一組新的、彼此互相增強的想法。

結　語

在本章中，我們詳述了動員內在資源的五大步驟。我們認
為內在資源是正向的感受狀態，與內在障礙所產生的感受狀態
正好相反。若內在資源被開發出來，可與內在障礙抗衡，做為
能量的來源。此能量可用來幫助個人更有效地獲得及運用協助。
五大步驟列示如下：

　1.澄清內在障礙。

　2.澄清內在資源。

　3.發展經驗以動員內在資源。

　4.發展一系列的任務。

　5.詮釋結果。

此時，個案管理師的工作尚未完成，在努力促使案主願意
接受協助之後，仍有許多工作，也就是助人及受助的層面。下
一章，我們將檢視協調數個助人者的方法，以及在協助過程中
維持案主動機的方法。

第八章

協調

　　此時，你已與案主共同進行計畫目標的步驟；連結要而不繁的資源提供者，處理過內在及外在障礙，案主得以開始學習如何運用這些助人力量。

　　本章學習重點如下：

- ·協調（coordination）的重要實務議題，
- ·如何與案主訂定契約，
- ·任務執行順序，
- ·監督案主及資源，
- ·支持案主之道，
- ·促進助人者工作之道，
- ·發展與非正式資源合作之特質，
- ·如何主持科技整合性之個案研討會，
- ·監督個案量之道。

協調的定義

　　協調可能是個案管理中最獨特的層面。它比轉介更深入，因為必須追蹤確保案主得到持續的服務。它支持與個案有關的人及機構，以免努力白費。當服務或環境有變化，必須調整原有計畫時，因應之道就是協調。

　　協調是努力執行計畫的階段。它包含把助人者的努力整理記錄下來；並運用此資訊來對計畫做必要之調整及轉換，使其更有助益；協助案主發展能力以有效運用助人網絡。

　　前述章節中我們用「助人網絡（helping network）」來涵括所有直接與案主有關連的人。這個詞的兩部分都有協調的意味。「助人」意指**協助案主**的人或人們。「網絡」則表示不止一人參與，而且助人者之間彼此有某種程度之**關連**。起初，他們可能只是分別與案主連結而彼此互無來往。他們也許不知有其他協助的提供，或不知其他協助與其自身的關連。引導並建構上述的種種協助應該是建立在對案主目標的共識上。因此，協調是個案管理師努力將助人網絡中的各個成員協合地連結起來，共同向案主的目標邁進。

　　「協調（concert）」有管弦樂的意涵，也就是協調（coordination）的同義字。當我們改變助人者的組合及責任，增減其努力時，我們必須修改管弦樂譜。你可以想像交響樂團指揮要求各類團員在合適的時間，運用合適的方法來演奏。雖然，這不太像是個案管理中的協調。比較接近的譬喻可能是迪斯耐樂園音樂雜粹。成員用自己獨特的方式演奏音樂，並感覺他們的音樂如何補足其他樂者。假以時日，發展出來的信任關係使得成員可以「貌離神合」地演奏。

　　運用此喻，協調是當領導者一點頭，就可引出「此起彼落」的完美演奏，當和諧可以維持，成員可以繼續在共同目標上有效地合作，協調的目的就圓滿達成了。缺了領導者，演出時的必要安排將無法完成。像其他系統一般，樂團此時可能會解散；持續合作的動機也將消失。

　　因為成員並非同時同地甚至同調地在演奏，個案管理的領導者就益形重要。所以，協調的另一層面是讓網絡中的成員互

相了解，彼此支持。

最後，協調是幫助案主及助人網絡相契合。提供案主定期檢查的醫生和司機必須安排共同的時間。訓練孩子毅力的學校諮商員和改進家庭溝通模式的家族治療師必須認知他們的工作及努力是互補的。此外，助人者間的衝突或是助人者與案主的衝突也需要個案管理師調合以修復彼此的努力。因此，協調是整合助人者的工作以達互補之效果。

總之，我們定義中的協調包含下列元素：

- ·與助人網絡中的成員工作以建立共同目標及助人方法，
- ·促進成員更加覺察自己的努力對彼此的影響，
- ·整合努力並降低衝突，
- ·繼續監督案主及助人者之活動及進展以預估成效及做必要之修正，

個案管理師在協調中之角色

協調階段中個案管理師的角色就是扮演組織界限的扳手（Moxley, 1989）。首要議題是：「個案管理師應涉入多少？掌控多深？」在第四章中，我們討論到無法參與計畫的永久性失功能案主。我們非常懷疑他們未來是否能處理自己的事物。許多案主需要個案管理師積極且持續的介入，以安排及維持服務之提供。案主參與的十分有限，甚至無法參與。相較之下，另一個極端的案主是有機會發揮潛能，以達到運用並管理助人網

絡的最終目的。

我們必須揚棄的觀念是認為接受社會支援系統的案主只會被動地適應來自各方面的資源。如前所述,對大多數案主而言,我們在乎的是如何發展其管理網絡的能力,並維繫其間微妙的平衡關係。秘訣就是確保協調的努力有價值,且賦予案主自主權來建構自給自足的網絡。

因此,個案管理師的角色必須因時制宜。在建立關係及初評階段,建立案主和資源間成功的經驗是很重要的。這表示個案管理師可能得積極投入以確保事事順利。然而,當案主能力漸漸養成時,個案管理師的角色則轉為案主的支持者及顧問。

領導角色之轉變,可以同樣地運用在與助人網絡的關係上。初期,會花很多精力在取得助人者的合作上。個案管理師是連結資源與案主目標計畫的開展者。協調階段時,個案管理師則要確保案主目標之執行。個案管理師整合網絡以至於助人者的努力可以發揮互補的作用。

爭取合作和保持合作並不相同。當事情有所改善,促進的角色減低,相對的,**維持**(maintaiming)助人者的努力則益形重要。因而導出個案管理師其他三種協調的活動。第一是**監督**(monitoring)案主及資源之努力及成果。第二是**支持**(supporting)案主。第三是**提昇**(facilitating)正式及非正式資源的工作。每一任務都呈現一系列的議題,值得分別討論。

保　密

　　協調過程中最重要的議題莫如保密（confidentiality）。有效的個案管理，必須允許資源網絡之間自由地交換案主的資訊。然而，專業人員之倫理規範是替案主保密。案主與我們分享的個人資料是不可透露給他人的。因此，傳統上即使是專業人員間的互相分享也是十分有限的。此外，由案主簽署之同意書可具體列出資料分享之對象，或授權專業人員選擇判斷。重要的是，案主有權了解簽署同意書之用處，但是他仍然可以決定不簽。當我們納入自然或非正式助人者時，保密的議題益形複雜。大多數受過正式訓練的專業人員不會洩露案主資料，除非是透過正式機構報告或與其他專業人員溝通時。從另一個角度來看，對非正式助人者而言，其回饋就是知道他們曾行了好事。因此，想要告訴別人案主的情況及有關的細節是很自然的一件事。此外，人類共有之特質，就是喜歡「閒言閒語（gossip）」。因此，我們該和非正式助人者分享案主個人資料嗎？非正式助人者該參加專業人員的會議嗎？因為在這些會議中，專業人員是互相分享案主個人資料的。

　　在專業人員間，也有運用保密的各種理由。有時真的難以判斷是真誠考量案主權益或只為了掩飾自己的無能。唯一確定的是：保密是重要課題，方法則因人因事制宜。有時必須由個案管理機構及正式資源的行政階層來達成協議。特定的自然助

人者可以接受訓練而變得信賴可靠;有些則不行。作者有效地使用過的方法是「擴大保密的範疇(widening the pool of confidentiality)」。也就是當有需要時,個案管理師和案主共同決定應該把個人機密的資料告訴誰。

與案主訂定契約

訂定契約(client contracting)是一種與案主溝通的特別方式。契約對於「什麼應完成」、「誰應做什麼」、「如何完成」都有清楚的規定。訂定契約對維持案主的連結及動機方面特別有用,因其增強案主與你之間的協議與了解。猶如第五章所述之「計畫目標」,其目的是協助案主區隔任務並激發行動。

訂定契約有時被誤解成要案主做他不想做的事。其實不然,就像他們反對其他干預方法一般,他們也是有辦法來阻撓契約的。契約所能做的只不過是替案主**想做**的事列出可行的方法。

此時,你與案主的某些目標計畫已成形,也和達成目標之資源有所連結。案主願意且準備開始使用資源。訂定契約使具體目標(objectives)或小任務具體成形。這些具體目標是很重要的步驟,因為他們可以動員案主的優點及能量,支持案主運用協助達成改變的承諾。Seaburg(1979)的研究指出,訂定契約顯著地提高案主服務目標的達成率。

案主和你達成協議,通常是口頭講好各自的特殊任務以完成特定之具體目標。契約可以澄清助人過程並增強你和案主間

的「責信（accountability）」。本階段訂定契約是用以達成短期
的具體目標。

好契約的特點

好契約的五項特點可以用來評估任何口頭或書面的契約：

1. 相互的（mutual）：案主應該從開始就參與契約之訂定。
   你們需要共同決定措辭（terms）。一定要鼓勵案主參與
   決定。注意他們的想法，並且絕不對其施壓以接受你的
   意見；如果這樣做的話，就是將訂定契約的責任由案主
   轉到你的身上。

2. 具體的（specific）：訂定契約的措辭應該具體清楚，以
   便你和案主都能明瞭。你應避免難懂的話及術語，而儘
   可能使用案主的字眼。以具體話語陳述契約內容。避免
   抽象以減少歧異與混淆。譬如，與其說：「增進父母效
   能」，不如說：「堅持克里斯必須完成家務事；完成時
   獎勵他」。

3. 彈性的（flexible）：訂定契約應有彈性以便決定有協商
   的空間。與嚴謹的法律契約不同，服務契約是暫時性的，
   呈現的是計畫而非嚴格的規則。當案主漸漸培養出能力
   來管理資源網絡時，重要的是案主能對計畫做出合理的
   修改以因應其本身的需求及資源。

4. 可管理的（manageable）：訂定契約應是可管理的。這
   表示契約中所協議的內容是在你及案主的能力範圍之內。
   你不應對案主施壓去接受他做不到的協議內容。同樣地，

你也不應允諾超出自己專業能力及機構資源的契約。尤其重要的是，對允諾之事所需之時間要給予現實的考慮。

5.可交代的（accountable）：你也應考慮評估契約之次數。若在安排的時間之內無法完成任務，你可藉契約的彈性來協商需做之改變。當資源無法按計畫取得時，指定的評估報告期限將是一個合理的時刻來決定是否加強努力或是改變資源。

　　有這些特點的契約更容易幫助案主維持長期努力之動機，因為它們帶來自主權、回饋及清楚的目標，幫助案主在改變的過程中前進。

訂定契約的過程

　　步驟 1、定義改變：詳盡評定之後的任務是達成特定之目標。當然，案主的情境不斷地改變，可能隨時需要做新的評定。因此，第一步是定義改變的範圍。我們最關心的是尋求案主所需之資源或發展其滿足社會要求的能力。進而形成初步的具體目標。例如，一位下半身癱瘓者可能說：「我想要自己煮飯」來做為她能獨立生活的目標。

　　步驟 2、形成目標：對案主而言，具體目標必須是自己選擇並且重要的。當遭遇困難時，這份擁有權可以維持案主的動力。當案主的目標似乎太大而無法執行時，你可以協助她分成一系列可管控的次目標。反之，當目標顯得太小時，如果這是案主的選擇，你最好維持原狀。小目標較易達成，進而增強案主做好選擇的信心。

記住，清晰而不混淆地陳述目標是必要的。這表示案主和你都確實同意當目標達成時，將會發生那些事情。與其說「增進處理家務的技巧」，不如說「學習如何燒出營養均衡的餐點，並且一星期煮一頓晚餐」。問下列的問題可以幫助案主更具體：「當目標完成時，你將會做什麼？」、「什麼事將會發生？」。這也幫助你們知道目標何時達成。對案主而言，這種陳述目的的方式比較真實。

步驟 3、澄清任務：此階段是檢視有那些任務，以及每個人應做的工作。可以運用腦力激盪法來進行。例如：

　　七十三歲的安德生太太想要「準備一份遺囑，把錢儘可能地分給每一位孫子」。她和安寧照顧的個案管理師認為有三項任務需立即進行。安德生太太必須決定一公平分配錢的方式。她需要找個了解遺產法的律師但不能太貴。她也想問問孩子們：關於執行遺囑的人選以及公平分配錢的方式的意見。

　　其次，他們需要分配工作。個案管理師的任務是請律師朋友推薦合適的律師。案主則和次女——家中的和平使者——討論如何聚集其兄弟姐妹們來討論此事。案主的生命不會超過六週，因此完成這些任務的時間表也很明確。三天之內必須找好律師，而家人也於兩週之內聚齊。為了讓家人清楚任務所在，於是發展出下列圖表（見表 8-1）

任務	負責者	完成日期
找一個懂遺產法的律師	個案管理師	三天之內
與次女兒討論如何將其他子女聚集起來討論	案主	三週
家庭及律師討論出執行遺囑人選及最佳分配遺產方法	案主及次女	四週

表 8-1　契約同意書範圍

　　步驟 4、追蹤貫徹：必須不斷地檢視任務分配及時間表，使每個人都滿意且同意。此時建議你運用下一節的任務執行順序（Task Implementation Sequence）中的步驟 3 及 4，為可能發生的問題預做準備，順便演練一下那些複雜又具威脅性的任務。先選自己的任務演練，以免案主在角色扮演時太緊張。當目標圓滿達成時，別忘了稱讚或慶祝。對多重問題的案主，增強早期的每次成功是很重要的，因為一直都有新的任務要處理。

　　步驟 5、評估：我們將在第九章更詳盡地討論評估，在此只是簡述一二。按照順序，此時案主理論上應已完成目標。當然，事實並非如此。無論成敗，去檢視結果是非常重要的。邁向高峰的過程不但需要成就及自信，也需要了解如何巧用資源。那是從失敗及成功中都可以學到的。因此，早期的諮詢可以穩固案主的學習成長。

　　以上是完成契約的步驟，舉例說明如下。

案例

　　克莉莎（女性）曾被認定為疏忽孩子的母親，她的疏忽尚未到法定程度，但她同意參加預防性服務方案。在評估時，她和個案管理師都同意，她需要出外工作。克莉莎一直想要做美髮的工作，但又覺得這對她自己而言是不可能的事。然而，經過個案管理師協助克莉莎處理自我批評的問題之後，她感覺或許可以試試看了。

　　下列幾個原因是她認為美髮是值得學的一項技術。她想要讓她三個讀小學的女兒上學時看起來更好看，她也覺得如果她有足夠的設備與技巧更可以進一步改善自己的外貌。最後，她也希望藉此技巧與朋友交換托兒與交通。她甚至還想自己開店做生意。

　　這與她進入社會、好好照顧孩子與學美髮發展自信等長期目標相符。雖然它並非個案管理師的第一個選擇，但是克莉莎確實有動機且與整體目標一致。因此，他們坐下來開始計畫她如何能夠整理他人的頭髮。

　　她需要參加某種訓練課程。因為沒錢，所以找一些適合她且是聯邦政府出錢的訓練方案。個案管理師同意找一些訓練方案，而克莉莎也說可以問她的美髮師表姐是如何得到訓練的。他們給自己二週時間來收集資料，之後克莉莎便可以做決定了。此外，如果有需要，她也要安排褓姆在孩子放學後照顧他們。最後的承諾是只要

訓練方案是免費的或學費低於五百美元，她將在下一期
立即加入訓練。

個案管理師將所記下的重點唸給克莉莎聽，以確定
是雙方共同的協定。她回答是的，於是雙方訂出下次見
面時間。個案管理師發現了一個克莉莎可能符合資格的
方案，這個方案不僅授證而且得到在美容院工作的機會。
它同時也要求她在畢業後接受全職工作，如此將可協助
她獨立。

克莉莎與她的表姐談過，她的表姐在一家美容院工
作，同時也在自己家中做美髮。她沒有上過美容學院，
卻是從朋友那兒學到此一技能。她向克莉莎表示，如果
克莉莎願意在她和男朋友到紐奧良的二週中幫忙照顧她
六歲的孩子，她願意在家中教導克莉莎如何做頭髮。

對個案管理師而言，訓練方案是較好的選擇。然
而，克莉莎卻覺得她尚未準備好做全職的工作。此外，
她也答應幫忙照顧表姐的兒子，而表姐同意在渡假前先
給她六個小時的訓練。克莉莎覺得這是她目前準備好的
程度。此外，工作也不容易找，但她的表姐可以在她準
備好時幫她找工作。

當克莉莎講完對她而言是很長的一篇話時，她看著
個案管理師且詢問他為何笑。克莉莎的聲音有點緊張，
因此個案管理師也很小心的反應著，但最後他還是笑了
出來且說：「妳做得太好了！」。他向克莉莎解釋，她
已經充分運用了契約的觀念，且她的安排似乎最符合她

的現狀及需要。他們繼續討論有關未來在職訓練所需時
數及未來她必須提供多少的褓姆服務。她覺得她的表姐
會同意因為她們一起工作過二小時，且彼此合作愉快。

上述案例清楚地陳列出訂定好契約的特點；相互的、具體
的、彈性的以及實際的。此外，因為牽涉直接的交易，也有可
交代的特點。因為對表姐而言，有一個可靠的褓姆是很重要的，
克莉莎要得到持續的訓練，是會有某種程度的保證的。最重要
的是：克莉莎**主動出擊**且擁有這份契約。

▓▓▓▓ 任務執行順序 ▓▓▓▓

Seabury（1979）所描述的任務執行順序是一項工具，已證
明對案主及自然助人者都很有效。它提供了一套方法幫助人們
從計畫邁向執行。它幫助案主，也幫助自然助人者去幫助案主。

譬如你和案主已定好合理之計畫，但是案主不執行貫徹。
當你由計畫邁向執行時，常會有抗拒產生。「說」比「做」來
得容易。你和案主都得面對這種惰性。

運用任務執行順序（TIS）可以減少問題，並更適切地協助
案主在執行之前做好準備。TIS 是一步驟程序。你可以在案主
想要嘗試一個較困難的任務之前試著用用看。例如找工作，面
質青少年的行為，或與老人家探討住在一起的可能性等等。運
用 TIS 使得案主更有可能貫徹這些已同意的任務。你和案主都

同意執行之任務才可使用 TIS。若案主根本反對這項任務時，
TIS 也無用武之地。

使用TIS無需太多時間，有時十五分鐘就足夠。重要的是，
即使順序有異，也必須完成所有的步驟。前三個步驟最好先由
案主激發自己的想法或例子，之後你再提建議。

步驟一、增強承諾

讓案主想想執行任務有那些益處，案主如何受益？增強且
鼓勵實際的益處。當案主想盡之後，你可以提供一些他沒想到
的好處。

步驟二、計畫任務執行

協助案主具體列出任務並發展出詳盡之執行計畫，問問題
促使案主確實舉出何時、何地、與誰等任務中之細節。你也可
以協助案主發掘其他可能之替代方案。

步驟三、分析障礙

讓案主想想執行任務時會遇到那些問題，若案主在區辨障
礙時有困難，你可提供建議。如此可能使案主從未提及的一些
困惑浮現出來。區辨障礙的原因不是去嚇壞案主，而是讓案主
了解凡事都有困難存在。重要的是向案主保證你會與他一起面
對解決。

步驟四、倣效預演

這可能是最重要的步驟。在這裡你將協助案主練習執行任務的每個部分。尤其是那些必須與人互動的部分。在假設之情境中,你先示範該如何說、如何做,然後讓案主演練,這樣的角色扮演可以反覆練習直到案主感覺可以掌控情境。在過程中,也可加入步驟三所提之困難來練習,使案主有機會體驗克服問題之成功感覺。

步驟五、摘要

重複陳述執行計畫及完成任務之益處。確定案主對該做之事有清楚的概念,並對成功地完成任務充滿期待。用 TIS 與自然助人者工作也很類似。在步驟一中可能需要包括案主及自然助人者的益處。重要的是,練習過程中必須包括案主,使得雙方在協助過程中找到更有效的合作方式。

與其他資源訂定契約

如第二章所討論過的,訂定契約的目的是要確定案主及個案管理師對完成之目的、行動及期限達成共識。訂定契約在社會工作專業中一直佔有一席之地。然而,**在協調過程中,訂定契約的本質有所改變**,因為契約的對象是服務提供者而非案主。因此,當我們與專業人員及自然助人者訂定契約時,形式必須

有所改變。但是，過程中之五大步驟仍是不變：(1)定義改變，(2)形成目標，(3)澄清任務，(4)追蹤貫徹，(5)評估。

由其他人來提供服務契約的品質也不相同。首先，身為個案管理師，你是要求一位助人者（專業、半專業或自然助人者），而不是你自己，針對特定之目標來提供服務。因此，重要的是此助人者清楚了解步驟二中具體目標的目的，以及步驟三中助人者所需執行之任務項目。

事實上，契約是由案主、助人者及個案管理師三方面共同參與的。做為中間人的個案管理師必須了解契約的種種細節。訂定書面的同意書，以便與正式資源確認服務之內容及期限。特別重要的是在契約中明示定期回報次數，以便你、案主及資源可以隨時因應變化而做調整。

兩造雙方必須在契約上簽字，除非此舉對案主不合適。雙方均需持有一份契約。如此正式的舉動並不表示契約的內容必須用法律術語，只是希望用明確清晰的文字敘述，可以讓每個人都了解。此外，根據契約內容建立由資源提供定期回報的共識也是十分重要的。我們可以透過定期會議、電話溝通或正式回報表格等方式來進行。和案主及資源間定期的接觸可以及早發現困難，並給予機會調整契約。

監　督

是適當地告知？還是無禮的干涉？監督的藝術就在這分寸

之間拿捏。個案管理中，解決問題的工作多由他人完成。為了維持所需之服務，你必須了解狀況，也就是了解提供服務之實際情形以及幫助案主之程度。因此，追蹤服務提供者及案主誠屬必要。而監督的指導原則就是那一份建立在案主及資源共識上的服務協議書。

以計畫做為參考架構，透過定期檢視契約中的主要任務來追蹤案主的進展。從契約和實況間的差異，個案管理師可以找出困難之處以免問題坐大。例如，案主爽約暴露出小孩照顧問題。從討論中也可能發現案主及助人者之間的差距是可以透過協商來解決的。藉由監督，我們可以看到成功的程度及需要改變之處。運用監督不過是保持接觸，並不是「大哥哥在監視你」。

監督也是用來決定是否依照契約提供服務。這些契約通常會要求定期報告進度。重要的是，當服務未依預定進行時，契約中明定處理辦法。例如，未收到報告或案主抱怨服務太差時，個案管理師應直接詢問工作員，還是找其督導？最好是在進入正式管道之前，先與工作員討論問題。使用正式管道也許會有所延誤，而導致案主氣餒不滿。從另一角度來說，個案管理師既非工作員之督導，理論上是不應提供督導性的指示。

最佳解決方案包括二部分：在契約中清楚陳述適當之程序；和案主及助人者間定期直接溝通，以便及早提出問題警訊。監督是如此重要，你該如何監督？多久監督一次？監督的頻率依照案主的特性、行動系統及個案管理的階段而定。當訂定契約初期或案主的計畫有大改變時，每週接觸一次是合宜的。如果案主有能力與數位助人者同時工作，只有在運作系統時需要協

助的話，那一個月一次的接觸就夠了。然而，如果案主過去不能持續地使用協助，持續每週一次的接觸則屬必要。無論最高頻率爲何，每月至少與案主聯繫一次是最好指導原則。

　　與服務資源的聯繫可能來自契約的規定，也可能來自你感覺他們需要你的程度而定。在新關係建立的首月裡，你至少必須聯絡一次。之後，則視需要定期聯繫之。與案主及助人者聯繫之方法有幾種。直接溝通（如開會或打電話）是最完整的方式，應在最初之階段使用。當危機產生、訊息複雜、需要交換意見時，直接接觸是很重要的。可是當個案量到某種程度時，要求每次都直接聯絡誠屬難事。有時，備忘錄可以提供同等甚至更好的效果。當你影印留底時，備忘錄具有可追溯的優點。留言式的備忘錄較不具可信度，若案主未如預期地回應時，你可能需要直接與案主聯繫以確認他得到訊息。

　　近來，電腦通訊激增，提供電子郵件（E-MAIL）方式來留言。此外，行動電話及呼叫器等電信設備也加入服務行列。

支持案主

　　案主可能因非立即或非預期之成功而氣餒。我們該如何適當地維持案主的努力呢？爲了達到案主能力發展之最終目的，我們應該選擇支持而非救援案主。有三種直接支持的方式可以協助案主與資源維持關係：個人情緒支持、對所發生之事提出有助益之解釋，以及直接干預。

個人支持

　　定期監督增進對案主狀況及感受的了解。對許多案主而言，執行一個契約似的計畫以改變生活，可能是全新的思考及行為方式。有點像是把私人生活當做工作場所來看待一般。即使很多案主已成功地克服障礙，他們仍然需要個人支持以持續其成功經驗。你的情緒支持是相當重要的。

　　此時可能產生的問題是：案主會對計畫階段所做之目標和計畫感到懷疑。案主可能喪失原先擁有計畫的感覺，而在心理上把擁有權給了個案管理師。使得「保持聯繫」變成「不斷挑剔」，如此一來，對案主及個案管理師都有毀滅作用。這種轉變的原因部分來自於因缺乏早期成功經驗而產生之氣餒。

　　克服此問題之方法就是不斷提供鼓舞的話語。例如，「我知道對你來說很難，但是你做到了」、「看到你處理的方式，真好！」等等正向的鼓勵，是每一個人都會感激的。當一個人很在乎成就時，無論多小，它們都提供正向增強以激勵未來成功的可能性。

　　請記住，即使案主的成就遠低於你的期待，你仍可使用這些鼓勵的話語。了解案主掙扎的困難可以幫助你降低對他們的期待。

詮　釋

　　提出解釋是另一種方式的支持。有兩種不同方式的詮釋可以幫助案主。一是**重新詮釋事件的意義**，二是**協助案主了解造**

成官僚作風（procedural red tape）的原因，而增加與正式組織接觸時的適應力。

　　我們可以向案主重新詮釋那些令他們沮喪的事件。例如個案管理師幫助案主，了解物理治療師嚴格要求他定期做運動是出於真誠關切而非企圖控制。她說服案主若想重拾工作能力，嚴格遵守運動練習是必要的。她同時讓治療師知道案主有感受主控的需求，以致案主可以從治療師的行動來體會確認個案管理師所做的重新詮釋。

　　常常案主所經驗的官僚體制就好像蓄意地拒絕其需求一般。我們也有類似的經驗，個案管理師的任務是了解所要求之資格條件，可能的話，並解釋設定要求的原因。如此一來，即使案主無法體會其原因，至少可以幫助案主遵守規定。詮釋之後，案主可能有較好的準備來通過官僚體系的迷宮。此任務並非為官僚體系辯護，而是提供足夠的詮釋以將個人所受無禮對待的經驗轉化成一組可管理的任務。

直接行動

　　最後，個人支持也包括為案主利益所採取的某些直接行動。雖然本書的主述是透過各種議題來提昇案主處理事情的能力。但是，有些狀況會壓垮案主，的確需要個案管理師運用調解的技巧。最常見的問題之一是輔助資源系統的中斷。我們自己也常常經歷，例如車子壞了、照顧孩子的安排出問題、或是獎助學金無法下來等等。對那些不知有替代資源的案主而言，這些狀況足以讓他們無力應付而挫敗。個案管理師可以找出解決方

式，使案主繼續接受主要資源所提供的服務。重要的是，不只提供協助，同時積極地幫助案主重建服務。

有些危機狀況是很個人的。如家人死亡或親密關係衰退，都足以使案主失衡，以致無法繼續有效的參與。此時，重要的是讓案主知道有人會支持他以便在短期內將問題解決。

克服危機會在退步和進步之間形成差距。重要的是，若案主擁有可用的非正式助人網絡，個案管理師可以邀請他們一起來協助案主解決問題。個案管理師可以對案主及非正式助人者示範合宜的技巧。當他們有能力實際參與問題之解決，他們雙方都增強自我之能力，也同時與案主發展出更緊密的連結。

有時問題來自資源的抗拒，或案主不願遵守一些看似無益的規定。此時第六章所提之協商方法可以再派上用場。資源的抗拒多非衝著案主而言，而是對任務缺乏清楚的認識。即使是仔細擬定的計畫也會有混淆之處需要解決。讓案主及助人者對期待達成共識也許就是維持服務最需要的吧！

一如協商，你可能需要運用連結或倡導來維持服務。有時，你必須承認案主的需要與服務的提供之間是一種不當配對。此時，與案主討論轉換服務提供者，並且建立新關係是合適的。也可能是案主能力改變，舊服務不合適，需要新服務是極自然的結果。

如果服務中止是來自於資源的抗拒，個案管理師就必須以倡導者的角色為案主強力介入。步驟或許與第六章所提相似，更重要的是個案管理師協助案主直接參與準備及執行倡導任務以維持或重建服務。此時，TIS 特別有用。

　　所有的干預行動並非要讓案主依賴個案管理師。反而是讓案主了解在重建的過程中，外來的支持是有暫時性的必要。

促進其他助人者的工作

　　不是只有案主才會經歷困難。就如案主一般，助人者也需要支持。支持的方法之一就是對其工作給予正向的回饋。大多數的服務提供者只在錯誤發生時聽到責難，卻很少或從未接收到回饋。當工作表現優異時，也可以書面的方式向其督導表達感激，給予正向的回饋。如此可以激發未來持續提供好的服務。當然，給予自然助人者正向的回饋也是同等重要。此外，協助案主學習提供正向回饋給助人者，將會提昇案主運用協助的能力。

　　我們認識一位兒童寄養服務的個案管理師，會在孩子離開寄養家庭之後寄卡片給寄養父母表達謝意。當然，這些寄養父母照顧孩子是會得到一些微薄的報酬，但是個案管理師認為他們需要更多的回饋。卡片是簡單而又省錢的方法來告訴寄養父母他們是有價值的。

　　你也可以提供其他助人者諮詢及資訊。如果必須更改案主的服務計畫時，你對案主的特殊了解加上助人者與案主互動所得知的可以使決定更臻圓滿。

　　你應該提供資訊，例如案主的現況。這包括了案主的生活層面，以及助人者所不曾察覺的各項成就。個案管理師最典型的角色就是扮演一位聯絡人，以利網絡成員間互相分享資料，

甚至當成員間遇到困難，可以運用這些資料來解決衝突。

當衝突牽涉到若干位助人者時，舉辦個案研討是解決問題最有效之道。這類的研討會不但解決困難，並且協助重新調整目標及工作時間表。研討會中面對面的溝通及協商可以給整個網絡帶來生機。我們將在後面的章節更深入探討個案研討會。

另外一個議題是責信（accountability）。你必須向自己及其他提供資源的機構提出確實一致的個案記錄及報告。這份報告也必須忠實地記錄網絡中，各成員對案主所做的計畫。當對助人者的非正式回饋不足以帶來改變時，這些記錄和報告可以支持我們採取正式的行動。個案管理師並非助人者的督導，所以不該企圖提供督導性的建議。服務契約中應清楚地說明各種狀況。至於訂定一份好契約的條件我們稍早已做說明。

你自己的機構會提供契約的型式，但是也必須了解對方機構的契約型式，以便填寫報告時可以符合他們的需求。

和自然助人者一起工作

身為個案管理師，你經常得承接一個已存在的自然助人者的網絡。自然助人者都認為自己是家人、鄰居或朋友，而不是「助人者」。他們可能在案主問題發生之前就在網絡中了。個案管理師需要付出特別的心力來把自然助人者整合在網絡之中。他們通常在過去都提供很重要的協助，也可能在正式資源結束時還持續地提供協助。

因為自然助人者有某些特質，我們發現與自然助人者工作也需要具備某些特殊能力。案主對自然助人者的抱怨之一就是他們企圖控制案主的生活（註一）。個人情感的投入使得自然助人者可以持續地關心參與，但同時也造成人際間的緊張與危機。他們視自己為提供協助的人，而非專業人員在執行工作。既然不是工作，就按能力提供協助，不見得依規劃行事。最後，我們無法期待他們剛好具有某種服務技巧可以符合特定案主的需求。

透過個案管理師的教導，自然助人者可以培養下列個案管理的能力。

- 干預的能力，以及建立案主和助人者之間新角色關係的能力，
- 在十分個人的層次上，處理人際間危機及爭執的能力，
- 願意成為一位聆聽者，並且顧慮到每個人都有特殊需求，
- 允許事情慢慢進行的耐心，以及
- 有能力去訓練其他自然助人者以完成特殊任務，例如監督案主以免不斷重蹈覆轍。

案例

費娜‧瓊斯，社會服務部的個案管理師，就必須具備某些上述技巧以便服務艾莉西亞，一位離開男友無處可去的未成年母親。艾莉西亞公然違抗地離家並與男友同居四個月。期間她只有帶兒子傑克回娘家一次。離開

男友後，她曾在一位女朋友家住了兩天，但是無法久留。除非她有永久通訊處，否則社會服務部無法提供未成年子女補助（AFDC）。費娜建議她試試看回娘家住一個月左右。不然，就必須把孩子安置在寄養家庭中。

威頓太太（艾莉西亞的母親）是一位單親職業婦女，個性操控。對於無法見到她的外孫一事感到十分生氣及受傷。費娜安排艾莉西亞及母親一起討論她和兒子遷回的問題。會談之前，個案管理師幫助艾莉西亞了解到如果她搬回家後想好好地生活，行為必須有所改變。

他們提出艾莉西亞和傑克搬回家住一個月的想法。威頓太太回報的是長篇大論的指責，抱怨女兒自私，並表明不可能讓她搬回家。個案管理師十分同情地傾聽母親的憤怒及傷害。起初，艾莉西亞忍受責罵，並試圖讓母親知道她已改變，願意負擔家中的維護及膳食。當威頓太太持續發火時，她女兒也開始罵人了。

個案管理師介入以緩和氣氛。她也使大家接受一個事實，那就是除非這對母子可以找到一個棲身之所，否則孩子將被安置於寄養家庭。起初威頓太太直嚷著說這是勒索，之後也漸漸平靜下來。

當訪視結束時，對艾莉西亞回家的條件達成初步的共識。其中包括定時清掃房間、一星期準備四頓晚餐、週一到週五間必須晚上十點之前回到家。接下來數週，威頓太太協助女兒學習烹飪及育兒技巧，這些是艾莉西亞以前從未自母親處獲得的。她們曾經有過數次激烈衝

突。由於母女都信任個案管理師，因此，其中有兩次費娜被要求去擔任調停的角色。艾莉西亞報名高中夜間部課程，希望能完成學業。如此一來也給威頓太太機會及時間和傑克單獨相處。透過和自然助人者耐心地工作，個案管理師成功地避免將孩子安置於寄養家庭的可能，同時也給艾莉西亞及母親機會開始彼此了解。上述之態度及技巧是解決問題不可或缺的。

有一件事必須教導案主，那就是當她們接受幫助時，要知道如何回饋：可能是一份感謝、或提供某些服務給非正式助人者。重要的是，當案主發展其運用非正式資源的能力時，能了解互惠的意義及影響。沒有一位助人者（包括專業及自然的）可以長期間忍耐完全單向付出的關係。教導案主表達回饋可以幫助維繫其支持網絡。

個案研討

和助人網絡中之若干成員做面對面溝通的會議謂之個案研討。它可能包含網絡中所有成員，也可能只有與特定問題相關的某些成員參與。個案研討是你和其他成員共事的有效工具。

面對面的會議促進網絡成員間的信任與了解，進而可以共同發展出一致的目標。藉著意見交流，成員間彼此提供資訊，並在共同目標之基礎上，對合宜的行動步驟達成共識。當計畫

需要改變時，個案研討之進行允許成員調整其服務而使得整套服務是彼此相合的。

　　個案研討也有一些輔助效益。透過面對面的溝通經驗，網絡成員在問題產生時更開放地彼此聯繫。當遇到困難時，他們也會互相支持。透過分享困難的決定，個案管理師可獲益不少。凡此種種使得個案研討會頗受期待。

　　然而以時間論，個案研討會是很耗時的。因此，具備強有力的理由來召開會議是相當重要的。每位個案管理師必須和案主決定何謂強有力的理由。有下列數種可能性：其一，當個案管理師與新案主發展目標計畫時，而且案主已接受其他資源協助。此時個案研討會之召開將有助於個案管理師之引介，並澄清彼此間的角色功能，比較新計畫與現行之服務之差距並做調整。其二，有重大改變時，例如增減某些資源之協助，此時大家參與有助於了解各人在新組合中所扮演的角色。此外，當資源對案主之要求彼此衝突時，也需要把大家集合起來開會。最後，或許最強有力召開個案研討的理由就是危機發生以致阻礙案主有效參與之能力。此時，要找出新的答案絕對是三個臭皮匠勝過一個諸葛亮。

個案研討之準備工作

　　和任何其他重要會議一般，適當的會前準備及會後貫徹和開會本身同等重要。

　　因為個案研討會直接地影響案主，先與案主討論是很重要的。案主可以指出衝突性的要求、重複的服務或是他和個別資

源間的問題。此討論可幫助建構個案研討之議程。同時也引發案主是否親自出席研討會的議題。看法則是南轅北轍。有些人覺得案主不應出席，有些人則持完全相反意見。我們認為案主出席與否應視會議之目的而定。如果目的是解決機構間的爭論或困難議題，案主沒有出席之必要；然而，當討論會直接影響服務計畫時，案主應該在場。好處之一是案主所關心之事及對計畫的反應可以立即讓團體知曉。

類似的問題，例如那些其他參與者必須參加，也必須解決。如果自然助人者出席，有些人擔心保密的議題。你可以徵求案主對此事之看法。你也可以運用機會教導自然助人者對會議中所談之事保密的重要性。如果他們和議程中討論事項有直接關連，就應該出席。最後，我們都會傾向不讓那些找麻煩的人出席。但是，如果他們正準備破壞計畫，他們應該出席以公開表達不同意見。但願最後能順服在團體壓力之下。

參加人員的名單決定之後，有幾項事情必須先澄清：每一位與會者都應了解開會的目的；如果可能的話，此目的應以書面告知與會者以避免不合宜的期待；時間及地點敲定後，應儘快與每個人再確認一次；開會地點應選擇隱秘的房間，並且容易找到。

如果可能，應寄發開會通知，包括暫定的議程、目的、時間（包括開始及結束的時間）、與會者之姓名及所代表之機構。議程中應該包含來自於資源的建議事項。

這一切看來十分的費時，而且的確超過你的能耐。當然，不見得每次都能如此完美，尤其是當危機產生時。然而，這一

切的努力會激勵你的信心，也會清楚地顯示成功的會議和浪費時間之間的差異有多大！

主持會議

現在，開會的時間到了。如果你先前的努力有效的話，與會者對開會的目的會有共識。你自己的目標也清楚。包括調整資源的努力以達到共同、正向的目標，從批評案主變成了解案主的需求，澄清需要的資源爲何及其所在，以及達成團體中責任分派之共識。無論決定爲何，主持會議你是責無旁貸的。

以下是主持會議的一些建議：

- 自我介紹，並解釋你參與個案的本質。然後，要求與會者也進行同樣的程序。
- 再次陳述召開會議的目的，分發議程並徵求增減或更改之意見。必要的話，安排討論議題之順序，並分配時間。
- 做會議記錄，以明列決議及負責的人員。
- 確定與會者都能分享其觀念以協助會議之進行。
- 如果有些成員堅決地反對，試圖了解雙方所關心的焦點，運用團體的力量來發展出雙方協議的替代方案。第六章所提之協商技巧也可運用在團體中。
- 會議結束前，填寫一張類似「個案團隊協商要點（Case Team Coordination Outline）」的表格（註二）（表 8-2）。它應該包含所有協議之範圍和待完成之任務，全體與會者必須簽署。可能的話，立即影印分給大家。否則，也必須在兩個工作天之內寄發給各人。最後，確定要準時結束會議。

個案協調會議報告

個案管理師：　　　　　　　　　　　　　　　日期　　／　　／

案主姓名：

參與機構	工作人員姓名	電話＃

問題範圍：

會議主題：

計畫：

採取之行動：負責者／完成日期

1.

2.

3.

4.

下次會議

日期　　　　　　　　　　　　地點

負責聯絡者

表 8-2　個案研討報告大綱

追蹤

如果案主沒有出席，你應將所採取的行動告之，並給他一份「個案團隊協商要點」之影本。了解案主對協議內容的看法是否有所保留也是相當重要的。也可能需要幫助他仔細思考在改變中與他相關的部分。如果案主出席了個案研討會，你可能需要和他就決議再做確認，並且支持新的方向。

如果協議影本無法如上所建議在會議中分發，則必須於兩個工作天之內寄出。例行性的支持與監督仍須維持。監督的重要性在於可以掌握那些隨改變而來之不可測的後果。

最後，如有必要可進一步召開會議，例如未來須完成某些重要任務，或者是需要解決重大問題。

鉅視觀

在全美各地，跨機構的協商團體正在整合其資源和個案管理師，以提供「套裝服務（Wrap-Around services）」。這種套裝服務是針對有危機兒童的家庭提供每日的、密集式的服務。在一個鄉村小鎮有三所機構，包括公立社會服務、社區心理衛生，及私立家庭服務機構，共同努力將當地的少年犯罪者留在社區中。來自各個機構的個案管理師直接與青少年及其家庭工作，根據孩子、家庭及其環境，為他們量身打造適合個別個案的獨特計畫。

包括青少年及家庭成員，每一個人在會議中都有投票權。然而，家庭的決定通常會優先考慮，並且分派一位個案管理師

給案主。然後，預算中必須列出起初六個月來自三個機構的各
項捐贈，包括籃球背板、增添的一間房間、一座鏈條圍籬，以
及「友善的猩猩（friendly gorilla）」服務。友善的猩猩通常是
當地專科學校的學生義工，目的是陪伴青少年。例如，十三歲
的瓊尼已經到了快被送回感化機構的地步了，因為他經常逃學
而且成績很糟。可是他堅持不肯上學。最後發現他逃學的原因
是學校的大男生會打他。於是工作小組決定派一位身高六尺三
吋的專科學生來當瓊尼的「大猩猩」，送他去上學並且在學校
陪他一整天。從此以後其他學生再也不敢找他麻煩。專科學生
不但幫助他，同時也樂意幫助其他接受特殊教育的孩子，成為
他們的小老師。本案例只是為了說明個案管理工作小組的一個
有創意的決定。方案本身的實驗計畫是想證明將青少年留在社
區中的花費比把他們送去機構監禁來得少，其中已包括個案管
理師的薪資。在實驗運作的兩年中，花費經濟而且保住了方案
中的每一個孩子。

　　另外一個方案是運用個案管理師的團隊來協助一群已出院
的精神病患，讓他們與不同的人接觸以減低社區精神病患的「耗
竭（burnout）」問題。心理衛生社區治療（Active Community
Treatment）團隊也運用各種個案管理的方式密集式地協助那些
有希望在社區中復健的心理衛生案主。這些運用團隊的方式促
使個案研討式的活動更加制度化。

個案量的控制

在我們前面討論監督時，提到以固定且有系統的方式與案主保持聯繫。可是當個案量太多時就不可能做到了。當個案管理師必須處理三十個以上個案時，只能與部分案主維持固定聯繫。第一次世界大戰時，在戰場上決定如何處理受傷的士兵有一個不成文的規定。把受傷士兵分成三類：無論是否接受治療都會死的人、沒有接受立即治療也活得成的人、接受治療與否會影響其生死的人。當然，第三類的人一定最受到重視。

在社會服務中，我們通常不需要做這麼激烈的決定。然而，在個案中哪些人最受重視也是很值得一看的。通常，個案管理師花很多時間在兩種極端的個案身上。第一類是不斷吸引他人注意的案主。他們看來總是問題不斷，需要注意；或者他們堅持地要個案管理師花時間來滿足其要求。他們通常會耗盡你的力氣以至於你無法分神給其他個案。另類極端的個案則是高功能的人。因為他們溝通良好、互動正向，讓你感覺很有成就。如此一來，大多數介於中間的案主就得不到什麼注意。我們應如何有系統地來關心中間這一群個案呢？

方法之一是定期檢視全體個案，以提醒自己必須關心到每一個個案。從計畫中查驗案主的現況，可以讓你很快地決定下次訪視或協談的時間及內容。表8-3是可參考運用的表格之一。由於一張 A4 的紙可以容納四份表格。因此一份檔案夾可以容

納所有的個案。每個月透過表 8-3 及月報表記錄，可以檢視個案的活動有那些完成或正在進行。由於你對個案很熟悉，通常都不需要用到個案記錄。只有對那些不太確定的個案，我們需要抽出個案記錄，加以檢視。

　　完成查驗動作後，把表格填好。然後你只須注意下個月新表格中的活動即可。填表格時，除了活動內容也別忘了將參與者及日期一併記下。如果個案沒有接受任何處遇，也必須安排一次監督性質的聯繫。過程的最後一步是將活動登記到你的月曆記事簿上。有些個案管理師每兩個禮拜就將表格回顧一次。

　　隨著電腦運用的增加，已發展出一些軟體可以協助個案管理師定期叫出他們所有的個案，找出上次和個案聯繫的日期，看看有哪些案主最近缺乏接觸。同樣地，電腦可以記錄資源以及目前正在提供的服務，電腦也可以顯示計畫中的主要任務以便查驗待執行之關鍵事件。此設計協助你儘快地進入個案的狀況，這些個案通常不太要求你的注意，稍不留意，可能流失。

案主　案號#

目標

本月的活動	參與者	日期	進行中／已完成

表 8-3　個案每月活動記錄

總 結

協調的基本任務如下：

· 在以案主為主的目標以及達成目標的計畫兩方面達成協議，

· 確保彼此間是分工合作而非相互誤解，

· 若案主的狀況及彼此的工作有改變，必須通知網絡成員，

· 支持網絡中所有的成員。

我們描述了個案管理師的協調角色是隨著案主狀況及能力的改變而調整。對助人網絡而言，個案管理師的角色調整則是從爭取合作到維持適切持續的參與。

我們討論了數項議題。包括如何在不全然擁有權威的情況下監督各項努力及成果，以及如何支持案主而又不侵犯他們。我們也討論了如何使正式及非正式助人者的工作更順暢。

最後一項議題是保密。就個案管理而言，它尤其重要，因為牽涉到必須和其他助人者分享案主的資料。助人網絡中還有自然助人者就更困難了，因為他們並不熟悉案主資料必須保密的專業考量。

我們建議在協調時很有用的八種實務方法：

(1)與案主訂定契約（contracting）是澄清任務及承諾的有效方法。好契約是具體的、相互的、彈性的、實際的、可交待的。

(2)任務執行順序（TIS）是協助案主及自然助人者完成任務的方法。

(3)監督（monitoring）強調保持聯繫而不只是要求配合。

(4)支持案主（supporting client）包括情緒支持、詮釋及直接干預。

(5)促進其他助人者的工作（facilitating the work of other helpers）包括提供資訊及正向回饋、記錄個案，以及解決衝突。

(6)和自然助人者一起工作（working with natural helpers）強調的是和這一群人工作時，個案管理師需要具備的特質。

(7)個案研討（case conference）是促進資源網絡在共同目標及計畫上達成共識最有效的方法之一。爲了要有成功的個案研討會，個案管理師必須從頭到尾認真工作。雖然它是一個有效的工具，仍然要留意所必須付出的資源代價，以及案主和自然助人者在其中所扮演的角色。

(8)個案量的管理（caseload management）是運用有系統的方法來管理追蹤所有的個案。本文所提供的兩項設計鼓勵工作員每月定期回顧每一個個案以防流失。

協調，是個案管理中不可或缺的一部分，而且可以決定成敗。

個案管理系統

姓名　案號

地址　電話

連繫支持

呈現的問題：

目標：

任務：

訪視記錄

家庭訪視	機構晤談	電話聯繫	其他資源

表 8-4　個案聯絡卡

註解

1. Ballew, Julius: Role of natural helpers in preventing child abuse and neglect. *Social Work.* 30: 37, 1985.
2. Adapted from a form used by the Washtenaw County Coordinating Council for Children at Risk and the Washtenaw County Department of Social Services.

第九章

結束關係

本章總結個案管理過程的討論，包括評估我們與案主工作之需求及評估方法，使我們順利做出決定，特別是結束關係的決定。

本章提供：

- 評估（evaluation）及結束關係（disengagement）中重要議題之討論。
- 如何運用評估的三種層次。
- 推動結束關係的方法。
- 案主準備結束關係的預兆。
- 完成結束關係的方法，以及
- 個案管理師角色變遷的回顧。

評估的議題

評估時，我們會問，與目標相較事情進行得如何？評估需要透過監督（第八章討論過），如此我們才了解案主是如何進步的。我們收集的資料必須有系統，並且和案主的目標相關。但是，我們必須等到結束時再評估，還是在過程中我們就能做判斷？我們前面提到過程（formative）評估的觀念，可以幫助個案管理師檢視是否偏離主題；或者當情境改變時，是否應修改計畫。但是，當個案管理師考慮與案主結束關係時，他將運用成果（summative）評估來整體評量他與案主工作是否成功。在與案主工作一段時間後，我們用結果評估來決定結束關係與否。在過程及結果評估中，我們都需要蒐集個別的案主資料，

以便做出最好的決定。

　　評估案主進展的評估和機構交代性的評估之間存在著某種張力。為了機構的生存，使用統一的表格及形式來評估所有的案主是有其絕對的必要。評估資料必須以統計數字來總結表達，從某種程度來說是假設所有的案主都類似。在結束關係的階段裡，我們的焦點在於案主進步的評估，而不是認定他們都相似。我們可以運用評估來改進我們對案主的服務。

結束關係的議題

　　在福利服務中，結案通常是困難的。本書開始時，我們曾提到個案管理師角色比較像旅行同伴，而非旅行經紀人。當旅行同伴發現其夥伴已能單獨旅行，他應如何說：「我已決定現在要離開你」？你努力工作很久以建立關係，並且成為案主生命中重要的一部分。你盡力維持此關係直到問題開始慢慢解決。從許多方面來說，你告訴案主他可以依賴你，即使沒有直接協助，至少提供支持。當他重建其生活時，已將你視為重要他人，適應沒有你的日子可能會有困難。所以，千萬不要妄自菲薄，低估你對案主的重要性。

案主

　　在個案管理中，我們工作對象的共同問題是很難與人建立有效的助人關係。首先我們鼓勵他們接受我們的幫助，然後再學習接受他人的幫助。當這樣的功課在進行時，一個無形的應

許也在進行：那就是案主需要時，我們會與他同在。我們持續的「與他同在」可以讓他了解，在這世界上當他需要時會有人伸出援手。然而，結束關係的提出可能是無禮地提醒他，這種「與他同在」也是有極限的。對某些案主而言，想到即將獨自面對生命是很令人驚恐的一件事。

案主回應這種焦慮的方式有幾種：有些是表現憤怒並認為你背叛了他；有些退縮且沮喪；有些處理焦慮的方式是拒絕你，並聲稱你從未真正幫上忙；還有一些則抬出一堆問題來讓你忙得無法離開。當我們對案主仍有責任時，我們需要鼓勵他們學習運用協助，同時也需考量還有很多其他的人也可能需要我們的幫助。因此，權衡我們對老案主相對新案主的責任是有必要的。

個案管理師

在結束關係方面個案管理師也會遇到問題。關懷是一位好個案管理師的主要特質。因此，要結束一段你關心案主的關係並非易事。有些案主特別地令人難以分離；有一些特質會令我們難以抗拒。例如擁有獨特生命力的人。有些人則發現些許依賴加上高度感激的人格特質特別的吸引人。還有人認為努力掙扎卻又常陷於無助的案主最需要持續保護。這些都是合理的感覺。然而，從另一個角度來看，我們的案主並非家人，我們的目標是協助他們發展能力，獨立自主。

因此，案主必須轉換到沒有個案管理師也能獨力工作。但是，何時做出這種轉換呢？我們將提供一些案主準備獨立的徵兆。並非所有的案主都能獨立去求助。在第四章中所討論的某

些恆久性失功能的案主，就非常可能終其一生需要持續的個案管理或機構式服務。很多接受後續照顧的慢性病案主將一直需要他人協助，來得到服務並且生活在社區中。其餘的遲早都將面臨結束關係。

　　從全然的個案管理轉換到不同的狀態是一連續的過程。很多案主可以運用他們逐漸增強的能力及資源網絡來得到他們所需要的幫助。有些人藉著有特殊關係的「重要他人（Significant other）」的協助就可以處理問題。有些人則需要一個敞開大門的機構，可以讓他們在生命中面臨危機時進入求助。有些人將需要回到更有結構及保護性的環境裡。狀況不同，處理不同。機構政策及目標也會大大地影響我們的決定及結束關係之替代方案。

評　估

評估之目的及運用

　　我們認為評估是個案管理中持續評估的一部分。當評估時，我們檢查那些我們期待發生的事情進行得如何。評估是用來查驗計畫中的人及事。最重要的是：評估指導我們決定下一步驟的進行。

　　過程評估是第一次與案主接觸時就開始了。在機構受案（intake）的過程中，對於案主是否適合接受機構所提供的個案管理服務就做了一番評估。在這初評中，我們評估案主獲得及運用其所需協助的能力。評定中發掘之資源是否符合社會的要求及案主的需求將接受評估。初評中很重要的一部分是建立**一套資訊的基準**，日後可以用來和案主改變後的狀況做比較。屆時，從評估中就可以查驗出真正的進展或退步。

　　評估的最重要功能是提供**做決定所需的資訊**。當我們觀察事情之進行，我們必須決定下一步該如何。如果某種干預是成功的，我們可以進行計畫中的下一步驟。例如，透過一位單親親職教育課程，媽媽學會如何有效地支持及管教她的青少年女兒。根據其服務計畫，她可以開始接受一個訓練方案，即使她女兒只比她早一個小時回到家。

　　然而，事情可能不如我們所計畫般地順利進行。那麼可能需要修改策略以提高成功的機率。評估努力的結果可能導致我們做出新的決定，看是不是要持續目前的努力或嘗試其他方法。例如一位母親為了申請孩子的特別服裝補助基金，而和她的個案管理師聯繫，結果發現基金內已無餘額可運用。此時，個案管理師可以協商者或倡導者的角色介入，替案主爭取到基金的補助；或者運用童子軍媽媽團體的「孩童衣櫃」方案來得到其想要之服裝。個案管理師及案主可以運用其努力的結果來評估該決定如何選擇。在**過程評估**中，你不必等到結束再評估。反而可以一面做一面修正。個案管理師所做的評估大多是這一類的過程評估。

　　你可能聽說過，一旦設定目標及方法後，改變方式會導致

不正確的評估。如果研究者的評估重點是在於某種技術是否優於其他技術時，這種考量是對的。做為個案管理師，我們關心的是，能否幫助案主學習有效地獲得及運用協助。意思是說：當一個方法行不通時，你不必放棄；你可以試試別的，或許有用。

另一類評估稱為成果評估，是在結束時用來查驗事情是否進行得夠順利。基本上個案管理師要決定與案主結束關係與否時會運用它。我們將在結束關係那一節做更多的討論。

評估的層次

評估之層次有三：結果（result）、努力（effort）及合適性（adequacy）。對整體評估過程而言，每一層次都十分重要。

努力

有時我們必須查驗我們計畫的策略是否付諸實行，這就是努力的評估。對初期的案主而言，評估努力是很重要的。讓一位抗拒的案主去上課，即使結果是沒有通過，這份努力也算是邁向進步的重大改變。當應用正式資源時，評估努力是相當重要的。即使資源有時無法達成預期目標，我們仍需了解案主是否確實得到協議中所約定的服務。

結果

我們嘗試提供的服務是否有用，是重要的評估層次，稱之為結果評估，考量的是運用策略是否達成目標。例如，接受特

殊訓練之後，如今案主是否能運用行為修正的原則來有效的管教孩子，或者他還是用打的？

合適性

合適性的評估是指查驗所達成的結果是否解決原本的問題還是有所偏離。例如，案主想到老人養護中心工作，並且完成同等學歷的課程，通過了考試；結果發現養護中心協會對資格要求的決定是一般中學的畢業證書。協助酗酒者戒酒可能無法如預期般讓他停止虐待妻子。合適的結果是指結果**充份地達成**預期的目標。

我們區辨評估的三種層次，為的是使**個案管理師**不只是評估努力而已。例如，個案管理師很容易做下列的假設：一旦她幫助案主進入一個方案以滿足其特定之需求時，那她必須做的只是查驗案主是否完成整個方案。然而，我們必須再考慮，在決定運用此方案時，個案管理師及案主預期那些特定的結果。我們必須問，此方案是否能達成這些結果。如果是，那很好，但我們還需要知道這些結果能否引導我們邁向長程目標，如我們當初預期一般。

我們也需要知道是否會製造新問題。有一位案主完成了自我肯定的訓練，並且發展出好的技巧。然而，她的丈夫倍感威脅，以致離開了她。如此一來，不但她的自尊受到打擊，並且增加了成為單親的一堆新問題。當然這是一個可怕的故事。它對我們的提醒是：不但要查驗評估的三個層次，還要考量其**後遺症**。

回顧了評估的三個層次之後，讓我們來看看評估的一些特殊技巧。

如何在評估中運用目標

我們在第五章提到運用目標來達成評估的方法。我們將引用第五章前面的案例來顯示目標在評估中的重要性，並陳述本節中評估表格的使用。

再訪視約翰‧藍哥

如你所記得，約翰是一汽車工廠的焊接工人，他十分活躍地參與工會，且很受同儕的尊重。一次車禍意外使他雙腿殘廢。勞工意外賠償是他唯一的收入。初評時所畫的生態圖顯示約翰很快地失去和朋友們的連結。原本是強而有力的關係，因為他極少接觸而被虛線取代，表示關係微弱。他以往活躍的休閒生活則大部分被看電視取代。

他再也無法協助家人上街購物，並和大社區維持極少的連結。他和妻子間的性生活也面臨困境。最重要的是：向來是他主要男性認同來源的工作，也失去了。

此生態圖可當作評估約翰社會情境的工具。同時，它也提供約翰及個案管理師海倫一些基準的資料。當事情改變時，新的生態圖就可用來評估這些改變。

　　當我們評估生活中的資源時，職能復建部、工會承辦員、以及鄰居都被視為可能的有力資源。海倫也評估約翰本身。她認為約翰一旦走出失去雙腿的悲傷，而且更安於使用輪椅時，他會有強烈的動機去重建友誼，更會在工作上重新出發。因此，她決定激勵他重拾舊業，做一名焊接工人的慾望。

　　他們共同評估了幾項重建友誼及穩固工作的策略。在此，有一項重要提醒，就是在評估過程中，他們也準備了幾項後補的目標以防萬一回到舊工作崗位這項目標行不通。

計畫中有何改變

　　所以，結果是什麼呢？約翰在工會的朋友的確樂意提供協助。他陪約翰去職能復健部查詢接受再訓練及新工作站的可能。職能復健諮詢師不願意安排特殊訓練方案及新工作站。可能用來支付訓練經費的錢已用完，而且明年也沒有這類的預算。然而，他們倒是願意支付工業用途的電腦課程的學費。

　　面談之後，約翰頗受打擊。個案管理師建議他先不急著拒絕電腦課程，允許自己一段時間來思考。之後，有兩件不相關事情的發展導致約翰重新考慮這項機會。

　　約翰和十二歲兒子傑克的關係，因著此次意外而有戲劇性的變化。這在生態圖上沒有顯示。他們空閒時非常喜歡一起玩足球及棒球。傑克的至交有一部電腦，他

常去朋友家玩電腦。學校最近購買了幾部電腦，而且為學生及家長開了一門使用電腦的課。傑克勸誘他父親去上這門課。雖然約翰並沒有因此而迷上電腦，但也是被說服而買了一部便宜的家用電腦給傑克。他們還共同發展出一些程式來操作家裡的一些電氣用品。

原來的計畫是工會對工廠管理部施壓，使得他們願意特別為約翰發展一個新工作站。然而，管理部門對此事十分抗拒。他們正在縮編，而且從人工焊接改為機器焊接。工會也開始放鬆對管理部門的壓力。當許多四肢健全的男人都沒有工作時，要逼促管理部門對約翰有特殊考量也的確是十分為難。

約翰和海倫評估其努力。很清楚地顯示動員工會承辦員這部分是十分成功的。但是他們的努力無法取得職能復健部及管理部的協助。此評估使他們決定放棄原先約翰想回原工作崗位的目標。

約翰告知他開始參加一個由肢障的人組織的團體。他幫助其中一個人修改他的車子而使他只用手就可以開車。約翰運用焊接及機械技術和他工作上的一位朋友的協助完成了車子的改裝。此事導致約翰開始思考，有朋友從旁協助的情況下自己開創小小的事業。他也告訴海倫他和兒子改善了關係，並且運用電腦在家中協助傑克。

海倫靈機一動

這使得海倫靈機一動，想到可以進行其中一項後補

目標。她想也許可以去和工廠管理單位洽談，讓約翰進入他們的機器焊接方案之中。此方案要等六個月後才會提出來付諸實行·如果約翰能夠完成職能復健部所提供的電腦訓練，加上他原有的焊接智能，應該是新方案的理想人選。

約翰和職能復健諮商師聯絡，並且登記參加電腦課程的訓練。他也聯絡工會承辦員，會同職能復健諮商師，一起去和新方案的負責人洽談。在他們的討論中，工會承辦員形容約翰是一位廣受同儕歡迎的焊接工人。因為很多工人抗拒轉換成機器焊接，個案管理師認為約翰是新方案的好人選，同時也可以幫忙說服其他人參加。

此時，約翰已改裝了他自己的車，使他更具行動力。他生態圖的虛線已被強有力的實線取代，還增加了新的實線，在在都展示了他的改變。他有能力直接地工作以達成想完成的目標，和一些老朋友重新連結，也交了新朋友。約翰感覺他更能掌握自己的目標，並再次感覺自己像個男人。

第二大目標

改善和太太性關係的目標是被忽略了。海倫尚未追蹤這個議題。她的前提是約翰要覺得自己像個男人，那才是重建他們和諧性關係的重要關鍵。當她和約翰嘗試用目標達成量表來評估此目標時，約翰說結果遠差於他所期待的。事實上，在幾次非常尷尬的嘗試之後，他們

至今沒有固定的性接觸。

那時，海倫曾考慮開始進行結束關係的過程。但是，很明顯地約翰在此事上仍需要進一步的協助。約翰不願意和他太太一起去見性愛諮商師。他提到肢障團體中的一位新朋友曾提到一系列關於殘障人士的性關係的演講，在不久的未來將要舉辦。他有些興趣，但擔心他太太可能不想去。海倫與他討論的是他需要在此事上允許他太太有自己的選擇。他說對於詢問她，他還是覺得怪怪的。海倫說她可以和他太太談談此事，因為她以前也和其他夫婦工作過這類議題。

最後，在海倫和約翰的太太談過後，他們三人也一起坐下來談。閱讀一些書籍是一種建議。約翰和他太太也去聽了那些演講。結果，他們之間的性關係恢復了，那是需要耐性及彼此溝通的機會。

靠著不斷地評估努力、結果及新的轉機，約翰在這兩大目標方面都有進展。

我們將重點放在個案管理師對兩種評估工具的使用。在第三章中介紹的生態圖是當做評估的工具。如果在案主身上只用一次，則其用途限制於評定；如果使用不止一次，並比較其結果，則成為評估工具。記得嗎？我們曾說生態圖好比一張快照，在特定時間記錄一種情境。有時成長來得特別緩慢，以致你無法天天察覺，但是當間隔數月再做比較時就顯而易見了。對案主而言，看到生態圖所呈現的改變是令人振奮的。

　　另一項工具是目標達成量表。我們在第五章運用時是當成計畫評估工具。它很有功效是因為它不會卡住你只評估某一層次的成效。如生態圖一般，它允許廣義的成效，對案主是非常好的激勵。目標達成量表建立從最差到最好一系列的可預期結果。我們在第五章提到這是符合我們需要的，因為即使結果不是十分完美，案主的努力及成果也會得到肯定。案主自己發展設立條件，因此評估的結果不是個案管理師，案主也同樣可以接受。然而，目標達成量表還有其他的用途。

　　如果目標達成量表持續地為個案管理師所使用，它們不僅提供機構方面所需之評估資料，而且在案主達成目標上給予個案管理師有益之回饋。透過這些資料，機構可以發展出統計數字來呈現案主自決目標的成就程度。如此一來，機構就可陳述如下：「從兒童福利案主的資料顯示，在 1（最差）到 5（最好）的量表中，他們的平均值是 3.5，表示是比所預期的結果稍佳。」

　　對個案管理師而言，這些分數幫助她了解她是否協助案主設定切合實際的期待。如果，結果一直都停留在 1 和 2 之間，那她可能某種程度地鼓勵或允許不切實際的期待。分數持續顯示在 4 和 5 之間時，對案主是正向的增強，但也提醒我們目標可能不夠挑戰。來自目標達成量表的評估回饋是對案主、個案管理師以及機構都大有助益的。

▓▓▓▓▓▓▓▓ 結束關係 ▓▓▓▓▓▓▓

很多個案管理的文獻中用結束（termination）來描述與案主工作的最終階段。這個詞會有剔除案主的意味。其他常用的字有「終止（closure）」和「分離（separation）」。所有這些詞都很唐突粗魯，在個案管理上並不適用。我們選擇結束關係（disengagement）這個詞來表達它是一個過程，並且允許未來繼續聯繫的可能。它可以被視為建立關係（engagement）的鏡中影像。

結束關係的決定必須視成果評估而定。做這決定必須是在案主及其助人網絡都已充分地具備能力，可以獨立而不依靠個案管理師之時。即便擁有最好的實證，去決定助人網絡是否完整以及案主和資源間的關係是否夠強，仍然是一種判斷。案主獨立地掌握網絡的能力必須透過個案管理師逐漸減少工作量的方式來做定期的查驗。

選擇結束關係不是個案管理師單方面的決定；案主及個案管理師共同設定目標，但是個案管理師所屬的機構及其他社會服務單位在此也同樣有所貢獻。完成結束關係可能需要所有參與者的共識與同意。

結束關係的原因

結束關係並非都由個案管理師著手開始，情勢環境及他人

的選擇，可能導致個案管理師無力使結束關係成爲一個對案主體貼周到又支持的過程。案主可能選擇在完成任務之前終結個案管理的關係，外來因素或機構也可能使關係暫停或終止。我們將探討結束關係的三種來源：案主、個案管理師以及其他原因（包括機構的指令）。

*1. 由案主主動：*有些案主想結束關係的原因之一是他們在一開始就相當矛盾，舉棋不定。某些案主認爲他們或多或少是有點被迫參加。對緩刑者及假釋者而言，這種情形特別明顯。癒後需要照顧的案主、老年人及兒童福利的案主也可能有類似的感受。與臨終照顧案主不同，以上三類案主通常不會主動尋求個案管理服務，而是經由他人轉介。他們認爲持續地參與服務計畫是保有孩子或者不必住進安養機構的條件。這些案主可能覺得他們不能直接明顯地表達不想參與的意願。因此，他們透過行爲來暗示你。譬如，他們可能製造各種無法赴約的藉口；若你硬要訂下見面時間，他們會爽約或讓你吃閉門羹。若你繼續追蹤，他們可能說忘記了或是另有要事。當然，這種情況在任何人身上偶爾都會發生，但是若你連續經歷三到四次，那就不容忽視了。

其他少數的案主會直接要求結案，他們可能告之不想和個案管理師再有連結。你要探究他們是否願意接受其他個案管理師的服務。可能是你和案主的結合並不合適，換人將會有所助益。他們可能堅持不再需要協助。除非法律上對其參與有強制性的要求，或者很明顯地他們無理性判斷的能力，否則你只好停止工作，別無選擇。

　　有些案主就這麼不見了。他們可能搬家、被房東驅離，而並未留下新的地址。若案主告之將遷居他鄉或別州，你可以協助他們尋找新居附近類似的服務。

　　以上各種狀況下，目標都不可能達成。無論你是否贊成這些決定，你都要為未來案主再進入求助系統預留空間。然而，有時案主要求結案是因為他覺得自己已做好獨立的準備。若你也同意，你可以展開結束關係的正式過程。

　　2.由個案管理師主動：多數個案中，結束關係的主因是案主達成你倆共同訂定的目標。這些目標在過程中訂定，並隨著情境的改變而修正。結束關係的決定應基於下列判斷：案主和助人網絡間可以維持平衡。我們將在稍後討論結束關係之預兆。即使目標尚未達成，個案管理師也會有想要結案的情形。可能的原因是和案主工作之挫折感太高，個案管理師覺得他已竭盡所能來幫助案主卻毫無成果，所以他很不情願地（事實上，可能是大鬆一口氣）下結論說案主無法接受服務，繼續下去只是浪費時間。多數情況下，這種反應都是不恰當的。背後的問題是來自目標設定過高；當目標高的不切實際時，是不可能達成的。在此情況下，很容易下兩種結論——最可能的是責怪案主不合作或是不抱希望，沒有人能幫助這種案主，因此，必須結案。另外一種結論，可能和第一種結論同時或分別出現，那就是個案管理師不適任。這種認知雖未明說卻暗潮洶湧。它帶來的感覺是個案管理師不夠聰明、訓練不足、缺少創意，否則應該能夠幫助案主。

　　但是以上的結論都不正確。如前所示，問題在於目標設定

太高。在重新衡量期待之後，通常可以觀察到一些進展。使得案主及個案管理師重新燃起繼續合作的希望。

如果上述情況發生在你身上，我們建議你尋求諮詢。它是不易單獨面對的問題，並且透過你個人的高挫折感發出警訊。我們建議你千萬不要允許自己在目標尚未達成前考慮結案，除非你已找人透徹地討論過目標的合適性。

最直接明顯的對象是你的督導，你們可以共同重組目標或設計新的方向來協助案主。若上述方法行不通，你可嘗試與同儕討論，刺激新想法。你也可以在全體會議中將個案提出討論。但是，在此有點警告，就是必須確定你是真的需要他們的幫忙。否則，在這些情境之下，很容易有被攻擊的感受而變得十分防衛。確認你期待他們的協助為何，並解釋清楚。最後一種協助的來源就是專業顧問（如果你的機構可以提供的話）。

無論你多麼努力或得到多少幫助，總是有些個案會抗拒你的努力。這可能牽涉到案主嚴重的內在障礙，以致你完全無法有任何進展。例如案主某種決定性的概化觀念十分強韌，以致你所有的建議他都不會考慮。在你與他人諮詢之後，你和督導可能決定此個案不值得再付出時間及心力。達到成果的代價太高，不如把你的時間花在較有反應的案主身上。

當你有類似這種個案時，我們建議你和督導共同設定一特定目標及日期，若達不成即可結案。告訴案主日期、詳細描述他所需完成的改變，是你繼續提供服務的先決條件。這些改變並非長程目標，而是最起碼的要求，以證明進展的可能性及繼續與案主工作的合理性。我們覺得此時調適目標是不合適的，

而是應該堅守目標。

結案的另一個原因可能是你和案主不是合適的搭配。在此情況下，你們兩人之間的感覺及氣氛不對，以致無法合作。要求你的督導試試其他的個案管理師。成熟的你應該了解你不可能幫助所有的人，其他的人也許會有進展。當然，說來容易做來難。了解工作人員優缺點的督導，此時可以大大地幫助他們。

3.其他：有時結案的原因是遠超過個案管理師或案主所能掌控的。法院可能對案主的狀況做出新的決定、機構政策可能改變以致縮短開案的時間。當結束關係的決定一旦做出，如果時間允許，和案主及助人網絡間的轉接工作是絕對重要的。當案主距離有能力自足地運用資源還有一段路時，可能在助人網絡中會有適當的人選來承接個案管理的任務。

結束關係的預兆

我們曾經提過，結束關係最重要的原因是目標達成、案主的能力提昇到可以更有效地幫助自己、以及案主可以恰當地運用資源網絡的協助。我們討論過評估過程可以幫助我們決定目標是否完成。下面列出的項目包括案主滿足需求能力增強的預兆、獨立自主的能力增強的預兆、有效運用助人網絡的預兆。

案主滿足需求能力增強的預兆

· 案主自己做出重要的決定，而這是以前未曾嘗試過的。
· 案主自我陳述其近況的進步程度。

- 無須聯絡個案管理師的情況下，案主展現解決小問題的能力。
- 無須個案管理師的激發，案主在自行解決問題上，採取必要的步驟。
- 案主看來有信心且掌控得宜。
- 沒有個案管理師的鼓勵，案主自發性地計畫未來。

獨立自主的能力增強的預兆

- 案主寧可個案管理師待命，而非設定定期會晤；或由每週改成每月定期會晤。
- 當事情進行順利時，案主錯過晤談。
- 案主減少打電話給個案管理師的頻率。
- 案主可以自我維持數週而不與個案管理師聯繫。
- 案主和關鍵助人者之一發展比和個案管理師更緊密的關係。

有效運用助人網絡的預兆

- 案主在需要時可以獲得親友的支持。
- 無須個案管理師之協助，案主自發性地連結需要的資源。
- 案主能夠自己與資源保持關係。
- 案主提昇且擴展自己對可用資源的意識。

很明顯地，這些項目並不完全，但是它們提出具體方式來呈現案主的狀態，檢視案主是否已預備好要肩負完全的責任來滿足自我的需要及能力，以便回應外界的要求。

完成結束關係

目前我們所討論的是決定結束關係的合適性，接下來是如何進行結束關係。有些預兆顯示結束關係的過程已由案主開始進行，例如更靠自己的能力來做事，或是主動向外求助。然而，身為個案管理師，你需要更慎重考慮如何完成結束關係的過程。我們建議朝下面三方面來努力：將過程穩定規律化、與案主討論結束關係，以及結束關係完成之後續動作。

1. 過程穩定規律化：結束關係可以進行一段時間以減輕其對案主之衝擊。你可以開始減少與案主之接觸，用來加強其自我解決問題之能力。假如你們每週聯絡一次，你可解釋你們不需要每週接觸，因為案主狀況大有進步，建議隔週聯絡。這種過程可以繼續，將間隔一再拉長到你認為合適為止。

到某種程度，你可以建議你們只在必要時聯繫。如此不但表達你對他解決問題能力之肯定，同時也為緊急協助或困難抉擇預留空間及機會。然而，最終的目的還是完成結束關係。

2. 與案主討論結束關係：當你開始向結束關係的階段邁進時，你需要事先和案主討論其可能性。你得給案主時間調適以接受其必須獨立自主的想法。人們需要思考一下，沒有個案管理師的日子會是什麼樣子。他們需要回顧一下，還有哪些人可以提供協助。同時，他們也需要自我證明，在個人網絡中，自我照顧的能力確實有所提昇。

有一種溫和的方式來介紹結束關係，那就是和案主一起回

顧你們共事的過程。你可以提醒他當時所面臨的問題、求助的困難，以及與你合作的難處。你可以回顧每一步成就以及完成過程中的艱辛，同時強調已發展之**優點**。建構這番成就與成功的背景之後，你可詢問他是否仍需要你持續的參與。你可以再三保證你保持參與的意願。然而，對他而言太依賴你或任何其他人均非長久之計。

如果案主提出他需要你持續協助的部分，你可以考慮他的要求，然後決定你是否是滿足此需求的唯一人選。若案主本人或其他資源可以同樣滿足這些需求，你應當明確指出。如果案主過度焦慮，你可以保證自己延長參與時間的意願，待數週之後再行討論。

當你再度提起此議題時，仍需優先建構案主**優點及成就**的背景。回顧一下案主處理問題的能力也不錯，即使問題仍在解決之中。同時，明確指出他們解決問題之能力所在，並與案主共同研議一個完成結束關係的日期。

若你對案主處理問題的能力有相當的把握及信心時，即使新問題產生，也無須更改結束關係的日期。與他人一般，案主永遠都得面臨新問題。打從開始，我們的任務就不是去消滅問題！而是去建立案主發掘及運用自我及他人資源的能力，繼而有效的應對問題。

3.已結束個案之後續責任：完成結束關係之後，你可以提供何種承諾呢？此問題之答案端賴個別機構政策，因此，沒有單一的答案。有些機構要求你告知案主，因為你仍身負其他個案之責任，因此未來很難再提供直接服務。機構也可能規定，

未來是否由你再開案是督導的決定，你也必須讓案主明瞭此點。

　　最美好的情況是：如果必須再開案，你是最合適的人選。否則機構應安排其他個案管理師。此時，起碼與案主電話聯繫一下或安排簡單的接觸是有助益的。以長遠論，不是個人而是機構必須為案主負持續的責任。因此，機構須確定個案記錄的保存，一旦需要，可以很容易取得以利再開案。

結　語

　　我們在本章討論兩項議題：評估以及結束關係。

　　評估是評估過程的一部分，在個案管理的每個階段都會發生。評估有兩類，功能各不相同：過程評估運用於和案主工作的過程之中，它提供資訊以協助做決定；成果評估是工作尾聲時才做的，用來判定整體之成敗。兩種方法都提供資訊給案主，也回應了機構向社會交待的需要。

　　結束關係被描繪成一種過程，而不只是一個事件；是逐漸將責任還給案主的過程。我們提出幾項查驗結束關係預兆的技巧，包括案主能力增強之預兆、獨立自主能力增強、以及有效運用助人網絡的預兆。作者也提供了幫助案主處理此過程的步驟方法。結束關係的原因是案主取得及運用協助的能力提昇之目標已達成。但是也有在目標未完成之前，就由案主、個案管理師或其他原因主動提出結束關係。最後，對已結束個案之後續責任也做了一番討論。

第十章

提供機構支持

爲何需要組織支持

　　個案管理模式需要個案管理師的高度技巧，但也需要機構鼓勵並支持這樣的服務。這必須來自組織的兩個層次：一個是提供目標政策及資源的行政層次；一個是提供個人化、彈性的直接督導層次。

　　以我們的經驗，最有利於推動個案管理模式的條件是機構從上到下都堅定地投入，如果沒有這份執著，個案管理模式只能點綴性的存在，而且端靠個別個案管理師的熱誠。機構需要在任務聲明及日常實務守則上明示這樣的使命，這些守則讓工作系統和結構化，並協助個案管理落實。

　　機構花費在個案管理上的資源可具體看出其支持的程度，最重要的資源是個案管理師本身，個案管理成功與否被(1)個案管理師的挑選、訓練、安排；(2)個案管理師的個案量所影響。其它的支持包括文書後援、足夠的電話線、適當的表格、有用的個案記錄程序等。

　　機構最直接的支持來自個案管理師的督導群，督導負責直接服務的品質管理，必須能掌握統計報告反映不出的工作品質。更甚者，他要建立團隊的工作氣氛，也就是同仁是否同心且彼此支持，因爲這和服務品質是很相關的。他透過個別諮詢督導，對每個個案管理師的表現提供及時、準確、客觀的回饋，最終他也要提供情緒支持以及必要時的後援及教育。

行政和督導如何能具體幫助提昇個案管理的效能呢？第一、我們建議透過行政和督導的一般功能；第二、我們對行政和督導的活動提出特殊建議。這些將依個案管理的六階段分述之。

本章將介紹評估機構支持的一項清單，或許沒有一個機構能提供一切支持，我們希望分辨哪些支持是絕對必要，哪些是次要，然而個案管理的運用變化很豐富，機構間的差異也很大，故無法訂出統一的標準。

這份清單在你求職時可用來評量機構，或者在現職的機構中將之視為理想清單，但要真正落實在機構中有時需要組織改革或重整，這已超過本書的範圍。然而本書中會提到倡導、協商、發展合作關係，這些都適用在改變機構的努力上。改造自己的機構誠非易事，或許你可以留心本書中提到的改變重點，從小步驟開始嘗試。

一般性的機構支持

行政支持

我們將提綱契領地提出幾個重點，希望本書參考書目中所列的資源手冊，能對此處的建議有所補充。

一、機構內的資源

　　機構是個案管理師的工作基地，應該儘可能減少官樣文章或延誤；一切文書作業都應有助理或硬體如機器的輔助。辦公空間也重要，個人的電話以及個案管理師出訪時有總機能代為留言，機構也應透過電腦化提供最新的資源訊息。電腦的使用使資訊流傳便捷快速，只要輸入案主的案號，整張表格就會出現，即可開始做個案記錄。而月報、季報都能從個案資料中彙整而成，既可供個案管理師參考，也滿足機構的要求。機構內部若要做改變，應先知會個案管理師，並聽取他們的意見。

　　要維持工作效能，個案管理師應有合理的工作量。這當然視案主的特性而定。

　　機構支持包括個案管理師的在職訓練，個案管理的工作十分沈重，個案管理師需要正向的經驗、鼓勵、慶祝等以及和其它同仁分享或尋找情緒支持的活動。

二、機構間的聯繫

　　個案管理工作經常用到其它機構的專業資源，要合作成功，常須機構間正式簽約，這應透過行政層面完成，但約定內容宜保留空間，以照顧案主的個別需要。行政層面也應授權服務，並保證對提供服務的機構支付服務費，這些合作約定對個案管理師的資源使用大有助益。

　　近來，更傾向運用不同機構的人員組成團隊，集合智慧和資源以服務案主，各機構主管聯合決定提供怎樣的人員及資源

使團隊發揮效能，這些安排讓各個案管理師更有共識及彈性，也讓機構間更能互相支持，目前許多機構結合成聯盟，互通資源，這類的分享最好還是有正式的規定。

三、清晰及合宜的政策

就個案本身的複雜性，機構政策不可能將所有程序細節一一明列，但機構必須對個案管理的決定做出清晰目標性的陳述。工作內容、活動的界限或限制也要清楚不含糊，如果個案管理師主動運用了一些企業資源，卻在事後被告之不當，這對個案管理師打擊很大。故清晰的目標和限制讓個案管理師的行動及決定都有所依循。

機構有責任提供適切、易讀且一致性的工作指引，包括個案管理師角色的界定。上級主管也需要清楚了解個案管理師的實際工作狀況，最好能定期整理更新機構政策、程序，不過更動也不宜太多太頻繁，行政授權的程序和層級也應簡化。

四、個案管理師的挑選

個案管理工作需要相當的成熟度，機構應列出清楚的徵人條件。一般大學社工學位或相關科系學位應屬必要，如果一般社會學科畢業，機構應提供特殊訓練及初期密集式督導。

個案管理所需的特殊技巧包括專注聆聽、分析、衝突解決、計畫、提供情緒支持、建立有效關係的能力、組織力、克服阻礙的能力、評定案主需要、倡導的能力，本書會逐一介紹，但特殊個案管理群可能需要特殊的技巧。

督導的支持

　　個案管理中督導的角色十分關鍵，因為個案管理工作的彈性，無法有一成不變的規定程序，而必須保留相當適應、創新的空間，督導在機構結構以及案主的異質性中扮演一個不可或缺的調節者；他必須向個案管理師解釋行政層面的規定，同時也要了解第一線的問題向上反應。

　　本部分只就督導的一般任務討論。細節將在後面不同階段再詳細說明，個案管理師應能期待督導提供下列支持。

一、回饋

　　好的個案管理絕對要有督導的直接回饋，一般督導通常只在危機狀況或批評的時候才回饋。很多個案管理師抱怨工作上得不到回饋，這使個案管理師不確定自己的表現，也覺得無人在乎他的工作。回饋應該針對具體的行為，客觀、及時和好的回饋更是重要。有些極佳的督導會安排機構外的非正式時間，讓同工們和督導互給回饋。

二、合理分派個案

　　督導應保持派案的平均，新手的個案量得假以時日慢慢提高，如果不能，應由督導或另一資深個案管理師做後援。若一個個案管理師大部分的個案都在初評階段，他的量應較另一位大部分進入穩定後期者少。有些個案屬高難度也要考慮，經常

高效能的工作員被派接最多的棘手個案，這無異是處罰個案管理師的能力。

三、滿足教育需要

個案管理的方法不斷推陳出新，表格也常更換。工作員的繼續教育相當重要，督導應了解被督導者需要的成長或訓練經驗為何，也可運用督導時間定期評定工作員的能力及不足。兩人可共同建立一個有系統的教育計畫以滿足個案管理師及機構的需要。

對所有同工而言，學習可有不同的方式；或結伴參加工作坊，事後彼此支持；也可在機構內提供迷你工作坊，分享所學；工作會報的時間也可安排定期訓練。

最後，督導可協助每個個案管理師發展自己的特殊專才。這最好由個案管理師主動表達意願，在工作中各自成為別人可諮詢的專家，也可運用同工的專才，擴充新的能力。

四、個人支持

我們見過最好的督導會提供直接的個人支持，他們有所謂的「開門政策」或「傾聽的耳朵」，很多個案管理師處在高壓之下，督導除了被動接受諮詢，更可積極地關懷同工的壓力訊號。

我們建議個案管理師參與倡導工作，當他需要諮詢時要有後援的人。有些明顯的錯，督導應能幫助他坦然接受並從錯誤中學習成長。

督導也會犯錯或被激怒，或許他真正該做的是盡可能**真實**。

而不只是在扮演一個角色，如果他能以真實的自己呈現，同工們將更了解他也有需要支持的部分。

▒ 個案管理各階段中的機構支持 ▒

在每階段我們都將包括督導和機構支持兩部分，我們也會提醒每階段需要完成的重要任務。

第一階段：建立關係

本階段重要任務有三：第一是個案管理師和案主的關係建立，做為互知互信的基礎；他們也需要澄清彼此角色期待並相互協商；此時個案管理師可能就案主某一需要採取行動，示範出他有具體協助的能力，以增加案主信任感。

督導

如果可能，督導派案時可試著將案主和個案管理師做較佳的配對，這當然必須兼顧個案量的平衡。

建立關係最難莫過於碰到抗拒的案主，督導要能同理個案管理師的難處，並一起腦力激盪克服抗拒，也可容許更多時間完成關係建立和評估。

和案主建立信任感乃這階段的要務，督導若示範對同工的信任將會有正面影響。

我們觀察當督導無法信任同工時，會很微妙的影響個案管理師和案主間的信任。如果督導減少官樣文章，容許更多緊急協助，也會有助於案主信任的建立。

行政

機構要有清楚的條件篩選需要個案管理的案主，這些條件包括案主需要。個案管理師應被授權可在緊急狀況下，提供急難救助。正如前述，有些案主需要具體協助來催化信任關係，很多機構卻在任何服務之前要求完成一套周全的評估。在行政層面，評估完成前可申請急難救助是簡化程序及支持個案管理師的作法，表格設計也應能協助快速分辨資格符合與否。

第二階段：評定

此處的任務有四：第一是決定案主是否適合機構個案管理收案；第二是掌握案主需要和外在要求，相對於案主能力和可用資源間的平衡；第三是找出案主能力作為日後處遇的基礎；第四是了解使用資源的內、外在阻礙。

督導

本階段督導功能十分重要，以協助個案管理師把握重點。很多案主要找到其能力或是潛在的非正式資源都相當不易，督導要協助個案管理師撥開冰山看到生機，此外個案管理師和其它機構的合作也常需要督導的催化。

督導亦可鼓勵同儕發揮助力，比如在工作會報中撥出部分時間討論困難個案，或用雕塑或用生態圖讓個案管理師從不同的角度思考個案。

雕塑的技巧可請同工扮演案主、其它的正式及非正式助人者等。由個案管理師討論各人的狀況，就像生態圖一樣，反映出這些人之間的關係，過程中可問各成員在他們位置上的感受。他們也可以嘗試更動他們的位置，同工可建議改善當下狀況可能的選擇，這些臨場活動讓同工有效地參與，也對個案管理師提供很直接的協助（有關雕塑技巧部分，請參閱 Ann Hartman 的「找尋家庭」）。

行政

機構主管可和個案管理師一同修正表格使其適用，比如第二章介紹的生態圖可成為評定記錄中正式的一部分。表格可有圈選部分也有描述部分，明示案主的能力、需要、資源、要求，做為架構。

主管協助更新並收集完整的資源檔案，也有助於評定工作的進行。電腦化是趨勢，資源手冊通常付印後就過時了。專家諮詢名單也應建檔，以協助困難案主的檢查、心理衡鑑、職能測驗等。

行政也可提供有關評定的在職訓練，這訓練不只是初級基本訓練，而是更專門深入的範圍，如特殊的少數民族，或是某些溝通障礙案主群的特殊會談技巧，這些通常不包括在一般訓練中。

行政者也應提供外勤車餐費，以方便個案管理師家訪及與非正式助人者接觸。若有跨機構合作，行政主管應同意開放辦公室做團隊討論或評估之用。

第三階段：計畫目標

計畫任務包括和案主共同指認可行與具體的目標，並發展行動計畫，包括時間表以及保留目標修正的空間。

督導

督導通常要瀏覽個案管理師和案主所訂的計畫，並在早期檢驗是否實際可行。督導也要對某些創新的計畫爭取行政支持，特別是當非正式助人者代行很多專業者工作時。

有付費能力的機構，督導可和個案管理師共同做出機構可接受的預算支出，也應向主管爭取到特殊個案的補助。此外督導也要追蹤計畫結果，並當結果未達成時提出其它建議。

行政

機構要提供適切、可用的格式以記錄服務計畫，這包括運用「計畫達成量表（goal attainment scale）」的工具來記載期待和結果。表格也需有空間記錄案主、個案管理師及其它助人者有待完成的事項及日期，以及計畫各部分所需的資源。

同前，涉及其它機構或自然助人者時，行政主管要快速決定機構可提供的資源：傳真機、行動電話、電腦等都有助於簡

單直接的溝通，主管也可協同其它機構發展出可共同使用的附帶表格。

電腦資源檔應對所有個案管理師開放，以需要、服務、提供者三類作索引。

第四階段：獲取外在資源

第一步先找尋可用資源，而後成功將之與案主連結，第三是必要時協商或倡導，以保證資源的可用性。個案管理師需要鼓勵其它業者，和他們建立良好的關係，將有利於日後資源連結。

督導

這階段的要務是找到合用的資源並轉介，督導可利用個別團體或開會的時間鼓勵同工分享資源，也可邀請個人對特殊資源領域發展專長。比如一位做成人領養的個案管理師參與一項免費醫療的申訴案，他開始多方收集資料，最後理所當然成為辦公室內對免費醫療最精通的人。

督導可以推動和其它機構的正式協定，有時需要在機構內先爭取倡導；特別是有關付費，督導也可依案主與個案管理師的決定，認可非正式資源的運用。

有時外在障礙需要督導出面，督導在社區中或機構內的人面較廣，有助於克服外在障礙。

行政

　　所有報表除了對機構有用，也須對個案管理師有用。表格要易於更改變動，個案管理師應可從月報中看到自己的個案管理量、活動及案主狀況。

　　一般的個案研討或團隊合作也應在報表中呈現，做為日後提供團體領導訓練或機構協調的參考。個案管理師常需要政府低收入福利的在職教育，此外我們發現行政主管提供的課程多偏重技巧，對倡導、協商較缺乏，十分可惜。

　　使用資源的困難，最終要靠中上級主管和抗拒的資源協商，訂定正式購買服務的約定。主管也有責任創造社區內需要但現不存在的服務，有時得透過跨機構合作才能成其事；政府經費越來越要求機構合作，如能發展出共同使用的預算表，則合作更加容易。

第五階段：獲取內在資源

　　一旦找出內在障礙、資源後，下一步是藉著仔細、有計畫地運用，使這些內在資源得到強化。最後透過解釋、持續的使用，這些內在資源將更進一步得到發展的機會。

督導

　　提供情緒支持是督導的重要任務，第七章提出的幾類內在障礙足以令個案管理師心力交瘁。督導的傾聽、鼓勵對個案管

理師很有助益。特殊個案的諮詢、討論具體做法的決定也可提供支持。

行政

有時為特定個案發展資源十分不易，行政主管可善用社區內的專業資源。專業諮詢包括神經科、精神科、心理學或社會工作專家。行政主管如能承認某些案主的高難度，不以立竿見影的效果來要求個案管理師。另外在表格上也應有地方記錄內在障礙，凡此都是實際的協助。當然安排在職訓練，教導克服內在障礙的方法也很重要。

第六階段：協調和維護現狀

網絡協調的任務之一是在各成員間取得共識，有時可透過協調會議建立共同的工作目標。另一任務是確認所有成員都清楚掌握案主現況。提供支持維持網絡工作士氣也很重要，其它任務包括結合跨機構團隊並發展成正式合約。

督導

每月和個案管理師回顧所有個案，提醒須特別注意的個案以及維持個案量平衡。對棘手的個案，必要時督導須出面協助和正式及非正式助人者的協商，特別在個案管理師已過度情緒介入的時候。

若個案管理師有需要，督導可以觀察者身分出席協調會議，

事後再提供有關個案管理師表現以及團體動力的回饋，當團體功能不彰時，這樣的觀察可作為諮詢，用來改善團體過程。

行政

面對合約時，行政主管可以提供法律協助以及服務合約的形式。當合約一方不履行時，也須介入；這當然是在其它協商、倡導方法都失敗後才考慮。一般而言，行政主管應緊密地和同業保持關係，在跨機構合作時，行政主管必須深入了解並做個案管理師及督導的諮詢對象。

主管也應提供團體領導以及跨機構協調的訓練，理想上這種訓練可開放給其它機構的同工。我們發現，如果由參與機構輪流主辦訓練更為成功，主辦機構也可利用機會加強宣傳，引領參觀。

第七階段：結束關係

此階段任務包括找出案主可結案的訊號，評估結果以及案主可自行運用資源的能力，並按部就班地結案。因為關係面臨結束，對個案管理師及案主都是一段辛苦的過程。

督導

督導和個案管理師最好定期將某些個案提出討論，（如準備結案者）督導可提出評估性的回饋，並且更客觀地幫助決定是否適合結案。

　　結案過程中，督導要仔細的聽和建議，特別當案主和個案管理師關係十分親近的時候。正式結案中，檢驗的過程相當慎重，督導要幫助個案管理師進行心理的結束，以及專業上的分離。

　　督導此時應協助個案管理師看到自己在處理不同階段時的模式，有些模式令人讚不絕口，有些模式需要修正或改變，機構對個案管理師工作的總評或是全體同工的比較，都可增加個案管理師對自己工作的反省。

　　督導也要有系統地和同工評估那些未至結案就離開機構的案主，有些連個案計畫都未完成。離開的原因為何？機構內的資源是否敷用？這些都可成為改進的參考。

行政

　　行政上需要確立當案主再度有需要時，如何重新開案，獲得服務？結案檔應方便好用，也應鼓勵個案管理師不要怕再開案，結案程序需要有清楚的指引。

　　機構行政上對外負責的報表，應對個案管理師也發揮助益，如果能顯示預期及實際的結果、不同案主群所耗費的工時、完成的評估量等，對個案管理師及督導都極有參考價值。

　　主管如能有系統地提供機會，讓個案管理師針對資源的充足性、回饋的適當性、機構目標和報表的落差等提出評估，是值得鼓勵的。工作品質方面的研究顯示：當機構對員工建議有正向回應時，生產力會有所提升。

機構支持清單

　　此處提供的清單，可用來評估你任職的機構或任何你熟悉的機構。其本意不是要你計分或以此比較主管，我們希望它被用來找出機構待加強的地方，如此方可集中力量謀求改變。參考書目中有一些談機構改變策略的書，請多加利用。

　　清單右側第一列指標是該項目對機構個案管理推動成功的相關性或重要性，請用1（非常不重要）到5（非常重要）分表示。

　　第二列請標出該項支持在機構內存在的程度，1表示支持相當不充足，5 表示相當充足，如果你認為哪些項目與機構個案管理運作的成功無關，可以刪去不作答。

一般機構支持

1. 機構內部資源	重要性	充足性
a 足夠的工作空間	——	——
b 個人單線電話使用及總機留言	——	——
c 電腦化資源檔	——	——
d 足夠的文書支援	——	——
e 有限的官樣文章	——	——
f 合理個案量	——	——
g 正向回饋與激勵	——	——
h 固定訓練	——	——

2. 機構間聯繫

  a 正式協定，但容許彈性 　＿＿＿＿＿　＿＿＿＿＿

  b 特殊服務費用核定迅速 　＿＿＿＿＿　＿＿＿＿＿

  c 促成機構間團隊合作 　＿＿＿＿＿　＿＿＿＿＿

3. 清晰且合宜的政策

  a 機構目標清楚 　＿＿＿＿＿　＿＿＿＿＿

  b 服務界限清楚 　＿＿＿＿＿　＿＿＿＿＿

  c 規定與指引清晰 　＿＿＿＿＿　＿＿＿＿＿

  d 政策定期檢討更正 　＿＿＿＿＿　＿＿＿＿＿

  e 個案管理師對政策有影響力 　＿＿＿＿＿　＿＿＿＿＿

  f 專門服務的核可便捷有效 　＿＿＿＿＿　＿＿＿＿＿

4. 個案管理師的挑選

  a 清楚的資格條件 　＿＿＿＿＿　＿＿＿＿＿

  b 社會工作學位優先 　＿＿＿＿＿　＿＿＿＿＿

  c 對相關社會學科學位者，提供 　＿＿＿＿＿　＿＿＿＿＿
    特殊訓練和密集督導

  d 試用期加強重點技巧訓練 　＿＿＿＿＿　＿＿＿＿＿

督導支持

1. 回饋 　　　　　　　　　重要性　　　充足性

  a 針對行為層面且具體 　＿＿＿＿＿　＿＿＿＿＿

  b 客觀 　＿＿＿＿＿　＿＿＿＿＿

  c 及時 　＿＿＿＿＿　＿＿＿＿＿

  d 固定 　　　　　　　　＿＿＿＿＿　　＿＿＿＿＿

  e 正向鼓勵 　　　　　　＿＿＿＿＿　　＿＿＿＿＿

2. 工作分配合理

  a 容許新人個案量漸增 　　＿＿＿＿＿　　＿＿＿＿＿

  b 太多評估階段個案時可減少派案 ＿＿＿＿＿　　＿＿＿＿＿

  c 問題個案能平均分配 　　＿＿＿＿＿　　＿＿＿＿＿

  d 不把所有高難度個案都給 　＿＿＿＿＿　　＿＿＿＿＿

   能力高的工作員

3. 滿足教育需要

  a 督導和個案管理師共同決定訓練 ＿＿＿＿＿　　＿＿＿＿＿

   計畫

  b 有系統地計畫以滿足個案管理師 ＿＿＿＿＿　　＿＿＿＿＿

   專業成長需要

  c 催化同工間新資訊、知能的交流 ＿＿＿＿＿　　＿＿＿＿＿

  d 運用工作會報做實務訓練 　＿＿＿＿＿　　＿＿＿＿＿

4. 個人支持

  a 督導能敏察並關心同工壓力訊號 ＿＿＿＿＿　　＿＿＿＿＿

  b 個案倡導的諮詢與後援 　＿＿＿＿＿　　＿＿＿＿＿

  c 耐心了解並接受失誤 　　＿＿＿＿＿　　＿＿＿＿＿

  d 和督導的真實接觸 　　　＿＿＿＿＿　　＿＿＿＿＿

個案管理各階段的機構支持

階段一　建立關係

督導支持　　　　　　　　　　重要性　　　　充足性

1. 對減少案主抗拒的各種建議諮詢　　____　　____

2. 個案管理師和案主的配對　　____　　____

3. 對個案管理師表示信任　　____　　____

機構支持

1. 篩選案主的標準清楚　　____　　____

2. 急難救助的授權　　____　　____

3. 便捷有效的收案程序　　____　　____

4. 不合受理條件案主的簡便審理過程　　____　　____

階段二　評定

督導支持　　　　　　　　　　重要性　　　　充足性

1. 協助評估案主的需要和能力　　____　　____

2. 鼓勵困難個案進行同儕諮詢　　____　　____

3. 運用工作會報討論個案實務　　____　　____

機構支持

1. 表格設計便於摘取重要資料　　____　　____

2. 表格項目包括案主能力、需要
　　、資源、要求　　____　　____

3.完整且最新的資源檔案 ——— ———

4.專家診斷諮詢 ——— ———

5.有關評估的在職訓練 ——— ———

6.出訪費的補助 ——— ———

階段三　目標計畫

督導支持　　　　　　　　　　　重要性　　　充足性

1.定期檢討計畫 ——— ———

2.向機構上層倡導，支持創新計畫 ——— ———

機構支持

1.記錄服務計畫的適當表格 ——— ———

2.定期更新資源檔 ——— ———

3.與其它機構訂出案主服務的預算
　表格 ——— ———

4.與其它機構訂出共同經常使用表格 ——— ———

階段四　獲取外在資源

督導支持　　　　　　　　　　　重要性　　　充足性

1.鼓勵個案管理師之間分享資源 ——— ———

2.鼓勵個人成為某類資源的專家 ——— ———

3.推動機構內資源的有效運用 ——— ———

4.認可非正式資源的運用 ——— ———

機構支持

1.和服務提供者簽正式合約 ——— ———

2.便捷的表格並快速處理服務申請 ——— ———

3. 協助對不合作資源進行倡導　　_____　　_____

4. 提供差旅費，供陪伴案主或出席
　　會議之用　　_____　　_____

5. 提供有關取得正式／非正式資源
　　的持續訓練　　_____　　_____

6. 協助從不合作業者處取得資源　　_____　　_____

7. 找尋或創造被需要的服務　　_____　　_____

階段五　獲取內在資源

督導支持　　　　　　重要性　　　　充足性

1. 情緒支持，處理案主帶來的挫折感　_____　　_____

2. 協助特殊個案的實務諮詢　　_____　　_____

3. 協助決定某些困難個案是否繼續　　_____　　_____

機構支持

1. 提供神經、精神醫學、心理學的
　　專業諮詢　　_____　　_____

2. 容許時間討論困難個案，透過記
　　錄示範內部資源整合　　_____　　_____

3. 在職訓練協助處理嚴重內在障礙　_____　　_____

階段六　協調和維護

督導支持　　　　　　重要性　　　　充足性

1. 檢討每月工作量　　_____　　_____

2. 協商修正正式合約　　_____　　_____

3. 需要時觀察並評論個案協調會　　_____　　_____

機構支持

1. 處理違約資源，提供法律後援　＿＿＿＿＿　＿＿＿＿＿
2. 與服務提供者維持緊密關係　＿＿＿＿＿　＿＿＿＿＿
3. 使用容許計畫改變的表格　＿＿＿＿＿　＿＿＿＿＿
4. 機構表格可呈現每月工作量　＿＿＿＿＿　＿＿＿＿＿
5. 提供開個案研討會的空間　＿＿＿＿＿　＿＿＿＿＿
6. 提供團體領導及機構間協調的訓練　＿＿＿＿＿　＿＿＿＿＿

階段七　結束關係

督導支持　　　　　　　重要性　　充足性

1. 定期和個案管理師檢討個案，
   結案前給予回饋　＿＿＿＿＿　＿＿＿＿＿
2. 對結案的決定提供諮詢　＿＿＿＿＿　＿＿＿＿＿
3. 對結案的個案做總評　＿＿＿＿＿　＿＿＿＿＿
4. 不定期討論個案管理師工作模式　＿＿＿＿＿　＿＿＿＿＿
5. 和個案管理師評估機構資源的適
   當性並為不足爭取　＿＿＿＿＿　＿＿＿＿＿

機構支持

1. 方便易用的結案檔　＿＿＿＿＿　＿＿＿＿＿
2. 表格符合機構對外負責，亦便於
   個案管理師使用　＿＿＿＿＿　＿＿＿＿＿
3. 對個案管理師及督導提供整體表
   現資料　＿＿＿＿＿　＿＿＿＿＿
4. 定期接受個案管理師對機構
   支持的評估　＿＿＿＿＿　＿＿＿＿＿

個案管理結合機構和社區的新方向

　　如第一章所述，個案管理是針對社區內機構間的缺乏協調應運而生，特別是面對多重問題的人。有些機構同意合作，也集合財力、人力共同提供服務，第一章提到的預防青少年送管訓的計畫即是。他們將服務案主、家庭、機構財務資源的三種個案管理師集合，傾其全力將青少年留在社區。另一相關計畫是「家庭優先（Families First）」。他們全天候地和高危險兒童的家庭工作，加強親職能力以照顧幼小。上二例中，一個專責的個案管理師是絕對必要，雖然有時候團體中其它個案管理師和家庭的介入可能更直接。

　　這些計畫都是合約式的協調合作，將散布在不同機構中的專家集合，機構主管同意彼此共事，協助發展父母所需的親職能力，這樣的團隊要合作無間，需在不同層面建立開放的管道，服務目標方能一致。然而，這仍不表示社區內所有服務輸送都能達到整合。

結合個案管理──整合性社區模式

　　我們曾被交付的任務是在一郊區中，發展出一個有系統且周全的計畫，以服務社區內高危險家庭和子女（註一）。新上任的縣長選了一位負責人，來協調全縣的社會福利服務，其中混合了接受州政府經費獨立運作的縣府**機構**，以及許多非營利**機構**。這些機構使命不一，服務對象也不一，此種現象極普遍，也就是服務提供以機構規定為主，而非以社區居民需要為主（見圖 10-1）。因此有些人得到重複的服務，有些人得到有限或根本沒有得到服務。

　　新計畫之下，**機構**必須提撥相當的人力、財力投入對家庭的全面服務，社會福利主任在縣內找了兩個社區做示範，城鄉各一。該計畫得到很多公家、民間大單位的支持，並引進各項資源。我們發展出一套結構，結合社區內的服務，並採地區式自治（見圖 10-3）。在鎖定的社區，我們就五項重要內容來發展，**鄰里董事會**指的是地方領袖代表，他們可為社區利益把關，並對服務提出意見。**青年會**可掌握社區青年的需要，使計畫和需要扣緊。

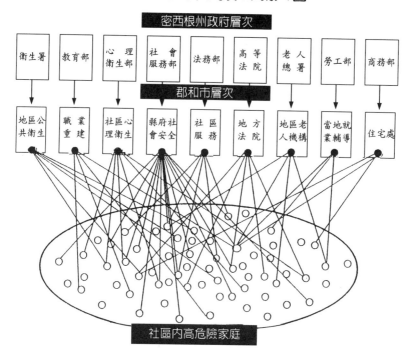

圖 10-1　目前資源流向圖

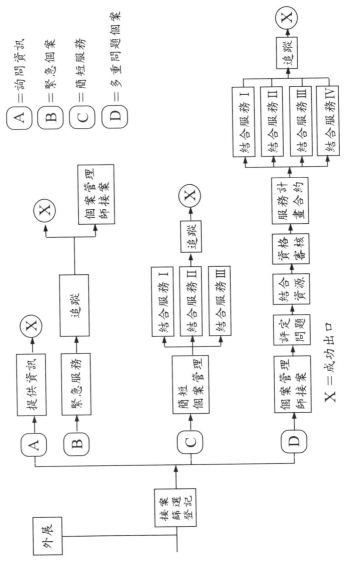

A＝詢問資訊
B＝緊急個案
C＝簡短服務
D＝多重問題個案

X＝成功出口

圖 10-2　人群服務的協助路徑示意圖

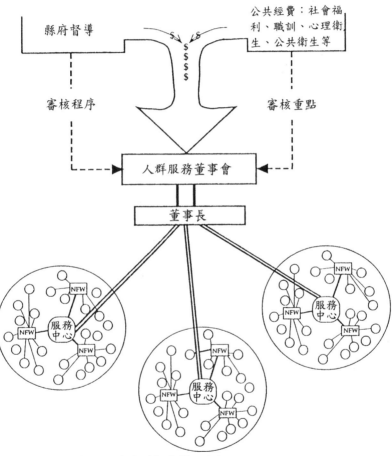

NFW＝鄰里家庭工作員（個案管理師）

圖10-3 社區內多元化服務

每個社區都有一個社區服務中心，也就是服務的單一入口。不論是公共衛生、心理衛生、就業、社會服務、職業復健、戒斷等服務都在此受理。還有**睦鄰工作員**，他們必須結合商家、教會、俱樂部和其它民間或學校組織，加上鄰里董事會、青年會，確保需要和資源結合。**個案管理師（鄰里家庭工作員）**則和社區內的高危險家庭工作，睦鄰工作員所發動的社區及宗教資源或團體可成為前者很大助力，這個計畫目前仍在發展階段。

在州的層次也有協調服務的新發展，其一是州府人群服務主任，包括心理衛生、社會服務、教育、公共衛生和老人服務主管都同意合作。他們也要求市府、縣府各領域主管，以及消費者、民間、社區代表、司法代表都加入這個合作聯盟。要申請聯邦經費，州政府規定機構要具體說明合作辦法，有好些家庭兒童計畫都結合了個案管理師的運用，他們目前在初期跨機構計畫的階段，而個案管理師是其中的靈魂人物。從服務的持續、計畫的落實、協商修正都以個案管理師為主導，資源機構間的合作使個案管理工作更為輕鬆省事，這些創新證實了在迷宮似的服務網絡中，個案管理的引導，以及廣泛適用的服務表格與個案管理技巧誠然不可或缺。

結　語

最後一章重點在機構支持對個案管理師的重要，行政主管和督導影響組織結構和工作環境，對個案管理的推展具關鍵影

響。

　　我們依個案管理的六個階段，提出督導和主管清楚的支持。

　　·建立關係。

　　·評定。

　　·目標計畫。

　　·運用外在及內在資源。

　　·協調和維繫。

　　·結束關係。

　　我們也提供了一份清單，明列出機構的重要支持；分為一般性、督導支持和機構不同階段的支持，這份清單可作為機構改進的參考。

　　最終，我們提出一個結合個案管理的完全整合服務模式做為未來方向的藍圖。

註解

1. Sharobeem, Mounir. (1994). "Strong Communities: Strong Families" Judson Center.

參考書目

Chapter 1

Bachrach, L. L. (1989). Case management: Toward a Shared Definition. *Hospital and Community Psychiatry,* 40, 883-884.

Downing, Rachel. (1979). Three Working Papers. Los Angeles, Ethel Percy Andrus Gerontology Center, University of Southern California, March.

First Paper: An Exploration of Case Manager Roles: Coordinator, Advocate, Counselor.

Second Paper: Client Assessment: Issues of Client Assessment in Case Coordination Programs.

Third Paper: Client Pathway.

Howej, Margot. (1982). Ecological systems model for occupational therapy. *American Journal of Occupational Therapy,* May, pp. 322-327.

Johnson, P., and Rubin, A. (1983). Case management in mental health: A social work domain? *Social Work,* 28 (1), 49-55.

Mink, George. (1983). *Case Management for the Prevention of Family Breakup: A Training Manual.* Ypsilanti, Michigan, Eastern Michigan University.

National Conference on Social Welfare. (1981). *Case Management: State of the Art.* Washington, D.C., Administration on Developmental Disabilities, U.S. Dept. of Health and Human Services.

Pillsbury, J. B. (1989). Reform at the state level: In Massachusetts, eligibility workers have become case managers. *Public Welfare,* 47 (2), 8-14.

Rapp, A. A. and R. C. (1985). Case management services for the chronically mentally ill. *Social Work,* 30, 414-422.

Rose, S., Ed. (Ed.). (1992). *Case Management and Social Work Practice.* White Plains, NY: Longman Publishing Group.

Rubin, A. (1987). Case management. *Social Work,* 28 (1), 49-54.

Rubin, A. (1987). Case management. In A. Minahan et al. (Eds.), *Encyclopedia of Social Work* (pp. 212-222). Silver Springs, MD: National Association of Social Workers.

Seecombe, K., Ryan, R. and Austin, C. D. (1987). Care planning: Case managers' assessment of elders' welfare and caregivers' capacity. *Family Relations,* 36, 171-175.

Seltzer, M. M., Ivry, J., and Litchfield, L. C. (1987). Family members as case managers: Partnership between the formal and the informal support networks. *The Gerontologist,* 27 (6), 722-728.

Sunley, Robert. (1968). New dimensions in reaching out casework. *Social Work,* April, pp. 64-74.

Talbott, John A. (Ed.). (1977). *The Chronic Mental Patient.* Washington, D.C. American Psychiatric Association. See especially: Laurie, N.V., "Case Management," and Ozarin, I. D. "The Pros and Cons of Case Management."

Witherage, T. F. (1989). The assertive community treatment worker: An emergent role and its implications for professional training. *Hospital and Community Psychiatry,* 40 (6), 620–624.

Levine, I. S., and Fleming, M. (1985). *Human Resource Development: Issues in Case Management.* Rockville, MD: National Institute for Mental Health.

Chapter 2

Compton, Beulah and Galaway, Burt, (1975). *Social Work Processes.* Homewood: Dorsey Press. See especially chap. 4 The Social Work Relationship and chap. 5 Communication and Interviewing.

Hartman, Ann. (1978). Diagrammatic assessment of family relationships. *Social Casework,* October, pp. 465J,76.

Perlman, Helen H. (1968). *Persona: Social Role and Personality,* Chicago: University of Chicago Press.

Perlman, Helen H. (1957). *Social Casework: A Problem-Solving Process.* Chicago: University of Chicago Press.

Pincus, Allen and Minahan, Anne. (1973). *Social Work Practice: Method and Model.* Itasca, IL: F. E. Peacock.

Chapter 3

Collins, A. H. and Pancoast, Diane. (1976). *Natural Helping Networks.* Washington, D.C.: National Association of Social Workers.

Leung, A. (1994). Comprehensive assessment and treatment planning. In R. W. Surber (ed.). *Clinical Case Management: A Guide to Comprehensive Treatment of Serious Mental Illness.* Thousand Oaks, CA: Sage.

Swenson, Carol. (1979). Social networks, mutual aid, and the life model of practice. In *Social Work Practice,* Carel Germain (ed.), New York: Columbia University Press, 1979.

Chapter 4

Perlman, Robert. (1975). *Consumers and Social Services.* New York: John Wiley and Sons.

Chapter 5

Backrack, L. L. (1986). The challenge of service planning for chronic mental patients. *Community Mental Health Journal,* 27, 170–174.

Herzog, K. (1985). Documentation of hospice care plan development and team meetings. *Quality Review Bulletin*, 190–192.

Kaplan, M. (1992). Care planning for children with HIV/AIDS: A family perspective. In B. S. Vourlekis and R. Green (Eds.), *Social work case management*. New York: Aldine De Gruyter.

Orten, James D., and Weis, Diane P. (1974). Strategies and techniques for therapeutic change. *Social Service Review*, September.

Saporin, Max. (1975). *Introduction to Social Work Practice*. New York: Macmillan.

Schneider, B. (1988). Care planning: The core of case management. *Generations, 12*(5).

Chapter 6

Biegel, D., Shore, B., and Gordon, E. (1964). *Building Support Networks for the Elderly: Theory and Application*. Beverly Hills, CA: Sage.

Kahn, Alfred J. (1970). Perspectives on access to social services. *Social Work*, April.

Kaplan, M. (1992). Linking the developmentally disabled client to needed resources: Adult protective services case management. In B. S. Vourlekis and R. Green (Eds.), *Social work case management*. New York: Aldine De Gruyter.

Garbarino, James. (1983). *Children and Families in the Social Environment*. Chicago: Aldine.

Chapter 7

Bandler, Richard, Grinder, John, and Satir, Virginia. (1976). *Changing with Families*. Palo Alto, CA: Science and Behavior Books.

Baker, F. and Weiss, R. (1984). The nature of case management support. *Hospital and Community Psychiatry*.

Borland, A., McRea, J., and Lycan, C. (1989). Outcomes of Five Years of Continuous Intensive Case Management. *Hospital and Community Psychiatry*, 40, 369–376.

Burack-Weiss, A. (1988). Clinical aspects of case management. *Generations*, Fall, 23–25.

Durnst, C. J., and Trivette, C. M. (1989). An enablement and empowerment perspective of case management. *Topics in Early Childhood Special Education*, 8, 87–102.

Kisthardt, E., and Rapp, C. A. (1992). Bridging the Gap Between Principles and Practice: Implementing a Strengths Perspective. In S. M. Rose (Eds.), *Case Management and Social Work Practice*. White Plains, NY: Longman Publishing Group.

Lankton, Steve. (1980). *Practical Magic*. Cupertino, Meta Publications.

Maluccio, Anthony N. (1974). Action as a tool in casework practice. *Social Work*, January, pp. 95–101.

Reid, William and Epstein, Laura. (1972). *Task Centered Casework*. New York, Columbia University Press.

Satir, Virginia. (1972). *Peoplemaking*. Palo Alto, Science and Behavior Books.

Chapter 8

Aiken, M., Dewar, R., DiTomaso, N., Hager, J., and Zeitz, G. (1975). *Coordinating Human Services*. San Francisco, Jossey-Bass.

Bertsche, A. V. and Horejsi, C. R. (1980). Coordination of client services. *Social Work*, March, pp. 94–98.

Caires, K., and M. Weil. (1985). Developmentally disabled persons and their families. In M. Weil and J. M. Karls (Eds.). (1985). *Case Management in Human Service Practice*. San Francisco: Jossey-Bass.

Hepworth, Dean. (1979). Early removal of resistance in task-centered casework. *Social Work*, July, 1979, pp. 317–323.

Gottlieb, B. (1978). Collaborating with self-help. *Professional Psychology*, 9(4), pp. 614–622.

Kane, R. A. (1988). Case management: Ethical pitfalls on the road to high-quality managed care. *Quality Review Bulletin*, 14 (5), 161–165.

Kleinman, M. and Mantell, Alexander. (1976). Collaboration and its discontents: The perils of partnership. *Journal of Applied Behavioral Science*, December.

Memmott, J., and Brennen, E. M. (1988). Helping orientations and strategies of natural helpers and social workers in rural settings. *Social Work Research and Abstracts*, 24 (2), 15–20.

Seabury, Brett. (1976). The contract: Uses, abuses, and limitations. *Social work*, January, pp. 16–21.

Seabury, Brett. (1979). Negotiating sound contracts with clients. *Public Welfare*, Spring, pp. 33–38.

Wise, Harold, Beckhard, Richard, Rubin, Irwin, and Kyte, Aileen. (1974). *Making Health Teams Work*. Cambridge, MA: Ballinger.

Chapter 9

Fox, Evelyn, et al. (1969). The termination process: A neglected dimension in social work. *Social Work*, October, p. 53.

Howe, M. W. (1974). Case work self-evaluation: A single subject approach. *Social Service Review*, March.

Mutschler, E. (1979). Using single case evaluation procedures in a family and children's services agency. *Journal of Social Service Research*, January.

Pincus, Allen and Minahan, Anne. (1973). *Social Work Practice: Model and Method*. Itasca, IL: F. E. Peacock.

Chapter 10

Austin, Michael and Associates. (1989). *Evaluating Your Agency's Program*. Beverly Hills, CA: Sage.

Bagarozzi, D., and Kurtz, L. (1983). Administrators' perspectives on case management. *Arete*, 8(1), 13–21.

City of Pasadena. (1991). *Human Services Strategy and Management Action Plan.*

Chaskin, Robert J. (1992). *Toward a Model of Comprehensive, Neighborhood-based Development.* The Ford Foundation.

Deutelbaum, Wendy. (1992). *Family Systems and Poverty Programs in the Prevention Report.* Iowa City, IA: National Resource Center on Family Based Services.

Intagliatati, J. (1982). Improving the quality of community care for the chronically mentally disabled: The role of case management. *Schizophrenia Bulletin,* 8 (4), 655–672.

Mink, George and Brown, Kaaren. (1984). *The Human Side of Supervision: A Training Manual.* Ypsilanti, MI: Eastern Michigan University.

Minneapolis Neighborhood Revitalization Program. (1992). *Overview of the Neighborhood Revitalization Program.* Minneapolis, MN.

O'Connor, G. C. (1988). Case management: System and practice. *Social Casework,* 69, 97–106.

Patti, Rino and Resnick, Herman. (1972). Changing the agency from within. *Social Work,* July, pp. 48–57.

Pawlak, Edward J. (1976). Organizational tinkering. *Social Work,* September, pp. 376–380.

Quick, T. L. (1986). *Inspiring People at Work: How to Make Participative Management Work for You.* New York: Executive Enterprizes.

Wisconsin Department of Health and Social Services. (1984). Information and Guidelines for Counties Interested in Developing Community Human Services Departments.

Rosengren, W. R. and Lefton, M. (1970). *Organizations and Clients.* Columbus, OH: Charles E. Merrill.

國家圖書館出版品預行編目資料

個案管理／Julius R. Ballew,George Mink 作；王玠,李開敏,
陳雪真合譯. --初版. -- 臺北市：心理, 1998（民 87）
　面；　　公分. --（社會工作系列；31008）
參考書目：面
譯自：Case management in social work: developing the
professional skills needed for work with multiproblem clients,
2nd ed
　　ISBN 978-957-702-268-4（平裝）

1.社會個案工作　　2.社會工作

547.2　　　　　　　　　　　　　　　　　　87006449

社會工作系列 31008

個案管理

作　　者：Julius R. Ballew & George Mink

譯　　者：王玠、李開敏、陳雪真

總 編 輯：林敬堯

發 行 人：洪有義

出 版 者：心理出版社股份有限公司

地　　址：231 新北市新店區光明街 288 號 7 樓

電　　話：(02) 29150566

傳　　真：(02) 29152928

郵撥帳號：19293172　心理出版社股份有限公司

網　　址：http://www.psy.com.tw

電子信箱：psychoco@ms15.hinet.net

駐美代表：Lisa Wu（lisawu99@optonline.net）

排 版 者：鄭珮瑩

印 刷 者：紘基印刷有限公司

初版一刷：1998 年 6 月

初版十六刷：2020 年 8 月

Ｉ Ｓ Ｂ Ｎ：978-957-702-268-4

定　　價：新台幣 400 元